Quem sabe PODE MUITO. QUEM AMA PODE MAIS

OS DESAFIOS DA CONVIVÊNCIA
NO CENTRO ESPÍRITA

Homenagem aos cento e cinquenta anos do Espiritismo
18/Abril/1857 a 18/Abril/2007
Lançamento de O Livro dos Espíritos

QUEM SABE PODE MUITO. QUEM AMA PODE MAIS

4º reimpressão | agosto 2015 | 31º milheiro
Impressão sob demanda a partir de março de 2018

Dados Internacionais de Catalogação na Publicação (CIP)

MARIO, JOSÉ (Espírito)

Quem Sabe Pode Muito. Quem Ama Pode Mais.
José Mario (Espírito): psicografado por Wanderley Soares de Oliveira.
DUFAUX: Belo Horizonte, MG, 2007.

345 p. 16 x 23 cm (Trilogia Desafios da Convivência no Centro Espírita)

ISBN: 978-85-63365-10-1

1. Espiritismo. 2. Psicografia.
I. Oliveira, Wanderley II. Título.

CDD 133.9 CDU 133.9

Impresso no Brasil – *Printed in Brazil – Presita en Brazilo*

Editora Dufaux
Rua Henrique Burnier, 60 – Grajaú
30431-202 Belo Horizonte/MG
(31) 3347-1531
comercial@editoradufaux.com.br
www.editoradufaux.com.br

O produto desta edição é destinado à manutenção das atividades da Sociedade Espírita Ermance Dufaux.

WANDERLEY SOARES DE OLIVEIRA
ESPÍRITO JOSÉ MARIO

Quem sabe PODE MUITO. QUEM AMA PODE MAIS

OS DESAFIOS DA CONVIVÊNCIA NO CENTRO ESPÍRITA

BELO HORIZONTE MG 2015

Dufaux editora

"Quem sabe pode muito. Quem ama pode mais."

Chico Xavier

(*Orações de Chico Xavier*. Carlos Baccelli. LEEPP)

Sumário

Prefácio
O Cristo Está na Terra 10

Introdução
Introdução 20

Capítulo 1
Conversa entre Amigos 26

Capítulo 2
Velhas Doenças Emocionais 44

Capítulo 3
Examinando o Orgulho 58

Capítulo 4
Reunião de Diretoria 68

Capítulo 5
Devassando o Inconsciente 86

Capítulo 6
Vínculos Afetivos 104

Capítulo 7
Estudando a Angústia 114

Capítulo 8
Casamentos Duradouros 124

Capítulo 9
Chamado Inadiável 138

Capítulo 10
Joio ou Trigo? 164

Capítulo 11
Apelo por Concórdia 186

Capítulo 12
Tempo de Maioridade 194

Capítulo 13
Nos Bastidores das Atitudes 210

Capítulo 14
Quem São os Médiuns? 232

Capítulo 15
O Médium Antonino 248

Capítulo 16
Construindo a Concórdia 266

Capítulo 17
Estudando a Mágoa 274

Capítulo 18
Depressão de Ana 288

Capítulo 19
Riscos de Sitiamento 308

Capítulo 20
Clamor por União 324

Prefácio

O Cristo Está na Terra

E logo o pai do menino, clamando,
com lágrimas, disse: Eu creio, Senhor!
Ajuda a minha incredulidade.
Marcos, 9:24

A fragilidade deste pai diante do filho em impiedosa obsessão é um retrato fiel da humanidade terrena diante de suas dores.

Ninguém foi criado para a dor. Em nosso estágio, entretanto, ela se impõe como bendita artífice de nossa fé. O sofrimento tem essa propriedade de penetrar as camadas mais profundas da alma. O esforço para amenizá-lo e extingui-lo, dilacera a carapaça da ilusão e faz-nos perceber claramente o quão frágeis somos. Esta fragilidade reconhecida, deixa emergir o pedido silencioso da alma na busca de força e amparo. Isso é a fé. A busca do Colo Paternal de Deus para descansarmos de nossa loucura milenar.

Nesse movimento instintivo de defesa descobrimos facetas ignoradas do nosso Ser Espiritual. Tomamos contato com o mundo desconhecido de nossas imperfeições e educamo-nos para sermos melhores.

"*Inspiração divina, a fé desperta todos os instintos nobres que encaminham o homem para o bem. É a base da regeneração.*"[1]

---

1. *O Evangelho segundo o Espiritismo* – capítulo XIX – item 11 - Allan Kardec - Editora FEB.

O distintivo da regeneração é a fé, única força capaz de nos libertar das amarras da provação e levar-nos a galgar as lições. Sem fé, nos manteremos cativos nos regimes da expiação.

A fé é o combustível do ato de existir e cooperar na Obra Cósmica de Nosso Pai. É a alma do universo. Fé é o Sentimento do Criador. Todos têm depositado em gérmen essa semente da existência. Por ela falamos com Deus.

"No homem, a fé é o sentimento inato de seus destinos futuros; é a consciência que ele tem das faculdades imensas depositadas em gérmen no seu íntimo, a princípio em estado latente, e que lhe cumpre fazer que desabrochem e cresçam pela ação da sua vontade."[2]

A Onda Mental do Cristo supre a nossa incredulidade. Jesus está literalmente na Terra neste instante de transição. Seria improfícua a tentativa de explicar essa presença do Cristo sendo que não temos palavras no vocabulário humano para exprimir o assunto. Medidas singulares foram levadas a efeito pela Equipe Celeste do Senhor que vela pela segurança e progresso do planeta. Jesus nunca esteve tão próximo das sofreguidões humanas.

Enquanto as sociedades terrenas acomodam-se na insanidade da guerra e do poder, Jesus sustenta o planeta com Seu incondicional amor. Inevitavelmente a humanidade avança graças a esse suporte de amor incomensurável.

Qual de nós, porém, tem essa fé no bem? Como caminhar sem o otimismo de acreditar em dias melhores? Como conviver sem tecer a confiança, qualidade essencial para que as uniões sejam fontes abundantes de bens imperecíveis? Quantos

---

2. *O Evangelho segundo o Espiritismo* – capítulo XIX – item 12- Allan Kardec - Editora FEB.

são capazes de bancar a crença na justiça ante as impiedosas ameaças? Como acreditar no próximo ante tantas decepções? Quantos de nós, iluminados pelas claridades do Espiritismo, velam com o Cristo enquanto a embarcação das provas terrenas é abalada pelas tempestades da ignorância e da maldade? Quem tem buscado a onda mental do Senhor?

Não haverá paz na humanidade se não acreditarmos em Deus. Não haverá fraternidade no mundo se não acreditarmos uns nos outros.

Inúmeros de nós, os adeptos do Cristo, acreditamos que acreditamos! Acreditamos que temos fé!

A mente do Cristo é o ponto de equilíbrio para a transição. Sem ela, a Terra nada mais seria que um turbilhão de maldade e escravidão.

As legiões do *vale da mentira* persuadem coletividades através da ilusão, assaltando os valores tenros do coração humano, e depositando as sementes da descrença.

A estratégia mais ensandecedora dos inimigos do Cristo é levar o homem a desacreditar na força do bem. O tráfico mais perverso no planeta não é de drogas alucinógenas, mas da mentira calculada que resulta de estudos psicológicos profundos para roubar o juízo humano. A droga mais destruidora é a mentira que funciona como isca para nossas ilusões.

Quando deixamos de apostar no valor alheio, fixamo-nos na maldade. Agrilhoados aos aspectos enfermiços do próximo, nasce a descrença. A descrença mata o idealismo superior, cria a indisposição para o afeto, motiva a indiferença e assegura o descaso. Daí para a aversão e o ódio é um passo.

A fixação emocional na sombra gera o descrédito. O ser humano teme o ser humano. Uma Terra insegura, ameaçadora, frágil. Diante desse quadro, quem vai governar? Quem vai oferecer algo para consolidar a segurança? Quem tem mais poder? O que é o verdadeiro poder?

Surge então uma inversão de valores. A justiça passa a ser uma peça filosófica estanque, inócua. Mais vale a vingança, o proveito pessoal, o prazer das sensações perecíveis.

Esse quadro de insanidade avassala até mesmo as comunidades adesas ao bem. Essa onda de perversidade bafeja igualmente a seara dos aprendizes do Cristo.

Sem quaisquer dúvidas, o mal de nossa comunidade doutrinária não está fora, mas dentro de nós. É o sentimento de exclusivismo que é capaz de enlouquecer-nos a ponto de supor que temos o mapa da Verdade em nossas mãos e, aqueles que não se guiam por ele, destinam-se a desvios infelizes nas rotas que escolheram. A descrença brota desse sentimento de personalismo quando nos permitimos matar o encanto e o afeto porque alguém decidiu ser diferente do que gostaríamos.

Ninguém a pretexto de bondade e indulgência deixará de enxergar as nossas lutas e descuidos no caminho. Entretanto, a fixação prolongada nessa ótica da enfermidade pode contagiar e enfraquecer, causando, em nosso próprio prejuízo, o desânimo e a apatia nos ideais de crescimento, colocando-nos em sintonia nociva com os gênios do engodo e do devaneio.

O Egoísmo polariza a mente no complexo de inferioridade - gera a descrença em si –, piso emocional para fixação nas imperfeições pessoais e alheias - medo, indiferença, insegurança, antipatia nas relações.

Ao contrário, quando se reconhece nosso valor real, acreditamos em nós, temos autonomia de crença, portanto, destacamos o bem que está no outro.

A percepção pessoal que temos do outro é o ponto nuclear para uma convivência pacífica ou destruidora. Se temos olhos de compaixão, nosso coração está rico de esperança. Se temos olhos de disputa, a traça da inveja tomou conta de nossa alma.

A causa deveria estar acima da casa, pois, a casa é feita de homens que carregam sonhos, frustrações, exageros e também valores.

Nossas desavenças infelizes são miseráveis diante da extensão do serviço. Pouco ou nada significam ante os reclames da hora. Por essa razão, bem-aventurados aqueles que estão logrando atrair para perto de si, espontaneamente, a simpatia e a amizade, a crença sincera e o reconhecimento educativo. Essas forças morais são pontos essenciais de sustentação dos ideais cristãos.

Lamentável somente será a atitude daqueles que ainda consomem uma gota de energia para difamar, desdenhar, diminuir e adulterar a grandeza dos esforços e conquistas alheias. E quem faz isso matou sua crença no bem ou vacila entre a penúria de conceitos e a tormenta da dúvida.

"*Ajuda a minha incredulidade!*" Esse pedido relatado na passagem evangélica é o pedido de todos nós ao Cristo nesse momento decisivo da transição. Quão desafiador é sustentar os ideais nobres! Quão íngreme é o caminho da vitória sobre si mesmo! Como é difícil tecer o manto da confiança nos valores alheios e servir incondicionalmente!

Rendamos graças por abandonar o mal e estender as mãos ao bem alheio. Entretanto, o Amor é uma lei soberana que estipula, igualmente, o crescimento de quem o espalha. Nesse **tempo de maioridade das idéias espíritas** no mundo, examinemos com proveito seu verdadeiro conceito. Restringi-lo a obras de benemerência comunitária será procrastinar o serviço essencial da educação espiritual da Terra. Confundimos com facilidade o amor com produtividade doutrinária e amor com solidariedade social.

Em nossos meios doutrinários existem campeões da caridade ao próximo e devotos admiráveis pelo bem da divulgação de nossos princípios. Muitos deles ainda não aprenderam o que fazer pelo seu próprio bem. Cresceram em responsabilidades para fora sem dilatar seu campo pessoal de alegria e equilíbrio. Absorvidos em pesados compromissos espíritas, são incapazes de externar simpatia e cordialidade sinceras. Enredaram-se nas teias ilusórias da importância pessoal.

Intenções legítimas de auxílio e caridade nem sempre são suficientes para erguer o patrimônio das relações sadias e revitalizadoras do afeto. As atitudes são juízas implacáveis que determinam a realidade palpável da vida. O ego está em nossa "cabeça". O self em nosso "coração". Quando pensamos Espiritismo acalentamos idealismo nobre. Todavia, somente com sentimento elevado e educado poderemos assumir a condição de Servos da Vida, renovando atitudes e empreendendo novos clichês de conduta e ação.

Sem atitudes renovadas não inspiramos confiança. Sem confiança não há piso para relações educativas, únicas capazes de acender a chama da motivação que ilumina os ideais de solidariedade nas esferas do bem.

Nos bastidores do centro espírita, ao se abrirem as cortinas dos papéis sociais, existem corações que pulsam em busca de sua redenção. Sob a imponência dos cargos e a disciplina dos regimentos, existem sentimentos que determinam dores e alegrias, esperanças e decepções. Por traz da competência doutrinária, muitas vezes, se escondem amargura e doença, fraqueza e revolta.

Imperioso examinar com distinção os dramas ocultos da convivência onde jazem as causas profundas da cizânia, sob a qual se aninham os vorazes inimigos da harmonia.

As histórias aqui narradas pelo amigo José Mario são retalhos de inúmeras oportunidades de trabalho e aprendizado, nas quais participamos junto aos grupos de amparo emergencial aos centros espíritas. Constituem valorosos subsídios de educação moral em favor da construção do período da atitude nas lides espíritas.

Compondo essas frentes de socorro ativo e abnegado, o autor tem encontrado larga motivação para alinhavar suas idéias e vivências com objetivos fraternais. Chega o instante de enviá-las ao mundo físico por solicitação de Eurípedes Barsanulfo.

Por desconhecermos a verdadeira natureza de nossas forças afetivas, sucumbimos com frequência nas tramas da discórdia e da aversão, mesmo quando cultivamos as mais elevadas intenções de amar.

Na esfera de nossa ignorância moral, o personalismo pode se chamar dedicação e dinamismo, a mágoa pode ser confundida com esfriamento da motivação e o amor pode ser uma miragem do nosso modo de pensar.

Eurípedes Barsanulfo, o orientador de nossos compromissos, deixou claro, em recente desígnio, que todos aqueles que abraçaram com autêntico comprometimento o ideal da maioridade do Espiritismo, necessitarão de, pelo menos, uma década, somente para entender o conceito desse período da atitude de amor.

Essa obra, portanto, é essa contribuição literária oportuna do amigo José Mario ao melhor entendimento desse novo tempo. Um preito inadiável à nossa consciência que tem como pólo de atração a inesquecível proposta do Senhor: "*Nisto todos conhecerão que sois meus discípulos, se vos amardes uns aos outros*".[3]

Sem Tua presença entre nós, Senhor, jamais conseguiremos triunfar! Sob o clarão de amor que ilumina nossas consciências nesses dias sombrios, queremos dizer a Ti, sem qualquer pretensão: sob a Tua magnânima proteção, nada nos será impossível.

Procuremos, todos nós, a onda mental do Cristo. Ele está na Terra. Como o pai do menino adoecido, com os olhos marejados de lágrimas, nós repetimos de joelhos como faziam os cristãos primitivos: "*Eu creio, Senhor! Ajuda a minha incredulidade!*" Sobretudo, Pastor Divino, dai-nos coragem e força para acreditarmos uns nos outros pelo bem de Tua obra entre nós.

Ave Cristo! Os que te amamos assim te saúdam Senhor.

Da amante do bem e servidora do Cristo,

Maria Modesto Cravo
Belo Horizonte, agosto de 2006

3. João, 13:35

Introdução

Porque eu sou o menor dos apóstolos,
que não sou digno de ser chamado apóstolo, pois
que persegui a igreja de Deus.
Mas pela graça de Deus sou o que sou.
I Coríntios 15:9 e 10

Passadas três semanas após a decisão de nossos irmãos no Grupo X, Dona Modesta chamou-me ao seu gabinete para falar sobre minhas anotações que haviam sido submetidas à equipe de comunicação do Hospital Esperança.

— José Mario, tenho boas notícias.

— Sobre o livro?

— Nossa equipe aprovou o envio de seus registros à esfera física através da mediunidade. Apenas fizeram uma ressalva que lhe custará uma revisão.

— Fiz algum apontamento indevido?

— Vou ler textualmente uma parte das considerações de nossos orientadores para seu entendimento. Dizem eles: "*As anotações são judiciosas e oportunas. Entretanto, nosso diretor, Eurípedes Barsanulfo, expediu recente decisão no sentido de alertar os grupos doutrinários sensíveis aos* apelos da maioridade, *que se ocupem com afinco em estudarem as raízes de seus sentimentos em favor do serviço pessoal de desilusão. Sendo assim, a obra do irmão José Mario, deverá suprimir noventa por cento das revelações acerca das ações da maldade organizada e também em torno dos registros sobre o passado reencarnatório de nossos personagens. Cremos que, com essa medida, o livro se reduzirá à metade, todavia, atenderá às prioridades que vêm sendo percebidas nas atividades socorristas junto aos grupos espíritas na Terra, cujo núcleo encontra-se, quase sempre, nos desafios educativos da convivência. Os apontamentos suprimidos poderão ser destinados em tempo próprio por se tratarem de notas reveladoras preciosas, conquanto não sejam indispensáveis ao serviço de iluminação espiritual. Devem ser mantidas somente as informações que tornem melhor compreensível o enredo."*

~

Amigos de ideal, Jesus nos abençoe os caminhos.

A anotação acima é um pequeno trecho suprimido no enredo do livro e que o inserimos a título de explicação sobre a natureza das reflexões aqui contidas.

Sob assessoria integral de Maria Modesto Cravo, sinto-me na condição de aluno cujo tutor pega na mão para ensinar as primeiras movimentações. Não é mera figura literária. Inúmeras vezes não fui capaz de distinguir quem escrevia em comunhão mental e afetiva com o médium. Eu ou Dona Modesta?

Após longos anos na carne, debruçando-me sobre livros e assíduo a tarefas de intercâmbio, não posso negar que ingressei na categoria daqueles que se supõem com cátedra no assunto. Fui severo defensor da prática mediúnica correta e terminei nos braços de alguns preconceitos.

Muito Espiritismo na cabeça e coração escasso de vivência afetiva espontânea. Depois de muita desilusão, adquirida a custa de lágrimas e suor na escola corretiva do Hospital Esperança, retomei o curso da verdade sobre minha condição e agora regresso com visão um pouco mais ajustada.

Minha vida é simplicidade e recomeço. Assim, nenhuma pretensão literária tomou conta de nossas intenções. Destinamos páginas singelas com o mais terno carinho a todos os servidores da Doutrina Espírita e do Evangelho.

Longe de mim qualquer pretensão de generalizar a situação dos centros espíritas. A maioria vem prestando serviços de amor incomparáveis. Todos, porém, sem exceção, quais semeaduras benfazejas, acolhem joio e trigo em suas leiras. Somos, portanto, convidados a velar com o Cristo incansavelmente, pelo bem da gleba.

Estamos cansados ante o peso de nossas necessidades e oprimidos por apelos íntimos de retificação. Que seria de nós se não fosse a extensão da misericórdia celeste?

Graças ao serviço incansável de amparo, todos recebemos de Mais Alto o estímulo para caminhar, mesmo com tantas limitações. Os Orientadores da Verdade no mundo convertem nossas imperfeições em adubo nutriente capaz de fazer florescer as mais belas expressões do bem. Como avançar sem essa força de atração para crescer? Como continuar a servir na Obra do Cristo sem esse be neplácito de acolhimento e louvor ao lado sadio que existe em cada um de nós?

Ante essa luz da bondade que tem norteado nossos passos e nos concedido a graça de sermos úteis, de mim mesmo só posso testificar que "(...) *sou o menor dos apóstolos, que não sou digno de ser chamado apóstolo* (...). *Mas pela graça de Deus sou o que sou.*"

Sentiremo-nos recompensados em nosso diminuto esforço, se nossas anotações contribuírem de alguma forma para a instauração de uma campanha pela bondade em nossas atitudes, elevando nossa convivência ao patamar de sublime oportunidade de edificar bens imperecíveis, provenientes do mais legítimo sentimento cristão pelo qual seremos reconhecidos como discípulos do Evangelho.

Sensibilizado, envio meu abraço jubiloso a todos os meus afetos e leitores na vida física,

José Mario
Belo Horizonte, 24 de julho de 2006

Capítulo 1

Conversa entre Amigos

E chegou a Cafarnaum e, entrando em casa, perguntou-lhes: Que estáveis vós discutindo pelo caminho? Mas eles calaram-se; porque pelo caminho tinham disputado entre si qual era o maior.
Marcos, 9:33 e 34

Naquele fim de tarde, dispúnhamos de uma pequena pausa nos afazeres. Convidado por Dona Modesta para um chá, fui até sua residência nos arredores do Hospital Esperança.[1] Lá se encontravam também o Professor Cícero Pereira e Doutor Inácio Ferreira em descontraída prosa.

— Modesta, um dia desses, peça ao médium para escrever uma página sobre nossos momentos de descontração!

— Farei isso, Inácio. Será muito oportuno contar sobre nossos momentos de diversão e cultura na vida espiritual.

— Só não sei se acreditarão que jogamos tanta conversa fora!

— Acreditarão, Inácio. Esteja certo que o homem iluminado com os conceitos doutrinários está renovando concepções rapidamente. Já podemos verificar efeitos positivos dessa tarefa de "descatolizar" o plano espiritual.

— Os ataques continuam severos!

— Nenhuma tarefa nova pode desconsiderar as reações naturais do caminho. Estamos lidando com gente, formas

1. Obra de amor erguida por Eurípedes Barsanulfo na erraticidade.

de pensar, conceitos e preconceitos, história e cultura comunitária.

— Se estivesse no plano físico!...

— Se estivesse por lá, Inácio, não lhe dariam ouvidos.

— Escrever tem essa vantagem. Não escutam tudo que gostaria de falar, se ainda pudesse!

— Ainda bem! - manifestou o Professor Cícero com um largo sorriso.

Eu prestava atenção e me deliciava com o chá. A conversa corria solta, quando o professor alterou o rumo das idéias.

— Modesta e o Grupo Espírita X, quais são as novas?

— Pronto! Daqui a pouco largamos o chá para ir salvar alguém - disse Doutor Inácio em tom de brincadeira provocando novos risos em todos.

— As coisas estão apertando professor. Cada dia que passa temos encontrado menos acesso. As possibilidades de amparo vão se reduzindo. Se não houver um retrocesso, pode caminhar para amargas experiências.

— Modesta, o amigo José Mario sabe do que se trata? - indagou o professor que preocupava em me inserir no diálogo.

— Não sei de nada, professor! - respondi.

— Estamos atendendo um pedido de socorro do professor a uma casa espírita na capital mineira. O Grupo Espírita X vem atravessando momentos delicados.

— Sim, conheço a casa. O que acontece por lá Dona Modesta? - indaguei.

— O de sempre... - respondeu a benfeitora levando a xícara de chá à boca.

E antes mesmo que pudesse completar sua fala, emendou o Doutor Inácio:

— Futrica, invigilância, inveja e hipocrisia.

— Velhas lutas morais, José Mario! Nossos irmãos estão abrindo guarda na conduta – completou Dona Modesta.

— Problemas de discórdia?

— Sim.

Após um gole do delicioso chá, expus intrigado:

— Um grupo com tanto cabedal!

— Qual de nós, amigo querido, está livre das rusgas e desavenças?

— É! Mas eu ainda me pergunto o que acontece para que a nossa convivência seja tão complicada, mesmo com tanto conhecimento espiritual!

— É muito simples José Mario! É o amor que subiu para a cabeça! – expressou a matrona com naturalidade e atenta à sua xícara.

— De minha parte não achei tão simples assim!

— A convivência humana tem dois fatores que funcionam como modeladores da relação: a atitude e o sentimento. No estágio evolutivo em que nos achamos, o processo da convivência sofre os efeitos naturais dos condicionamentos adquiridos nas variadas reencarnações. A vida íntima é como um novelo de vivências nas quais nos aprisionamos sem ter consciência onde se encontra o fio de meada de nossos sentimentos. Atitudes despertam sentimentos, e sentimentos determinam atitudes. Nesse emaranhado de reflexos da vida mental, predomina o milenar instinto de posse como mecanismo de segurança e compensação. A necessidade de dominar ainda é uma característica sutil nos corações humanos. Decorre da caminhada natural no egoísmo. Comumente amamos no outro, a nós mesmos. E, quando o amor sobe para a cabeça, produz o mecanismo da idealização, alimentando sentimentos que são verdadeiras algemas do relacionamento, quais sejam: a cobrança, a desconfiança, a expectativa, o ciúme e a inveja. O verdadeiro amor é aquele que liberta. Está no coração. Portanto, não faz cálculo. Ele se expressa. É dotado de uma inteligência que submete o raciocínio a uma nova ordem de critérios e referências. Quando usamos muito a cabeça para amar, quando pensamos muito nas atitudes que devemos tomar em nome do amor, estamos submissos ao envelhecido processo de escolher o que devemos sentir. Furtamo-nos da espontaneidade do legítimo ato de amar. É um estágio complexo e doloroso do qual não nos furtamos...

— Quer dizer que podemos pensar que amamos e, de fato, não amamos? - continuei a indagar.

— Não tenha dúvidas, José Mario! É o que mais acontece em nossa faixa de evolução. Já sentimos necessidade do amor que, em verdade, está mais no pensamento que na ação. É idealizado, nem sempre sentido. É estudado, nem sempre vivido.

— Por que o ser humano idealiza tanto Dona Modesta?

— Para não tomar contato com a realidade. Amamos o ideal e não o real. Amar o real é difícil. Amar o que somos incomoda e é muito doloroso. Preferível pensar que sou quem não sou a ter que admitir minha intimidade. É um mecanismo psicológico defensivo contra nossa profunda sensação de inferioridade. Amar algo que pensamos que somos é a ilusão da facilidade. Uma forma orgulhosa de nos aceitar. Procedemos assim conosco e, igualmente, com o próximo.

— Ocorre também conosco os espíritas?

— Como sabemos que ainda não conseguimos alcançar o ideal que desejamos, projetamos no outro aquilo que gostaríamos de ser. Queremos cobrar do outro a grandeza que gostaríamos de ter em nós. Infelizmente, como espíritas, muitos de nós, temos repetido a velha caminhada emocional do mundo: muita religião na cabeça, pouco amor no coração. Muita informação e pouca transformação. Muita exigência, pouca atitude no bem legítimo.

— Até onde idealizar é prejudicial?

— Até certo ponto é necessário. Demonstra que já ansiamos pelo melhor, algo nobre ocupa nossa mente para se consolidar em atos no futuro. Todavia, se descuidarmos, pode se degenerar em simples intolerância conosco e com os outros. É quando surgem as discórdias. Amando no outro o modelo pessoal que gostaríamos que ele fosse. Ao percebermos que não há correspondência, surgem decepções e imprevistos que sulcam as covas profundas de mágoa na vida mental, nas quais nos enterramos com a nítida sensação de traição, abandono, abuso e desconsideração. Costumamos exigir muito de nós e do próximo sem noções sobre o que somos capazes de realizar nessa árdua tarefa do auto-enfrentamento, a descoberta de si mesmo.

— E se não dermos conta de olhar para nós com honestidade?

— José Mario, cada qual faz o que pode e, mesmo motivado pelas melhores intenções, ainda permaneceremos por longo tempo nessa caminhada da hipocrisia.

— Hipocrisia?

— Exatamente!

— Mas hipocrisia não significa mentir, ser falso?!

— Por isso mesmo!

— ?

— Renovemos os conceitos, meu amigo! Hipocrisia não significa apenas o ato intencional de enganar ou fingir. É um estágio evolutivo próprio da humanidade terrena, porque não conseguimos ainda ser honestos o suficiente com os próprios sentimentos. O ato de não admiti-los e reconhecê-los é uma das facetas mais sutis da hipocrisia humana. Apresentar-se com fachadas que não correspondem à vida íntima, seja intencional ou não, é hipocrisia. Somos falsos sem desejar. Hipócritas sem consciência.

— Daí decorre a discórdia e o conflito... - falei esperando confirmação.

— Isso mesmo! Nossa incapacidade em reconhecer o que se passa na esfera do coração, responde por quase todas as desavenças e agastamentos. Nos bastidores da casa espírita, temos uma teia coletiva de emoções tecida pelo clima espiritual das relações humanas. Nela buscamos o alimento que nutre a nossa alma. Se nos apraz a fofoca, encontraremos o que dizer. Se tomados pela desconfiança, semearemos a descrença. Se enganados pela inveja, adotaremos a conduta espúria. Somos, em verdade, os únicos responsáveis pela condição dos grupos de nossa convivência.

— Estaria faltando uma análise mais honesta do que sentimos para entender melhor os nossos desentendimentos?

— Estaria faltando uma auto-análise mais honesta. A partir da sinceridade conosco candidatamo-nos à autenticidade. Em verdade, somos fingidos conosco mesmo.

— E isso seria bastante para evitar o conflito?

— Seria bastante para nos trazer paz ante os conflitos, porque passaríamos a perceber nossa parcela de responsabilidade em cada lance das relações.

— E os conflitos? Como saná-los?

— Sinceramente, estou convencida que não viveremos sem eles.

— Por qual razão Dona Modesta?

— Apoio-me na fala do próprio Cristo. Vamos ler juntos uma passagem.

E tomando de um belo exemplar de O Novo Testamento, Dona Modesta, leu o trecho constante em Mateus, capítulo dez, versículos trinta e quatro a trinta e seis.

"Não cuideis que vim trazer a paz à Terra; não vim trazer paz, mas a espada. Porque eu vim por em dissensão o homem contra seu pai, e a filha contra sua mãe, e a nora contra sua sogra. Assim os inimigos do homem serão seus familiares."

— Como interpretar essa fala, Dona Modesta? Sempre tentei extrair para mim o espírito da letra do Evangelho, porém, quando chegava nessa parte... Tive muitas lutas no lar como a senhora sabe...

— Que tal se eu calasse um pouco para saborear meu chá, e deixar o nosso professor ou Inácio, que estão mudos, falar um pouco sobre o tema?!

— Com prazer, Modesta – disse o Professor Cícero Pereira. A espada mencionada pelo Cristo significa divisão de etapas, de reinos. A vinda do Cristo a Terra inaugurou o iniciar do altruísmo, do amor, um convite ao extermínio do egoísmo. Essa compulsão evolutiva por domínio referida pela Modesta é extremamente presente nos relacionamentos. De fato, ter paz nas relações para almas egoístas, como nós, ainda significa convencer o outro do que queremos para nós. É uma atitude de colonizar o pensamento alheio. Quando o outro aceita, existe uma possibilidade de entendimento. E onde isso se processa com mais intensidade que na família? Os grupos familiares da sociedade terrestre, com raríssimas e felizes exceções, são resultados de imposição de vontades e interesses pessoais. O "eu" cria a falácia da posse. Nos grupos doutrinários não tem sido diferente. Há sempre alguém que quer pensar pelo outro. O clima da liberdade tão difundido é real até os limites que atendem os projetos de seus condutores. Paz para muitos amigos de ideal significa concordância tácita, pontos de vista indiscutíveis, preservação de programas de trabalho.

— Quer dizer que expor o que pensamos é inclinação para domínio?

— Depende! Há um abismo conceitual e emocional entre expor e impor.

— Então o problema é de imposição?

— O problema é de orgulho! O orgulho trouxe como uma das piores consequências para nossa vida psicológica o mau hábito de colecionar certezas, fixar-se em pontos de vista que nos causam a sensação de superioridade. Esse apego ao que pensamos é um obstáculo para ir de encontro ao que verdadeiramente sentimos. Muitas vezes, amamos alguém, mas para fazer prevalecer o que acreditamos, traímos nosso próprio sentimento. Além disso, em nossos meios doutrinários, esse sentimento de posse milenar cria espaços que podem ser denominados feudos psicológicos, levando-nos a nos sentir donos de lugares e pessoas, idéias e iniciativas. Em nome de projetos e missões que, quase sempre, são ilusões de grandeza, somos capazes de romper com as mais caras amizades e elos de afeto.

— Sinto uma dor no coração quando o senhor me fala isso, professor!

— Cuidado, Mario, do coração só se morre uma vez!

O gracejo do professor tinha fundamento. Deixei a vida física devido a problemas cardíacos e outras complicações ignoradas pela medicina. Aquela fala, porém, provocou uma pontada de dissabor devido a lembranças que ainda trazia da vida física. Ante a fala do amigo, minha mente voejou por um segundo. Enquanto isso, em sua sabedoria, a fim de me conceder um instante, ele também aproveitou para fruir o saboroso chá.

— Respirou, Mario?

— Sim, professor. Apenas sigo as recomendações médicas. Deixar o coração falar sem cercear. Sou muito razão como o senhor sabe e, esse exercício, tem me ajudado a soltar as amarras emocionais. Continue, por caridade, a sua explanação.

— Precisamos muito rever, uns perante os outros, a visão sobre nossa real condição espiritual. Essas certezas têm provocado dissensões lamentáveis, quiçá cisões deploráveis. São o ato explícito da imposição, da teimosia, do orgulho de se acreditar melhor pelo simples fato de adquirir conhecimento ou erguer obras de caridade. A vida na Terra, na carne ou fora dela, é regida pela impermanência, pela relatividade, pela mudança contínua. Qualquer tipo de apego é rumo para dor. Jesus, no Evangelho de João, capítulo quinze, versículo treze, exarou: "*Ninguém tem maior amor do que este, de dar alguém a sua vida pelos seus amigos.*" Não temos conseguido dar um ponto de vista pela manutenção de nossas relações com os amigos, quanto mais nossa vida!

— Ei, professor! Não sei se o coração vai aguentar essa fala! - estava muitíssimo sensibilizado e, graças a Deus e ao meu esforço, com lágrimas nos olhos.

— Aguentará Mario, esteja certo! A proposta do Cristo é amar na dissensão e não amar na suposta paz da concórdia fictícia, sustentada por sentimentos que não correspondem à realidade. Amar com todos pensando de maneira igual ou aceitando de cabeça baixa as ordens de alguém é alienação, hegemonia disfarçada ou fanatismo. A dissensão, evidentemente, entendida como sendo o ato de não compartilhar as mesmas idéias, é o clima ideal para banir a hipocrisia, o fingimento. Relações autênticas só podem ser construídas com divergência. Cuidemos, porém, para não confundir divergência com cisão, que seria separação, atitude de cindir ou inviabilizar a continuidade da convivência. Quando não sabemos administrar nossas discordâncias caminhamos para a cisão.

— Era nisso que pensava, professor! Por que não conseguimos administrar nossas divergências?

— Pelo motivo exposto por Modesta. Por desconhecermos a natureza dos sentimentos nelas envolvidos.

— Não quero ser desmancha prazer. Se estiver perguntando muito...

— Nada disso, José Mario - falou Dona Modesta -, eu adoro quando ocorre isso em meu lar. Quem nos observa verá que não perdemos a virtude dos bons mineiros. Uma prosa regada de doutrina e chá.

— Claro! Faltando o pão-de-queijo - disse Doutor Inácio provocando risos em todos.

— Afinal, temos uma questão de atitude ou de sentimento nas nossas discordâncias? - continuei meu interrogatório com ansiedade.

— Temos uma questão de evolução, Mario - respondeu o professor.

— Não teríamos, portanto, em nosso estágio, como escapar de semelhantes lutas?

— Não. Nossas atitudes nem sempre traduzem o que sentimos. Pior que isso é não ter consciência que agimos em decorrência de sentimentos que desconhecemos.

— Com essa análise dos relacionamentos, seria coerente afirmar que nós, especialmente nós os espíritas, não estaríamos administrando bem as nossas amizades em função da ignorância sobre o que se passa em nosso coração? Isso seria o tal amor que subiu para a cabeça?

— Sem dúvida, amigo! O apego emocional às nossas crenças é a raiz do chamado preconceito. Crenças são idéias que se tornam verdades ao nosso senso moral, uma espécie de "bóia mental" de segurança para navegar no desconhecido mar da existência. O preconceito tem como base o sentimento de orgulho. Nos relacionamentos, o preconceito se manifesta quando fixamo-nos nos julgamentos que fazemos para nos sentir superiores ao outro, uma forma de diminuir o valor alheio, uma atitude de arrogância enfermiça.

Minha mente parecia uma represa prestes a transbordar de tantas lições. Ensinos que não eram novos para mim, mas que agora chegavam ao meu íntimo, tocando minha sensibilidade. Estava fazendo um curso de resgate da sensibilidade no Hospital Esperança e as palavras ali ouvidas não eram novas para meu cérebro, todavia, completamente inovadoras ao meu coração. Senti-me preenchido como nunca. Ouviria mil palestras com a cabeça e não me sentiria tão rico como naquele instante. Apesar disso, a curiosidade natural levou-me a olhar a postura de equilíbrio e paciência em Dona Modesta e indagar-lhe nutrido de irrestrita confiança na alma como há muito não sentia:

— Dona Modesta, qual o sentimento mais difícil de admitir em nós?

— É variável para cada indivíduo. Em nossas atividades de amor, porém, temos constatado que o conjunto dos sentimentos indicadores da fragilidade humana é o mais negado. Admitir nossa falibilidade, perceber as más escolhas que nos levaram aos fracassos lamentáveis, ser honesto o suficiente para avaliar erros e limitações que possuímos, ainda é um desafio que pouquíssimos homens têm enfrentado com galhardia. Nossa rebeldia em reconhecer tais sensações é o piso emocional da arrogância humana em querer parecer o que não se é verdadeiramente.

— Quais seriam os sentimentos pertinentes a esse grupo?

— Diversos. Entre eles, todos aqueles que nos impedem de acolher com alegria o brilho alheio.

— A inveja seria um deles?

— A inveja, o ciúme, o despeito, a desconsideração, o medo, a vaidade, a ansiedade, a intolerância, possessividade, o impulso de disputa.

— E que atitudes podem nascer desse grupo de sentimentos?

— A inquietude, a pretensão, a imprudência, o perfeccionismo, o autoritarismo, a pretensão, e o próprio preconceito.

— O suficiente para muita confusão!

— De sobra! Confusão e abuso.

— Abuso?

— Nesse clima existe muito desrespeito a título de amor. Quando o amor sobe para o cérebro ganha apoio da prepotência e da presunção. O orgulho tem feito muitas vítimas nas relações. Pessoas sinceras e sensíveis têm sido muito feridas pela arrogância de quantos se supõem com qualidades ou deveres para gerenciar vidas...

— Meu Deus! Fico pensando se não foi meu caso! E... - fiquei constrangido em perguntar.

— Indague à vontade, meu irmão! A morte, pelo menos isso, nos devolveu, o direito de analisar a vida alheia sem reprimendas e com respeito incondicional.

— Qual a razão para as discórdias no Grupo X?

— Disputa!

— Quantas vezes ouvi essa palavra quando reencarnado... E sempre recusei acreditar que isso poderia ocorrer entre espíritas...

— O que te fez mudar de idéia? Se é que mudou!

— Mudei sim, Dona Modesta. Os *grupos de reencontro* aqui no Hospital levaram-me a profundas reflexões sobre o assunto. Confesso que não consigo compreender o tema com a profundidade que gostaria, mas já aceito pensar sem resistência que eu mesmo participei ativamente dessa atitude, mesmo sem consciência.

— Qual de nós escapa desse velho reflexo mental, José Mario?

— Só não consegui ainda apreender a razão profunda pela qual disputamos.

— O nosso orgulho não admite de forma alguma que alguém esteja a nossa frente nos assuntos espirituais. Eis o motivo. Muito difícil para criaturas como nós abrir mão do personalismo em favor do brilho alheio. Já disputamos de tudo na caminhada evolutiva e agora, sob efeito enfermiço desse hábito no subconsciente, estamos disputando grandeza espiritual, a posse da verdade, intensidade de brilho moral.

— Somos muito convencidos sobre a nossa superioridade não é Dona Modesta?

— Quanto mais avançamos em conhecimento e experiência doutrinária, mais nos julgamos os melhores, donos da verdade. Raros fazem trajetória diversa.

— Mais uma vez o amor na cabeça! O amor intelectualizado... O orgulho dominante. Que situação penosa nos encontramos!

— O Espiritismo é uma medicação eficaz e de efeitos curativos profundos para doentes graves como nós, portadores de estágios avançados de presunção. A comunidade espírita está repleta de personalidades acentuadamente convencidas de seus pontos de vista. Com o passar dos anos e enobrecidos pela bagagem do tempo, tomados de lisonja, arrogam-se missões e responsabilidades enormes, e saem pisando em corações como se os outros fossem apenas pedras, para pavimentar os caminhos por onde devem trafegar em busca de grandes metas e projetos. Autênticos líderes que, embalados pelo idealismo, são capazes de enxergar ao longe e incentivar grupos caminharem em direção ao futuro. Todavia, se alguém no caminho entrar em dissensão com algo, lhes causa sensação de tropeço. A partir daí, são capazes de esfriar o coração para fazer prevalecer suas aspirações.

— É aí que entra a hipocrisia?

— Com essa compulsão de ser o maior, terminamos nos braços da ignorância sobre o que se passa na profundidade de nosso ser. Lutamos muito para fora e escasseamos no contato com a intimidade profunda. Aumentamos o ritmo da produtividade exterior, tomados pela ansiedade de atingir sonhos, e esquecemos da produtividade por dentro no campo da renovação de nós mesmos, na investigação das raízes de nossos males. Passamos a ser incoerentes e nos adaptamos a esse modo falso de viver. Queremos saber tudo sobre a verdade para fora, recusando, terminantemente, auscultá-la em nossa vida íntima.

— Agora compreendo melhor a passagem narrada em Marcos, capítulo nove, versículo trinta e três e trinta e quatro: "*E chegou a Cafarnaum e, entrando em casa, perguntou-lhes: Que estáveis vós discutindo pelo caminho? Mas eles calaram-se; porque pelo caminho tinham disputado entre si qual era o maior.*"

— A disputa continua, José Mario. Infelizmente, ainda não conseguimos nos livrar dela.

— E como nos livraremos, Dona Modesta? – falei um tanto desanimado com minhas próprias refregas.

— O primeiro passo é a honestidade emocional. Ter consciência que disputamos. Ter consciência desse conjunto de sentimentos, que criam a couraça da arrogância com a qual defendemo-nos da própria inferioridade. Para isso, alguns pontos são elementares: saber o que queremos, ter clareza sobre nossos sentimentos, sentir as nossas necessidades de aperfeiçoamento e muita oração para recorrer à fonte inesgotável de poder e energia da bondade de Deus.

— Dessa forma a convivência ficará livre desse infortúnio?

— Pelos menos, teremos mais leveza nas relações, evitaremos expectativas exageradas e poderemos colocar a amizade acima dos interesses pessoais e dos preconceitos. Todavia, não creia que sejam passos fáceis. Exigem a coragem de se olhar e muita perseverança para entender as emoções.

— Modesta, mudando um pouco o assunto - externou o Professor Cícero -, quem sabe o nosso Mario poderia nos ajudar na tarefa junto ao Grupo X? O médium Antonino lhe é um coração muito afeiçoado.

— Sim, Mario, o que acha?

— Tenho encontrado muita necessidade de tornar mais produtivos os meus momentos junto à natureza - meu passatempo predileto. Poderia usar esses instantes para escrever algo sobre o episódio e, quem sabe, no futuro, enviar aos nossos companheiros. Mais a mais seria uma ótima oportunidade para ampliar meu gosto pela mediunidade.

— Ótimo! Amanhã mesmo estaremos presentes à reunião festiva que o grupo fará em suas dependências. São previstas algumas situações desagradáveis, teremos muito serviço.

— Estarei com vocês.

— Diga algo, Inácio - instigou Dona Modesta.

— Acha mesmo que vou trocar meu chá por essa conversa?! Daqui a pouco estaremos largando esse instante de *relax* para ir a Terra. Eu te conheço, Modesta! Deixe-me tomar meu chá!

Doutor Inácio não perdia oportunidade para ser cômico.

Aquela tarde inesquecível me trouxe lições de vida que jamais podia imaginar um dia alcançar. A vida conduz-nos sempre ao encalço de nossas próprias necessidades. Pensava em apenas fazer algumas anotações sobre os acontecimentos no Grupo X. Os caminhos, porém, se abririam para mais amplas chances de aprendizado.

O diálogo daquele encontro deixou-me um tanto entristecido, não posso negar. Aquelas três criaturas, descontraídas em um raro momento de refazimento, falavam fundo ao meu coração.

Após sair da residência de Dona Modesta, lembrei-me de Jesus, em Mateus, capítulo vinte, versículo dezesseis diz: "*Assim os derradeiros serão primeiros, e os primeiros derradeiros; porque muitos são chamados, mas poucos escolhidos.*"

Em minhas reflexões pensava na facilidade com a qual nos iludimos com a compulsão de ser o melhor, o primeiro. De minha parte, tinha os olhos marejados. Encontrava-me dividido e entristecido pela minha própria realidade espiritual na qual, indubitavelmente, deixei o amor fazer morada no cérebro em minha última existência. O amor que subiu para a cabeça como, sabiamente, expressou Dona Modesta. Ao mesmo tempo, confortava-me saber que iniciava um novo processo de sensibilização e ternura na alma. A esperança vencia o clamor de meus conflitos e, como nunca, senti uma extrema necessidade de ser o mais apagado de todos os seres.

Capítulo 2

Velhas Doenças Emocionais

Nem todo o que me diz: Senhor, Senhor!
Entrará no reino dos céus, mas aquele que faz
a vontade de meu Pai, que está nos céus.
Mateus 7:21

Ao chegarmos ao Grupo X, deparamos logo à entrada com alguns vigias de fisionomia austera.

— A casa está bem vigiada, Dona Modesta! – externei simploriamente.

— As casas espíritas são alvos da mais digna atenção dos Planos Maiores. A missão de espiritualização da humanidade promove os centros doutrinários à condição de organizações credoras de largos recursos de amparo e proteção. Sigamos!

Acompanhando nossa equipe estavam o Doutor Inácio, Professor Cícero e mais dois auxiliares aprendizes.

O Grupo X fazia uma comemoração beneficente. Em pleno inverno eram servidos caldos e guloseimas. Uma multidão se aglomerava no pátio. Crianças saltitavam e os adultos aproveitavam para um bom papo.

Aproximamos de Calisto, hábil dirigente das atividades mediúnicas da agremiação. Dona Modesta corria o olhar pelo ambiente como se estivesse procurando alguém. E, apontando com o indicador, disse:

— Aquela é Ana, presidenta da casa. Fiquemos atentos – falou Dona Modesta como se já esperasse algum acontecimento.

Calisto deliciava um caldo quente, quando ela aproximou-se.

— A festa está ótima Calisto!

— É mesmo, Ana! Não esperava tanta gente. Será benéfico à tarefa. Os compromissos que nos aguardam vão requerer condições materiais.

— Calisto, sei que o momento não é dos melhores, mas gostaria de expor algo que vem me preocupando.

— Diga!

— É sobre a nossa tarefa mediúnica.

— Sim.

— Você está tranquilo com o andamento das coisas?

— E por que não haveria de estar?

— Vou lhe ser muito franca!

— Seja!

— Tenho dúvidas angustiantes sobre as comunicações recebidas por Antonino nas últimas semanas. Algumas pessoas da diretoria estão me cobrando postura.

— Por qual razão?

— Acha mesmo que estamos em condições de receber tão elevadas entidades no grupo?

— E por que não? Vejo com bons olhos a experiência. Estamos crescendo.

— Olha, Calisto. Creio que teremos problemas se a coisa continuar assim.

— Problemas de que ordem?

— Tenha bom senso, irmão! Onde se viu?! Essas entidades que estão chegando ao grupo... Eurípedes... João Evangelista... Antonino não tem jeito para missionário... E aquele preto-velho com aquela voz rouca... Além disso, posturas que atentam contra a pureza doutrinária...

O dirigente alterou abruptamente sua vibração diante da fala e, usando de extremado rigor no tom de voz, indagou:

— Você desacredita, Ana?

— Estou com muita dúvida. Gostaria de propor uma discussão no grupo mediúnico com a presença do médium.

— E desestruturar Antonino? De jeito nenhum!

— Pois acho que ele deveria saber o que estamos sentindo e discutirmos com mais transparência, em clima de respeito. Ele já tem bastante maturidade para ouvir opiniões a seu respeito. Ninguém desconfia da mediunidade dele. A questão é a cautela que devemos ter com a mistificação e... – Calisto cortou-lhe a fala.

— Sou terminantemente contra essa iniciativa! Os médiuns devem ser poupados a todo custo dessa ordem de discussões. Isso os coloca em risco de desequilíbrio. Se quiserem discutir algo, que seja comigo. Eu respondo pela mediúnica.

— Discordo de sua abordagem. Você trabalha com Antonino há muitos anos, percebe nele um médium exemplar e ele, em contrapartida, lhe tem como modelo de dirigente, mas somos uma equipe e, na minha condição de presidente da casa, solicitei uma reunião de diretoria para que a situação seja analisada claramente.

O clima psíquico alterou sensivelmente entre ambos. Calisto, com arroubo de determinação, concluiu:

— Você foi muito invigilante em marcar uma reunião dessas sem antes me consultar. Não carecia de forma alguma! A tarefa está segura. Não comecei ontem na condução de reuniões mediúnicas, Ana. Fique atenta e procure orar. As trevas estão tentando de tudo para exterminar com a iniciativa em curso.

— Quer saber? Acho mesmo que as trevas estão atacando. Sabe quem? A você - externou Ana em tom de desabafo e ansiedade. Você não enxerga suas falhas e fica atribuindo tudo às trevas.

— Lamento que tenhamos que chegar a esse clima, Ana. Sinto-me muito correto na condução da tarefa e não permitirei intromissão alguma. Você é presidente da casa, mas quem dirige a tarefa sou eu.

— De minha parte, tenho agora mais motivos para crer na utilidade de colocarmos os pingos nos "is". Os amigos da equipe que te procuraram, sentiram sua resistência em aceitar-lhes as observações. Eu já me desgastei por demais com sua habilidade de centralizar opiniões.

— Faça como lhe convier, Ana. Com essa atitude é o trabalho que vai perder.

Ana saiu pisando duro. Pegou um refresco e ansiosamente procurava alguém em meio aos visitantes, ensaiando um falso sorriso para disfarçar seu estado. Tão logo encontrou Cíntia, dirigiu-se até ela.

— Menina, você não sabe a última! Venha rápido aqui no canto, deixa eu te contar...

— Falou com ele? Como foi? O que ele disse – indagou Cíntia.

— Calma, calma, não me ponha mais nervosa. Estou até tremula. Pegue minha mão e veja como está gelada! O homem é um poço de insolência! Estou completamente alterada. Veja só como estou tremendo, mas falei tudo que queria.

— Fale, fale – provocava Cíntia a fim de obter as notícias.

— Disse tudo que queria, mas como já previamos, ele não aceita nem discutir. Está sempre com aquela pose de presunção.

— Menina e agora como vai ser?

— Não sei não. Quieta é que não vou ficar, você sabe como eu sou. Ou essa reunião resolve ou resolve. Não há outra opção.

— Então, me conte com detalhes. Como foi?...

Dona Modesta, percebendo que a conversa caminhava para o mexerico, solicitou-nos acompanhá-la para um diálogo. Retiramo-nos do ambiente.

— A situação pode ficar dramática a partir dessa reunião, porque vários componentes do grupo já estão insatisfeitos há muito tempo. Calisto com sua larga experiência doutrinária não abre mão das rédeas do trabalho. Crê-se suficientemente hábil e preparado em função de sua folha de serviços doutrinários – disse Dona Modesta.

— O médium Antonino não tem consciência do que se passa?

— Nem imagina José Mario. O médium Antonino segue com confiança as diretrizes de Calisto. Tem sido poupado desse gênero de lutas. Esses são bastidores sombrios da casa espírita. Vários grupos são tomados pela hipocrisia. A pretexto de serem fraternos e não melindrar uns aos outros, evitam os assuntos ásperos e conflitantes. Ninguém trata seus verdadeiros sentimentos. Como diz o ditado: "*O circo pega fogo e ninguém avisa nada no picadeiro*".

— Sempre carreguei essa dúvida. Até quando será conveniente poupar os médiuns desses episódios? Na condição de dirigente, orientei-me sempre por poupar os médiuns de dissabores na casa.

— Esconder a verdade dos médiuns é uma estratégia das relações doutrinárias que atingiu o status de regra recomendável para todos. Uma precaução que não educa. Ninguém, no intuito de zelar pelo bem das tarefas, pode ter a pretensão de gerir o que se passa na intimidade alheia. Apesar da nobreza de propósitos, chega o momento de revisar tal prevenção. Manter relações dessa espécie é sempre proceder em zona de risco. Somos a favor de grupos assertivos que nada tenha que esconder e omitir. Que declaram seus sentimentos e aprendam a lidar com suas consequências. Todo sentimento emite vibrações que são captadas pelos médiuns. Não se fala, mas se sente. Um grupo harmônico é o resultado de vibrações que se completam. Imperioso trabalhar em projetos e investimentos que possibilitem aos grupamentos, a manutenção de relacionamentos autênticos e duradouros inspirados em honestidade emocional. Funções rígidas costumam afastar os corações.

— Os papéis de médium, dirigente e sustentador seriam desaconselháveis?

— De forma alguma! No aspecto operacional da tarefa, algumas vezes, são essenciais. Entretanto, terminada a atividade, os grupos deveriam se desobrigar desta condição para assumirem juntos a condição de aprendizes passíveis de dúvidas, questionamentos, descrenças, transformando a ocasião em uma ambiente de legítima fraternidade vertida em humildade e sinceridade. Os médiuns não são semideuses e nem pessoas complicadas. São gente como todos. Com lutas e aspirações.

— Mesmo com os médiuns novatos deveria-se proceder com essa abertura?

— O fato de serem médiuns novatos não lhes retira a condição de seres humanos adultos e candidatos ao aprendizado da espiritualização. Quaisquer grupos erguidos em nome do Espiritismo-cristão são escolas de aprendizado mútuo, oportunidades de contato com novas realidades individuais com as quais todos podemos aprender algo, independente de tempo e conhecimento de doutrina. Os grupos, que se unem para o serviço de intercâmbio mediúnico, jamais deveriam iniciar suas atividades sem combinados claros acerca do relacionamento que deverá nortear as tarefas. Para isso, mister investir na amizade, no afeto, na construção de relações transparentes. Hoje, isso se faz mais prioritário que o próprio conhecimento de mediunidade.

— Prioritário em relação ao conhecimento?!

— Conhecimento de mediunidade nos moldes dos programas de estudo tradicionais não educa nenhum médium a ser alguém mais simpático, amigo e aberto a críticas. Há médiuns com profundo conhecimento intelectivo do fenômeno e totalmente incapazes para orar com fé nas suas palavras ou receber uma sugestão de melhora sem se melindrar.

— Quais seriam estes combinados, Dona Modesta?

— O primeiro deles é que nenhum de nós é infalível, portanto, sujeito a falhas. O segundo é a assertividade. Aprender a falar dos sentimentos e discuti-los em grupo. Mediunidade é feita de sensações, emoções. O terceiro é que êxitos e fracassos sejam diluídos no grupo. Ninguém responde sozinho pelo sucesso ou pelo tropeço. Desenvolver a noção de equipe. Equipes genuinamente cristãs colocam o amor acima dos papéis.

— Ana tem razão de querer colocar tudo em pratos limpos? Inclusive para o médium Antonino?

— Ninguém pode negar a conveniência do diálogo franco nesse momento do grupo. Porém, os motivos de Ana e dos demais merecem uma análise mais acurada. Não se trata apenas de risco de mistificação. Quando a trouxermos para fora do corpo físico durante o sono, você poderá constatar as raízes de sua atitude tão contundente em relação ao episódio.

— Haveria algo mais grave ocorrendo no grupo?

— Sim, existe. Nos bastidores dos motivos perceptíveis, movimentam-se emoções de variado teor. As raízes dos agastamentos humanos nascem nas profundezas da vida emocional.

Doutor Inácio que se mantinha em silêncio resolveu pronunciar:

— Para os encarnados, tudo começou com uma singela mensagem mediúnica. Para nós, os horizontes mentais de cada trabalhador são um mundo de percepções. Enquanto não houver nos grupos uma investigação mais aprofundada dos relacionamentos, as chances de harmonia serão sempre escassas.

— Isso mesmo, Inácio! Bem lembrado! - externou Dona Modesta

— Uma simples mensagem causou todo esse reboliço?

— Digamos que detonou um processo, José Mario.

— Foi apenas um catalisador dos sentimentos da equipe.

— Exatamente.

— E de quem é o texto?

— Eurípedes Barsanulfo.

— Foi ele mesmo ou...

— Foi ele, mas não acreditam - intercedeu Doutor Inácio. O texto está límpido e, no entanto, acusam o pobre médium. Se fosse comigo...

— Nem diga, Inácio! Lembra quantas vezes fui acusada de embusteira em Uberaba?

— As pessoas mentem tanto para si que, quando alguém diz a verdade, elas resistem.

— E o texto mediúnico...

— É um grave chamado para o futuro do grupo. Oportunamente você o conhecerá.

— Dona Modesta, qual a situação espiritual real dessa casa?

— Quem olha esse retalho de comportamentos durante a festa, não imagina os riscos que sobrecarregam essa instituição. O Hospital Esperança, estabeleceu há algumas décadas uma força-tarefa específica no amparo aos centros espíritas sob ataques das falanges da perversidade. Eurípedes organizou várias equipes com essa função. Os pedidos de emergência como dessa hora aumentam a cada dia. Os riscos de sitiamento do Grupo X são eminentes.

— Sitiamento?

— Infelizmente, José Mario. Há centros espíritas e instituições diversas que se erguem em nome do Espiritismo, que estão completamente sitiados. Sob domínio total de falanges aniquiladoras do idealismo cristão.

— E o amparo que a senhora citou? Onde fica?

— O amparo é um ato de amor incondicional. Que dizer, porém, do doente que recebe a medicação e não quer ingeri-la?

— Meu Deus! O objetivo é o de fechar as casas?

— Antes fosse! Os perseguidores da doutrina já concluíram que melhor que exterminar é emperrar. Manter funcionando a duras penas, adoecendo lentamente seus integrantes, fazendo chacota do Espiritismo através dos vexames e das tricas. Abafar o idealismo matando a alegria e o viço da idéia central do Espiritismo-cristão que é o amor aplicado. O plano é atacar principalmente as vigas da edificação, os condutores. Ruindo as vigas...

— Quando estava encarnado, chegava a pensar se os centros eram celeiros de luz ou um pasto de obsessão. Como não elaborava nenhuma conclusão, bania o assunto da minha cabeça. Preferia concebê-lo como um templo de elevação e bondade.

— Apesar das lutas espirituais, o centro continua sendo um oásis de paz para a humanidade sofrida. A atenção sublime do Cristo derrama-se sobre o mais singelo núcleo erguido em nome do Cristianismo Redivivo. Convém, porém, revelar ao mundo físico um dos pontos mais frágeis, para que os grupamentos espíritas se elevem à condição de ambientes renovadores das atitudes humanas. Esse ponto converge para a convivência e seus efeitos.

Inspirando-nos na figura de uma casa, o alicerce do centro espírita são os relacionamentos sobre os quais se assentam a parte social da residência no trabalho em favor da libertação de consciências. Entretanto, sem o telhado da Misericórdia Celeste não seria possível, nesse momento de transição, se arregimentar com êxito em torno dos programas de ação no bem. Longe de nós a generalização. A maioria dos centros tem prestado serviços incomparáveis na educação espiritual da humanidade e socorrido as vítimas de si mesmos.

Os seareiros necessitam se conscientizar sobre o verdadeiro valor de sua participação nessa Obra Divina, a fim de cooperar de maneira mais decisiva nessa empreitada. A missão é promover as agremiações doutrinárias, de pronto socorro emergencial, a núcleos educativos de valores humanos para a paz no mundo. Todavia, como galgar tal condição se os próprios condutores não se entendem e nem servem de exemplos, para os que recorrem aos serviços de orientação e amparo do centro?

Os condutores do centro espírita são como o coração que bombeia o sangue do idealismo e oxigena com o entusiasmo cada célula desse corpo.

— Se existe essa possibilidade de sitiamento no Grupo X, por que não vi até agora nenhuma entidade perturbadora no ambiente?

— Devido a ação dos vigias que se revezam. Foi um pedido direto de Eurípedes que não tem regateado esforços para amparar essa casa.

— Algum motivo especial?

— Uma semente promissora está depositada aqui. Nossos irmãos estão plenamente identificados com as propostas renovadoras para a maioridade das idéias espíritas nessa virada de milênio. Seus projetos e suas qualidades no serviço são farto manancial de bênçãos para o futuro. São almas fervorosas e compromissadas com a causa. Ousados e corajosos. Decididos a enfrentar lutas severas pelo bem dos ideais. Além disso, independente dos conflitos entre os seus líderes, a casa tem prestado consolo e esclarecimento a centenas de pessoas sofridas e desorientadas. Larga leva de trabalhadores bem intencionados e servis se organizam na doação espontânea e na cooperação edificante, formando uma frente de amor.

— Com tanta virtude, por que padecem?

— Não se trata de virtude. São habilidades consolidadas nas reencarnações que recebem agora direção nova. Contudo, tais habilidades sem cuidados na aplicação do Evangelho no coração podem ser instrumentos de muita confusão. Os corajosos e ousados com muita facilidade caem nos braços da arrogância, o mais destruidor dos sentimentos humanos.

— E a tarefa dessa hora...

— Tem por objetivo levar-lhes a enxergar isso. Destruírem as miragens de grandeza. Largarem os tronos de orgulho. Visão de futuro, idéias novas, tarefas arrojadas e bagagem doutrinária são valores essenciais, mas não qualificam ninguém, por si só, à condição de maioridade, caso tais valores não sejam aplicados, primeiramente, a si mesmos. "*Nem todo o que me diz: Senhor, Senhor! entrará no reino dos céus, mas aquele que faz a vontade de meu Pai, que está nos céus.*"[1]

— O nosso "senhor, senhor!" ainda é sufocado pelos sentimentos de superioridade!

1. Mateus, 7:21

— José Mario, o nosso *senhor, senhor* ainda está distante dos verdadeiros sentimentos, convertendo esse chamado ao bem em campo de batalha moral. Arrastamo-nos para subir na ladeira da evolução, supondo-nos campeões de agilidade na arte de escalar. Falta-nos consciência de si mesmo.

Capítulo 3

Examinando o Orgulho

Porquanto qualquer que a si mesmo se exaltar será humilhado, e aquele que a si mesmo se humilhar será exaltado.
Lucas, 14:11

Dona Modesta como avaliar a reação de Calisto ante as ponderações feitas por Ana durante a festa? Pareceu-me que não as recebeu como devia!

— Sua análise é pertinente, meu amigo. A personalidade de Calisto merece um estudo aprofundado nos meios espíritas. Estudar suas particularidades morais significa ampliar nosso raio de compreensão, acerca de uma das características comportamentais mais destrutivas de nossa causa de amor.

— O orgulho?

— Um derivado do orgulho. A arrogância. Lembra-se de nossa conversa ontem durante o chá? Calisto é um trabalhador devotado e esclarecido. Superou lutas íntimas e externas que poucos se dispõem a vencer. Reúne qualidades sobre as quais nós, os espíritas, pudemos edificar farta semeadura de bênçãos em favor da doutrina e do próximo.

— E mesmo com essas qualidades…

— Mesmo com essas qualidades, ainda não conseguiu, como a maioria de nós, suplantar suas expressões morais inferiores. Consideremos a esse respeito que nossa ótica espiritual encontra-se excessivamente viciada, porque, entre nós, os aprendizes do Espiritismo em ambos os planos de vida, acostumamo-nos avaliar os esforços alheios de modo míope, distante da verdadeira condição em que o Espírito se encontra na evolução. O fato de atingirmos longos anos de trabalho ou reunir vultosa folha de cooperação ao ideal espírita, não é garantia de realização íntima ou vitória definitiva na luta contra as velhas tendências da alma.

— A arrogância então deriva do orgulho?

— O orgulho é o sentimento de superioridade e a arrogância é uma das manifestações mais salientes desse traço moral. A personalidade arrogante supervaloriza seu próprio eu. Mantém uma fixação enfermiça nas "vibrações do ego". O arrogante não aceita críticas, quando as aceita procurar maquiar as correções que ela indica em sua conduta; despreza o valor alheio e se o reconhece adapta-o aos seus interesses e modo de ver; tiraniza a si mesmo nas malhas da culpa; tem uma convicção inabalável em suas próprias crenças, porque calcadas no perfeccionismo que o martiriza. A arrogância afasta as pessoas. O arrogante comete o disparate de acreditar que pode e até deve mudar o modo de pensar dos outros. Nesse sentido usa de toda sua ardilosidade. Não costuma ouvir senão as opiniões que vem de encontro ao seu próprio ego. Raramente abre-se a pensar nas ponderações dos outros por nutrir um exagerado sentimento de certeza naquilo que realiza. A personalidade arrogante é auto-suficiente. Alimenta-se de confiança exacerbada. Quase sempre, tem suas origens nas experiências de sucesso que deveriam insuflar a competência e arte de promover o ser humano ao crescimento, à habilitação em novos misteres. Tais ingredientes morais mascaram a compulsiva sensação de grandeza, alcançando patamares de desrespeito à vida alheia no campo individual ou coletivo, sem que o arrogante o perceba.

— Perdoe a indiscrição, Calisto tem sido muito arrogante junto às suas atividades?

— Para o grupo carnal, nesse momento das vivências do Grupo X, ele se tornou um ônus.

— Por que Dona Modesta?

— É muito fácil, José Mario, no nosso estágio evolutivo, perdermos a condição de servidores, operários da causa, e nos autopromovermos a qualificações que ainda não possuímos. Julgarmo-nos mais importantes que o ideal. Efeitos do nosso orgulho. Calisto sente-se indispensável e não acredita na possibilidade de que outros possam fazer o que ele faz com a mesma competência. É um trabalhador valoroso que corre o risco eminente de atolar-se em severas refregas pelo simples fato de não aceitar os alvitres que a própria vida vem lhe apresentando. Um coração com grande alcance de visão, mas incapaz de submeter sua capacidade de enxergar ao exame alheio. As pessoas que lhe contestam são taxadas por obsidiadas. Raramente ouve opiniões diversas.

— Há quanto tempo Calisto vem atuando no Grupo X?

— Quase duas décadas.

— Sua conduta seria a causa dos conflitos?

— É difícil admitir que uma só pessoa seja a causa isolada dos problemas em qualquer grupo. Os conflitos surgem de um conjunto de situações. A personalidade arrogante de Calisto seria um largo tronco de lenha na fogueira que está preste a ser acesa no Grupo X. Contudo, é preciso franqueza em nossas análises para um bom aprendizado José Mario. Calisto, a despeito de sua coragem e inquestionável bagagem espiritual, está sendo chamado a novas lições na condução de seus potenciais. Manejar o conhecimento e a experiência doutrinária como se tem feito com muitas conquistas do homem comum, distante das realidades espirituais, é correr riscos perigosos de se lançar ao personalismo. Nosso irmão tem sido infantil em relação a sua experiência. Tem agido como cidadão comum na luta humana que alcança seus sonhos e metas e se acomoda na atitude de vangloriar-se de si mesmo, supondo-se mais do realmente é. Essas características são muito salutares para catalisar pessoas, aglutiná-las. É um líder nato. Aglutinar pessoas, porém, é muito fácil. Difícil é mantê-las coesas e em harmonia. Com a mesma facilidade que catalisa, Calisto dispersa pessoas. E os que dispersam sempre estão incorrendo em erro. Não queira saber, por conta de seu caráter, quantas pessoas já passaram pelas tarefas sob sua coordenação. Entretanto, para ele, todos se afastam por imaturidade e ataques espirituais.

A festa continuava bulhenta. Com muitos risos e descontração. Como disse Doutor Inácio aos meus ouvidos:

— *Pronto socorro para desopilar o fígado.*

Minha mente estava distante dos ruídos daquele instante. As lições de Dona Modesta calaram na minha intimidade profunda. Lembranças eclodiam em minha tela mental acerca das minhas próprias lutas de relacionamento.

Apesar de ingressar nas provas de nossos irmãos somente agora, sentia-me sensivelmente responsável pelo que lhes ocorria. É como se fizesse parte de tudo o que ali presenciei já há muito tempo. O Grupo X era um espelho de minhas próprias necessidades e experiências. Ficava clara, a cada instante, a razão do convite para cooperar. Meus olhos, novamente, marejaram. Algo soterrado no meu inconsciente viera à tona. Tamanha foi minha emoção, e seguindo as orientações de meus terapeutas, não me contive e adotei a espontaneidade. Supliquei a Dona Modesta:

— Não sei como dizer, mas sei que a senhora vai me entender! Por caridade, não me afaste dessa tarefa.

— José Mario, aqui será sua nova sala de aula!...

Logo na manhã seguinte, bem cedo, Calisto telefona para Ana a fim de lhe fazer um pedido.

— Ana, bom dia!

— Bom dia, Calisto!

— Olha, vou direto ao assunto. Estou ligando para lhe pedir, encarecidamente, deixar Antonino fora dessa reunião de diretoria. Estive pensando no que falamos ontem na festa. Acredito, realmente, que esteja na hora de conversarmos. A reunião é bem vinda. Entretanto, vamos preservar Antonino.

— Vou pensar no assunto, Calisto, e discutir com os companheiros. Talvez possamos fazer dessa forma. Confesso-lhe que a idéia não me agrada.

— E você está bem?

— Bem?!

— É que ficou muito nervosa ontem durante nosso diálogo.

— Não houve diálogo, Calisto. Aliás, cada dia mais, escasseia em nosso grupo a possibilidade de qualquer concórdia.

— Mas me responda como está?

— Olha, Calisto! Vou te ser franca mais uma vez! Sequer tenho vontade de falar de meus sentimentos para você, considerando que só se utiliza desse expediente para gerir seus interesses e manipular pessoas. Esteja certo amigo, dessa vez é pra valer. Ou nós mudamos, ou não sei o que virá.

— Você tem que abrir seus olhos, Ana. Lembra daquela comunicação mediúnica alertando sobre o telhado do centro que seria apedrejado?

— Lembro sim, Calisto.

— Então, fique atenta com essa atitude.

— Quer saber?! Estou farta de seus argumentos sobre trevas e alertas mediúnicos. Você não tem olhar para o que se passa a um palmo de seu coração, não é mesmo? Você não existe Calisto. Uma pessoa que não sente, não existe. Sua mente está voltada para o exterior. Muito fácil arrolar problemas com as trevas, mas e nós como ficamos?

— Olha Ana... - ela nem o deixou terminar.

— Olha aqui você, Calisto. Tenho mais o que fazer! Estou com muitas panelas no fogo! Com licença e até a reunião.

— Considere meu pedido, Ana.

— Se o fizer não farei por você, esteja certo.

Mal se despediram. O clima agoniava. Calisto ao telefone agia com extrema habilidade de cálculo. Sempre que questionado, era essa sua reação. Ao desligar o telefone, estava completamente ensimesmado, como se arquitetasse algo mentalmente. Falava sozinho na sala de sua residência. Pensava uma maneira de dissuadir a diretoria da reunião. Via nisso uma terrível armadilha das trevas para levar o grupo ao pior. Mal terminou seus raciocínios e o telefone tilintou.

— Olá, é Calisto?

— Sim, sou eu.

— Como vai amigão?

— Antonino? Tudo em paz, amigo? Passou bem de ontem?

— Que caldos! Comi até não poder mais!

— E então? Ligando tão cedo assim!

— Tive algumas percepções e queria dividir com você.

Calisto se apressou em pegar uma agenda para fazer anotações. Ouvia com atenção. Por um segundo chegou a relampejar em sua mente a idéia de que algo novo surgiria para clarear a situação.

— Pode falar, Antonino.

— Tive sonhos horríveis dos quais não me lembro. Havia muita batalha, muita guerra nos sonhos. Agora a pouco, quando acordei, tive uma nítida sensação da presença de Dona Modesta. Lembra dela?

— Aquela dos livros de Inácio Ferreira?

— Sim, é ela mesma. Nunca a havia percebido.

— Ela disse algo - manifestou Calisto com certa apreensão de que algo obtivesse acerca da suas recentes lucubrações ou mostrou alguma visão?

— Sim. Ela me disse que os trabalhadores de linha de frente do Grupo X precisam descer dos tronos.

— Tronos?!

— Tronos do orgulho. Foi assim que ela disse.

— Compreendo. E ela citou algum episódio?

— Não. Ela não me disse mais nada, mas fiquei com um sentimento de que deveria me preparar para uma longa batalha. Está acontecendo algo na casa, Calisto?

— As lutas de sempre Antonino. Tudo contornável.

— Ainda bem!

E de forma muito humilde e simplória, expressou Antonino.

— Fiquei muito comovido com a presença dela. Lembrei-me da mensagem de Eurípedes. Você se lembra? Aquela dirigida à diretoria?

— Sim, lembro bem!

— Pena que o grupo esqueceu a mensagem, não é Calisto?! Achei-a tão oportuna a todos nós! Nos dias seguintes à sua recepção, tive uma sensação que ela teria muitos efeitos no grupo. Mas vou me desligar disso, não é tarefa minha essa análise, não é?...

Após a fala de Antonino, Calisto desconcertou. Ficou lívido. Mudou de assunto e sentiu raiva pelo que vinha ocorrendo. No fundo, ele é um homem com nobreza de ideal. Queria preservar exatamente essa pureza que sentia em Antonino. Guardar sua vida mental das tricas e futricas. A vida, porém, reserva lições indispensáveis ao crescimento de todos... A pureza de estufa não condiz com o verdadeiro cristão. Antonino sequer imaginava o que deflagrou a referida mensagem mediúnica.

Os autênticos discípulos do Cristo não encontram na imortalidade um adorno cultural com o qual possam tecer digressões filosóficas ou louvar os Planos Mais Altos com intercâmbios esporádicos. Para eles, imortalidade é sentimento que eleva e aperfeiçoa, encoraja e liberta. Quem o experimenta, renova-se. Quem sente a imortalidade, dirige-se para o alto em busca da ascensão moral. Imortalidade é conquista no reino das emoções nobres. Serviço de aperfeiçoamento através dos choques da dor. Aquisição feita nos entrechoques da realidade. Os médiuns com Jesus devem conhecer os campos sangrentos das lutas de cada dia, a fim de não se tornarem pítons dos tempos modernos, acomodados em confortáveis tendas de proteção, enquanto seus irmãos entregam-se ao combate ardoroso.

Calisto agia como um profissional competente em diagnosticar a enfermidade, mas totalmente incapaz de aplicar a solução mais adequada. Habilidoso no trato com as questões do mundo espiritual, e cego para a realidade de seus próprios sentimentos. Míope para sua intimidade.

Muito fácil para almas em nosso estágio, encontrar as causas dos desentendimentos fora de nós. Colocar um espelho diante do coração, pedir desculpas, propor novos caminhos com base nessas descobertas, assumir o arrependimento pelos nossos atos e decisões, voltar atrás nas escolhas mal feitas, propor acordos de paz, tudo isso ainda é muito raro.

A percepção de Antonino dentro da história foi de uma fidelidade ímpar. Era exatamente a expressão usada por Dona Modesta. Desapegarem-se do trono. Vencerem as posturas psicológicas de orgulho que criam as miragens dos personalismos. Sem essa conquista, nossas iniciativas espirituais não passam de manifestações farisaicas dos lábios para fora a declamar: *senhor, senhor!*

Capítulo 4

Reunião de Diretoria

Mas não sereis vós assim;
antes o maior entre vós seja como o menor;
e quem governa como quem serve.
Lucas, 22:26

O dia aprazado da reunião chegou. Reuniram-se Ana, Calisto e mais seis componentes da diretoria do Grupo X. Foram tomadas providências especiais pelas equipes de vigilância no sentido de resguardar a casa de ataques. Comparecemos acompanhando Dona Modesta e Professor Cícero. O clima estava tenso. Calisto chegou a fazer algumas ligações no intuito de dissuadir alguns membros, o que tornou a situação mais melindrosa. Ana tomou conhecimento da iniciativa. Os nervos estavam à flor da pele. Após a oração, pontualmente às vinte horas, fizeram breve leitura evangélica da obra "Vinha de Luz" e Ana tomou a palavra:

— Meus irmãos, vou direta ao assunto. Todos sabem o motivo da reunião. O nosso caro Antonino tem recebido algumas comunicações mediúnicas de Espíritos elevados. Queremos discutir o conteúdo e a postura da direção na pessoa do irmão Calisto. Tais mensagens, como todos sabem, estão sendo divulgadas até para fora do centro, gerando controvérsias e polêmicas estéreis. Gostaríamos de ler o texto atribuído a Eurípedes Barsanulfo e em seguida fazer um pequeno relato sobre a direção de Calisto e... – ela estava trêmula e parou de falar pedindo um copo de água. Desculpem, não posso negar o quanto essa reunião me abalou os nervos. Leiamos o texto:

"Amados irmãos, esperança em seus dias de aprendizado.

O Espiritismo alcança a terceira etapa de sua história na Terra. Adentramos o período da maioridade. O momento da promoção a novos patamares de ação.

Essa casa abençoada tem sido convocada aos testemunhos de expansão desse momento novo. Recai sobre os vossos ombros uma grave responsabilidade.

A casa edificada sobre a areia é frágil às intempéries. Eis o instante de vos unirdes em espírito e verdade, investigando com profundidade a natureza de vossos corações. Nisso reside o alicerce seguro para as empreitadas do amor legítimo.

O homem espírita admite-se vaidoso e personalista, melindroso e egoísta. Porém, somente admitir tais imperfeições da alma pode ser, tão somente, movimento cerebral da inteligência iluminada pelo esclarecimento. O momento solicita sentir essas imperfeições. Dissecá-las perante a consciência através da noção lúcida de seus efeitos em nossas vidas. Estar em contato emocional com todas elas, estudá-las, discuti-las em grupos de amor cristão. Estar informado é a primeira etapa. Ser transformado é a etapa da maioridade.

Convertei vossos programas de esclarecimento em ensejos de diálogo honesto sobre as necessidades morais mais profundas da alma. Fortalecei a convivência através do autoconhecimento.

Olhai para vosso orgulho sem temor. Admita-o, mas também o sinta. Nosso maior inimigo tem raízes emocionais profundas. Mister extirpá-las. O contato educativo com essa doença moral vos engrandecerá.

Convocamo-nos, pois, a essa consciência das vossas lutas morais no intuito de prepará-los aos desafios do futuro. Sem bases morais sólidas, o compromisso que vos aguarda pode sofrer adiamento.

Estamos conclamando homens corajosos para a missão de asseio da psicosfera terrena. Sem isso não teremos clima espiritual para a paz e a regeneração. Imperioso uma nova ordem de atividades que ensejem orientar, acolher e socorrer as almas perdidas da Casa de Israel atoladas nos pântanos da ilusão e da maldade na erraticidade.

Bilhões de almas compõem o cinturão de energia que pesa sobre os ombros da humanidade. Urge estender braços fraternais para aplicarmos o unguento do conforto e da libertação.

Para lidar com os desfiladeiros onde mora a perversidade, imperioso o preparo moral, mas igualmente capacidade de utilizar a força mental na adoção de técnicas e métodos que alarguem nossa intenção socorrista. Ingenuidade no trato com as esferas inferiores coloca em risco as sementes mais viçosas de bondade e esperança.

Enviaremos almas destemidas para vos orientar com lições indispensáveis ao novo desafio.

Na seara, o joio cresce ao lado do trigo. Aprendamos a discernir. Levai essa boa nova, esse chamado, a outros grupos na fileira dos serviços redentores.

Amai-vos com mais abundante amor.

Eurípedes Barsanulfo."

Após a leitura, Ana retomou sua fala.

— Gostaria de dizer que minha preocupação não é tanto com o texto e sim com os acontecimentos em torno dele. Tem vários pontos aqui na mensagem que reputo exclusivamente a problemas de filtragem. Não acredito que seja Eurípedes Barsanulfo. Ele não falaria assim tão direto a ninguém. Quanto mais para lembrar algo que todos já sabemos. É um texto duvidoso. Como um Espírito superior chegaria ao ponto de se intrometer em nossos programas de estudo para fazer sugestões? Creio que eles têm muito mais o que fazer. Portanto, para mim é um texto sem sentido. Não acredito que Eurípedes em sua grandeza iria se preocupar com nossa humilde casa. O médium Antonino, incentivado por Calisto, vem recebendo mensagens de baluartes espíritas. Ivone Pereira, Cairbar Schutel, Bezerra e outros tantos. Tenho acompanhado as psicofonias com certa apreensão. Não acredito que nossa humilde casa esteja preparada para tanto. E agora tenho a prova escrita neste texto que me dá mais base para discutir. A postura de Calisto para mim tem sido descuidosa. Um preto-velho tem se comunicado constantemente, chegando ao ponto de levantar e andar para abraçar as pessoas e tocar em seus corpos para fazer tratamentos questionáveis. Não bastasse isso, ainda estala dedos e sugeriu ao grupo a retirada da mesa da reunião mediúnica, para deixar os médiuns mais espontâneos. Atitudes que atentam contra a pureza doutrinária. Além disso, tenho notícias que esse texto já chegou aos irmãos da federativa estadual através de Calisto. E disso ninguém sabia. Reservei essa novidade para essa reunião para mostrar o quanto é grave. Nosso irmão Alfredo, presidente da federativa, foi incisivo em manifestar que estamos sendo vítima de uma obsessão que tem assolado o movimento espírita. Médiuns diversos têm lançado livros com Espíritos assinantes de esferas elevadas e propondo mudanças, um "novo Espiritismo". Eu pergunto: quem Antonino acha que é para receber Espíritos superiores? Um homem com família para cuidar, com pouco estudo, não conseguiu deixar a alimentação carnívora e, mais a mais, só vem ao centro duas vezes. Vocês querem mesmo acreditar que ele possa estar recebendo tais entidades? Espírito superior é só para médiuns missionários. Bom! Esses são os meus questionamentos e espero que daqui saiamos com uma medida rigorosa acerca do ocorrido para não causar mais tumulto na casa.

Havia um silêncio tumular na reunião. O clima não era nada acolhedor. Dona Modesta olhava as pessoas como se penetrasse o âmago de cada um. Havia uma hostilidade vibratória muito incômoda. Sem pestanejar, Calisto se prontificou a falar.

— Jamais supus que o assunto pudesse ser tratado nesse nível. Estou surpreso com a atitude de Ana. Ligar para a Federação e...

— Não fui eu quem ligou.

— Foi sim, porque eu sei que foi e não adianta desmentir.

— Você está...

— Espere aí! Você já falou demais, agora vai me ouvir! Pelo amor de Deus não me interrompa! - manifestou Calisto quase aos berros e com determinação.

— Mas...

— Sem mas. É a minha vez de falar!

— Eu... - e foi cortada abruptamente por Calisto.

— Se não querem concordar com a mensagem, tudo bem! Agora questionar minha postura... Essa não vou admitir! Tenho trinta anos de doutrina gente! Não comecei ontem. Conheço *O Livro dos Médiuns* com profundidade e vejo em Antonino um médium muito ajustado que também não começou ontem. Fico surpreso com as colocações de Ana. O fato de comer carne não impede Espírito superior algum de manifestar e...

— Não foi isso que eu disse. Eu queria...

Um novo momento de tumulto agravou em muito o ambiente. Ana teve que se levantar para tomar uma água e ser acalmada. Tremia, como diz o ditado, *como uma vara verde*. Quando tudo estava prestes a caminhar, Calisto manifesta:

— Olhem aqui, companheiros!... Eu vou ser muito franco com vocês! Se eu for novamente interrompido e não puder concluir minha fala, me levanto e vou embora. Não acho que esse seja o ambiente de uma casa cristã.

Mas Ana, infelizmente, não se continha. Estava realmente perturbada emocionalmente.

— Pois eu acho que era isso mesmo que você deveria fazer, sabe Calisto!

— É isso que você quer, Ana? Conserte a frase!

— Seja transparente, Calisto! Nós sabemos o que você quer.

— Não estou entendendo, Ana!

— Há quem diga que você quer a presidência da casa!

— Meu Deus! A reunião é para outro assunto, porque isso agora? Eu, presidente? Você está delirando, Ana!

— Realmente, Ana - intercedeu um dos companheiros. A reunião está perdendo seu foco.

— Por que só você pode expor seu ponto de vista, Ana? - indagou inesperadamente outro diretor.

E sem mais nem menos como é típico dessas reuniões, um companheiro de mais idade diz:

— Fiz um curso recentemente. Era uma excelente professora. Uma amiga de longa data que nos reencontramos...

Ele falou durante dez minutos, pausadamente, sobre a professora deixando a todos mais entediados e, depois, concluiu:

— Nesse curso, ela disse que existem as tais relações verticais. Talvez seja isso que esteja acontecendo aqui.

— Não creio que seja esse o problema - interfiriu outro diretor, enquanto Calisto mostrava-se muito desanimado –, talvez nossa reunião de avaliação devesse ser mensal, porque ficar reunindo de vez em quando...

Outros palpites foram surgindo, provocando maior agastamento.

— Quero saber se posso continuar a minha fala senhores? Do contrário vou mesmo me retirar.

— A palavra é sua, Calisto - respondeu a própria Ana a contragosto e mal-humorada.

Calisto falou por quase meia hora expondo argumentos, propondo várias mudanças na casa decorrentes dos "sinais da espiritualidade", truncando falas e, por fim, após mais discussões estéreis, o grupo concluiu que deveriam serem analisadas as comunicações futuras com mais cuidado, arquivando a mensagem do suposto Eurípedes e suspender quaisquer iniciativas fora dos padrões de pureza espírita. Antonino deveria ser comunicado para redobrar a vigilância. Caso surgissem novidades, a diretoria se reuniria em caráter de urgência.

Calisto saiu extremamente desgastado da reunião. O clima geral era de indisposição. Alguns companheiros se cumprimentavam na saída procurando outros assuntos para amenizar o clima emocional do recinto. Na saída da reunião, Ana deu uma carona para Cíntia que também participou da reunião.

— Sinceramente, Cíntia, não fico mais um dia nesse cargo. Ele é muito arrogante. Viu como truncou minhas falas. É de propósito. É um calculista. Não mostra suas emoções em nenhum momento. É um político. Saio muito frustrada, porque acho que ele conseguiu o que queria. Desequilibrar-me perante o grupo e...

— Pegar a presidência - atalhou Cíntia. É essa a estratégia dele. Mas no final você se saiu bem. Não se preocupe. Ele não tem a menor chance.

— Você acha que não?

— Não tenho dúvidas. A decisão do grupo foi clara. Todos estão a seu favor, o que você pensa fazer agora?

— Estou com muita vontade de alertar Antonino para os perigos que vem incorrendo.

— Perigos?

— Calisto é um visionário. Está colocando coisas na cabeça de Antonino e o médium está embarcando.

— Eu não faria isso no seu lugar. Aposto como ele nem desconfia dos acontecimentos. Não acredito que esteja sendo induzido. Apenas, talvez, mal orientado - amenizou Cíntia.

— É! Ele não sabe de nada. Pobre coitado!

— Deixe como está. Ele vai ser comunicado.

— Terá um choque. Que pena! Um médium excepcional encantado por essas novidades mistificadoras!

— Esse é um problema para Calisto administrar!

— O que me impressionou é que ele é tão ardiloso que parecia já conhecer previamente o que eu levaria à reunião. Como podia saber que fui eu que liguei para a Federação? Será que tem alguém de lá levando algo para ele, Cíntia?

— Ele é muito inteligente. É só isso - desconsertou Cíntia.

— Só sei que estou muito magoada com toda essa história. Não tenho sequer dormido. Já não chega os problemas da vida, ainda tenho que dar conta desse tipo de coisa.

— Vamos mudar de assunto e acalmar um pouco, ok?

— Está bem amiga! Que bom que me faz companhia. E como foram as compras hoje no shopping?

A reunião de diretoria teve momentos perturbadores que não comportariam serem mencionados em uma literatura espírita. Adjetivos, crises nervosas e até palavras vulgares. O ambiente se estraçalhou, dando enorme trabalho às equipes socorristas que impediram a duras penas a entrada de vândalos orientados por adversários ferrenhos da agremiação.

O nome do Cristo foi pronunciado somente na oração inicial. Pontos de vista, interpretações pessoais e interesses. Eis as motivações. Impressionado com tudo que vira e ouvira, creio que eu também me encontrava transtornado. Participei de reuniões confusas quando no plano físico. Já tinha ouvido falar de reuniões desrespeitosas. Presenciar tudo aquilo, entretanto, foi como um golpe inesperado. Especialmente vindo de espíritas tão preparados como nossos irmãos.

Dona Modesta mantinha-se calada. Introspectiva. Parecia profundamente concentrada. Ficamos somente nós dois na casa espírita. Olhei para ela aguardando alguma consideração. Mantinha-se quieta. Eu não sabia o que dizer. Embaracei-me ao vê-la assim. Pensei em tomar alguma iniciativa, no entanto, nada brotava em minha mente. Professor Cícero já havia se deslocado do ambiente fazendo proteção a Calisto, acompanhado pelos nossos auxiliares. Depois de longos minutos ela expressou:

— Os problemas vão crescer!

— A senhora teve alguma percepção, Dona Modesta? Viu alguma entidade desequilibrada?

— José Mario, vi muitas entidades perturbadoras: nossos próprios irmãos encarnados.

— E os desencarnados?

— Obsessão controlada, por enquanto...

— E como ficará daqui para diante?

— As equipes emergenciais da força-tarefa já se deslocaram aos lares de nossos irmãos. Fazem proteção especial de hoje em diante em regime de vinte e quatro horas.

— A reunião foi um fracasso, Dona Modesta?

— Foi apenas um efeito do que tem sido as relações humanas nesse grupo. O ponto de vista pessoal é uma idéia que assenhoreia o departamento da inteligência determinando crenças, valores, atitudes e emoções. Apegados a esse ponto ou pontos de entendimento, raramente permitimos o coração fluir com naturalidade. Criamos uma barreira nos sentimentos. Por trás de cada argumento aqui expressado escondem-se sentimentos, que muitos não têm consciência, outros não querem assumi-los. Assim nasce a hipocrisia. Uma infidelidade ao que realmente se passa na alma. A ausência de consciência sobre o piso mental que antecede as atitudes humanas responde por alterações inesperadas e desagradáveis nas amizades. Desconhecer nossas necessidades profundas, ignorar as intenções que nos impelem a existência, não saber o que realmente queremos, essas características íntimas do ser são capazes de criar um campo para muita decepção e conflito na convivência.

— Se estivesse encarnado nesse instante, Dona Modesta, só teria uma frase para exprimir o que sinto: um autêntico "nó na garganta"!

— A hipocrisia para nós que buscamos a aplicação do Evangelho merece uma análise especifica. Não queremos mais, deliberadamente, enganar, falsear. Contudo, colhemos o fruto amargo da sementeira inconsequente em séculos de mentiras e fingimento. Representamos sentimentos com interesses particularistas. Hoje, temos desejos e intenções límpidas e contra nossos novos propósitos elevados estão os reflexos afetivos de outrora. Sentimos o que não queríamos. Pensamos o que não gostaríamos. Somos enganados pelas próprias máscaras com as quais nos travestimos na caminhada secular. Fingimos sem o querer. Desejamos ser nós mesmos, mas nos envergonhamos do que se passa na vida interior. Um contraste.

— Dona Modesta, passou algo pela minha mente. A hipocrisia significa não assumir o que se passa na vida íntima. Adotar máscaras para esconder o que somos ou sentimos. Por qual motivo agimos assim? Existe algum sentimento que fundamente a atitude de hipocrisia?

— Boa pergunta, José Mario. A hipocrisia é fundamentada no interesse pessoal. Já pensou o que aconteceria a um adúltero que, simplesmente, chegasse aos seus familiares e comunicasse com toda naturalidade o ato de infidelidade?

— Ele pagaria pelo erro.

— E deixaria de ter seus interesses atendidos.

— A hipocrisia existe porque atende aos nossos interesses? Deduzi corretamente?

— Quase!

— ?

— Não só por causa de interesses, mas pela vergonha em assumir o que somos e pelo medo em responder pela mudança ou pelos resultados do que escondemos.

— Mudança?

— Ao pararmos de fingir para nós, percebemos que teremos que fazer mudanças na conduta, nos hábitos, nos sentimentos. Não assumir para nós mesmos a nossa realidade, protege-nos de algo que, certamente, nos exigirá profundas modificações. Sendo assim, preferível não ver o que precisamos enxergar.

— Não quero fazer julgamentos. Se minha pergunta for imprópria, por favor, corrija-me. Os irmãos do Grupo X estão inseridos na hipocrisia?

— Mais que pode imaginar. São Espíritos velhos nas vivências religiosas. Líderes natos e antigos amantes da mensagem do Cristo que, ainda, não a conseguiram sentir. São pensadores do amor. De fato, sentem ânsia de mudança. Suas atitudes, todavia... A duras penas começam a olharem para si mesmos. Com muita facilidade, iludem-se com seus cabedais.

— Cabedais intelectuais?

— O amor que sobe para a cabeça!... Os pontos de vista aos quais nos apegamos. Crenças.

— Mais uma vez perdoe-me se vou ser inconveniente. Jamais fiz tais perguntas ou tive preocupação em saber mais da vida alheia que da minha. Apenas no intuito de aprender, podemos chamar nossos irmãos de Fariseus?

— Fariseus não intencionais.

— Hipócritas sem desejo de ser.

— Hipócritas que acreditam ter motivo para ser o que são. Muito bem intencionados e ainda bem iludidos sobre sua realidade íntima.

— Dona Modesta - dei um típico sorriso de quem se confundiu - tenha piedade da minha ignorância!

— Como falei, a hipocrisia é motivada por algum interesse pessoal. Raríssimos são hipócritas por simples prazer de enganar.

— Nesse caso... Que interesses estariam defendendo?

— Existem interesses circunstanciais. Entretanto, nossa grande batalha, é contra o reflexo da importância pessoal. Nossa compulsiva necessidade de sermos os mais úteis, os mais... Somos hipócritas por defendermos esse interesse milenar que nos assola a alma com inquietude e uma perturbadora ambição. Tomados por esse estado íntimo adotamos conceitos ilusórios que nos fazem analisar os esforços como contributos essenciais para a Obra do Cristo. Não fazemos isso por maldade e sim por costume. Nem sempre temos consciência da volúpia de nosso orgulho, que age como uma sorrateira vertigem no campo dos pensamentos.

Nesse caso a motivação é a disputa. Disputam, e porque disputam precisam provar algo. É a necessidade de domínio, controle, hegemonia da verdade. Nossa evolução foi tecida assim; quanto mais no topo, mais nos sentimos melhores. Não gostamos do anonimato, das tarefas simples e rotineiras.

Julgamo-nos sempre prontos o suficiente para grandes realizações, um velho hábito de Espíritos orgulhosos.

— Disputam quem é o melhor uns com os outros...

— Quando a boa disputa é somente aquela que fazemos conosco.

— Entendo. E assim a casa espírita se torna um campo de batalha como percebeu Antonino em seus sonhos?

— Um campo de batalha e um pasto para a obsessão. Com a mente tomada pela disputa, a criatividade se esvai, a sintonia é alterada, o ambiente se adensa, o trabalho sofre, os desgastes enfraquecem, a gentileza desaparece, o ideal fenece, a bondade é sufocada, os problemas aumentam e a amizade padece. O brilho alheio fere nossos olhos.

— Fere os olhos do coração.

— A ponto de enceguecer, permitindo que o cérebro, a inteligência, crie os pontos de vista.

— Que luta a minha, Dona Modesta! Estou tão identificado com tudo isso que, confesso à senhora, me sinto reencarnado nesse grupo.

— E está.

— Estou?

— Só lhe falta o corpo para que lhe vejam todos os dias. Você verá com que frequência seu nome passará a ser pronunciado por aqui.

— Mesmo que eu não diga nada e nem escreva nada, serei...

— Será sentido. Penetrarão em seu campo mental tanto quanto você penetrou no deles. Vão te rastrear com enorme facilidade.

— Rastrear? Interessante!

— Você não havia pensando nisso em seus estudos de mediunidade?

— Nunca imaginei! Aprendi que tudo é sintonia e que, sintonia, dependia de vontade e oração.

— Vai, além disso, José Mario. Sintonia é lei universal que independe de fatores conscientes na utilização da vontade.

— Santo Deus!

A conversa parou por um instante. A benfeitora deixou-me absorver o extenso volume de aprendizado. Parecendo pressentir com clareza minhas necessidades, depois de algum tempo, retomou o tema.

— A dificuldade de Ana em assumir o que sente na carne deixa bem claro quanto ainda somos hipócritas, falsos. Infiéis a nós próprios. Protegemo-nos de nós por saber que não daremos conta de olhar o que não queremos ver. Ana é voluntariosa, mas não reconhece ainda sua intolerância disfarçada e sua inveja venenosa. Antonino é puro, no entanto, desconhece ainda seus medos e fugas. Calisto é dotado de idealismo superior, todavia não tem ainda consciência de suas expressões de arrogância e de sua frieza emocional. Calisto nega a mágoa. Ana a supervaloriza. Para nós, são enfermos em busca de sua recuperação. Com objetivo de amparar e servir, nossa única alternativa é lhes incentivar a assumirem suas qualidades em favor do trabalho, esquecendo os momentos tormentosos. Mensagens de advertências claras em grupos com essas características morais trazem inconvenientes e agravantes.

— Por que então Eurípedes foi tão claro?

— Para que nós, educadores da alma, não sejamos omissos.

— Perdoe-me a pergunta, como a senhora agiria se estivesse nessa reunião?

— Proporia que orássemos de joelho e mãos dadas a Jesus, rogando ao Mestre que nos concedesse visão ante a cegueira espiritual que nos é peculiar. Visão para enxergar a essência de nossas atitudes. Logo após a prece, encerraria a reunião e proporia mais oração, silêncio e trabalho redobrado. O tempo se encarregaria do restante, caso dispuséssemos esperar e trabalhar, amar e tolerar.

Tive que ser honesto na luta com minha própria hipocrisia: a atividade daquela hora me causou enorme mal-estar. Não porque a minha sensibilidade seja apurada a tal ponto de ferir-me, mas porque as atitudes de nossos irmãos remexeram meu inconsciente, provocando intensa desordem. Lembranças, idéias... É como se uma ferida tivesse sido aberta no coração deixando vazar medo, pessimismo e abrindo campo para inúmeras forças inferiores. Tinha a impressão de estar pesado. Uma sensação de não querer prosseguir. De ser tudo uma mentira. Encontrava-me na faixa vibratória doentia do desânimo. O carinho de Dona Modesta não me deixou órfão. Mesmo tendo tanto a pensar e fazer, deu-me o braço e saímos juntos do Grupo X, andando como se estivéssemos no solo terreno. A medida em que nos afastávamos do centro espírita, recompunha meu estado de ânimo. Em silêncio, contemplando a beleza das estrelas, respirando um pouco mais aliviado com o desvelo da benfeitora, caminhamos até a residência de Ana, enquanto o Professor Cícero e outros aprendizes se destinaram a amparar Calisto.

Em minha mente ecoava a frase inesquecível de nossso Mestre que agora tomava outra perspectiva em meus pensamentos: "*Mas não sereis vós assim; antes o maior entre vós seja como o menor; e quem governa como quem serve.*"

Capítulo 5

Devassando o Inconsciente

Ai de vós, escribas e fariseus, hipócritas! Pois que sois semelhantes aos sepulcros caiados, que por fora realmente parecem formosos, mas interiormente estão cheios de ossos de mortos e de toda a imundícia.
Mateus, 23:27

Ao chegarmos ao lar de Ana, ela fazia os preparativos para o sono. A mente estava completamente absorta nos fatos recentes. Os raciocínios não coadunavam. Vivia momentos de angústia ante os conflitos íntimos. Médium intuitiva e dirigente questionava suas lutas sem entender as razões da dor que, continuadamente, lhe feria o coração. Perguntava a si mesmo se valia a pena tanta carga emocional na vida. Revia os acontecimentos vivendo intensamente as dores que o fato lhe produziu à sensibilidade. Estava apática, inconformada. Percebia-se um colapso mental eminente. Atendendo ao rogo de almas afins ao seu coração, ali presentes em seu lar, Dona Modesta esperava pacientemente que ela se emancipasse naturalmente. Tão logo o relógio terreno ultrapassou as vinte e três horas, Ana desvencilhou-se do corpo. Conduzida por seus amigos espirituais, destinamo-nos todos ao Hospital Esperança.

Em sala apropriada a tal mister, oramos. Ana mantinha-se lúcida em nosso ambiente. Como já conhecia a interlocutora desencarnada, logo expressou:

— Dona Modesta, que alegria estar aqui!

— Ana, amiga querida, Deus seja louvado! Como vai o coração?

— A senhora deve saber. Ando com muitos conflitos sem solução que se esticam no tempo.

— Não existem conflitos sem solução.

— Ah, Dona Modesta! Não tenho encontrado caminhos e respostas para os meus!

— Fale-me. Vamos ao que te amargura - assentadas em poltronas confortáveis, o diálogo se travou com rara lucidez para a encarnada.

— Por que tenho medo de viver? Olho algumas pessoas que nem conhecem o Espiritismo e tenho a nítida sensação que adoram viver. São felizes a seu modo. Eles, no mínimo, aparentam prazer de viver!

— Isso é uma conquista, minha filha. Viver é uma Lei Natural, muito embora ter alegria de viver, especialmente nesses momentos expiatórios da Terra, é uma conquista.

— Conquista?! Então estou longe dela. No entanto, de minha parte, com todo conhecimento que tenho das questões do Espírito, encontro-me abatida, sem ânimo, sem vida. Luto, luto, e tenho a impressão que não faço reforma íntima alguma.

— Entendo! As pessoas a que se refere travam contato constante com a energia da vida.

— Creio que eu ainda não consegui esse contato!... Veja a senhora: estou no trabalho ativo da mediunidade. Vigio meus impulsos. Cumpro meu dever no lar e na profissão. Tenho esforçado para vencer os desgostos com a forma física e a escassez material. Apesar disso, tenho momentos alternados de efusiva alegria e vontade de desistir do trabalho espiritual.

Por pouco, recentemente, não tombo na cilada afetiva. Creio que estou muito decepcionada com quem sou. Responda-me, Dona Modesta, por que não sou feliz?

— Fale-me mais sobre seus sentimentos. Continue.

— Em determinados momentos sinto-me essencial, quase insubstituível nas tarefas. Alegro-me com as conquistas. Outras vezes tenho a nítida sensação de desagrado que assalta minha estima, levando-me a sentir uma alma em débito perene. Por vezes amo o contexto em que renasci experimentando alegria pelas carências. Outras vezes sou assaltada por severa repugnância, tomando-me de inveja pela vida alheia cheia de prazeres que aos meus olhos parece-me sempre mais rica e preenchedora. Passo então a detestar os irmãos espíritas e a destacar-lhes as mazelas como se eu não as tivesse. Permaneço semanas nesse estado para depois... Depois tudo some como por encanto...

— Compreendo - externou afável a ouvinte.

— Não é o Espiritismo o Consolador? Então por que não me consolo em definitivo? Que está faltando? Estarei deixando de realizar algo essencial? Alterno-me entre lucidez e confusão mental. Será mediunidade? Fiz inúmeros tratamentos espirituais. Como a senhora deve saber, cheguei a pensar em recorrer a serviços de magia, já que não tenho coragem de contar sobre minhas angústias aos amigos mais próximos na doutrina. Aliás, nesses momentos, aos meus olhos, eles parecem estar sempre em melhor condição que a minha. Não vejo ninguém reclamar com sinceridade sobre lutas como as minhas. Que se passa comigo, querida benfeitora?! De que me valeram duas décadas de dedicação aos ensinos da doutrina? Até quando terei que experimentar essas dores interiores tão desalentadoras?...

O diálogo fluía sem dificuldade quando Dona Modesta propôs:

— Vamos levá-la às câmaras de inconsciência. Sua lucidez nos permite tal medida.

Colocada em uma maca móvel, saímos juntos com o grupo de experientes servidores em direção a enfermaria de almas totalmente inconscientes. Ali estavam inúmeros corações depois de serem resgatadas em regiões de dor e loucura na erraticidade. Dona Modesta queria oferecer uma lição ao coração sofrido da trabalhadora espírita.

— Veja, Ana, o quadro de nossos irmãos!

— Vieram do umbral? – indagou assentada na maca.

— Vieram de regiões mais inferiores que o umbral.

— Dos abismos e vales?

— Exatamente! Foram socorridos em delicadas e perigosas operações de salvamento.

— Que situação penosa, Dona Modesta! Que fazem aqui?

— Preparam o regresso ao corpo físico.

— Todos renascerão na carne?

— Alguns!

— Deformados e mutilados como se encontram agora?

— Pouco provável! Não suportariam a prova e optariam pela "morte escolhida", ou seja, o suicídio. Terão o mínimo para suportarem a vida física.

— Mínimo?!

— Terão conhecimento espiritual e muito trabalho na renovação íntima face o intenso desejo de melhora que nutrem.

— Mas isso lhes bastará para o êxito?

— Que riqueza maior pode existir, minha filha, que ter o mapa para navegar no oceano de incertezas?...

— E como se sentirão por dentro?

— Desajustados!

— Desajustados?!

— Desajuste reencarnatório. O corpo e a família, o trabalho e os relacionamentos serão preciosos bisturis nas mãos da vida a lhes rasgar as pústulas de orgulho e egoísmo. Através de dolorosos mecanismos da vida emotiva serão curados, paulatinamente.

— Que mecanismos são esses?

— São movimentos íntimos da alma quando tem seus interesses pessoais contrariados. O melindre e a revolta, o desgosto e a mágoa, a irritação e a contrariedade, entre outras emoções, compõem o quadro de rebeldia das criaturas perante os alvitres da vida, um estado de insatisfação crônica, uma dolorosa depressão reeducativa.

Inesperadamente, Ana, que se encontrava muito penalizada com a situação daquelas almas inconscientes, irrompeu em pranto incontrolável. Amparada fraternalmente, foi delicadamente acomodada em um leito. Não cessavam suas lágrimas. Quando parou de chorar, começou a gritar:

— Quero morrer, Dona Modesta! Quero ficar por aqui em definitivo nesse leito! Esses leitos me atraem sobejamente. Se não vim de um deles quero estar neles! Não quero mais voltar ao corpo! Eu detesto minha vida! Detesto-me! Quero morrer! Ajudem-me a largar a matéria, pelo amor de Deus! Ai, que dor no meu peito, Dona Modesta, me ajude! Eu vou desfalecer, eu... – segurando a mão da benfeitora com extremado desespero, Ana suava abundantemente e perdia sua consciência.

— Calma, Ana! Vamos ajudar, certamente. Esse o motivo de sua vinda aqui.

Após algumas aplicações terapêuticas calmantes, ela relaxou e dormiu também no corpo perispiritual. Uma réplica de seu corpo espiritual começou, lentamente, a exteriorizar-se. Dona Modesta, analisando atentamente o fenômeno, solicitou que ela fosse deslocada para o pavilhão superior, na *sala de intercâmbios*. Logo após, se dirigiria para o local, a fim de "incorporar" o corpo mental de Ana.

Feito os preparativos, Dona Modesta foi colocada próxima ao leito de Ana. Foi convocada junto ao setor dos serviços noturnos uma especialista acostumada a esses trâmites. Tratava-se de Isabel de Aragão. Dona Modesta entrou em transe profundo e vimos claramente o corpo mental de Ana sendo absorvido para o interior da mente da médium. O diálogo iniciou-se dos lábios de Isabel:

— Ana! Pode me ouvir?

— Eu não chamo Ana... – respondeu com certa dificuldade que, lentamente, foi sendo vencida.

— Meu nome é Isabel de Aragão, servidora de Nosso Senhor Jesus Cristo. Estou aqui para conversarmos.

— Não quero conversa, quero a inconsciência.

O quadro era lastimável, porque à medida em que a médium recebia a jovem em sua organização perispiritica, uma matéria gelatinosa de odor indesejável era expelida pelo couro cabeludo e escorria lentamente ao longo dos ombros e pescoço. Os enfermeiros atenciosos limpavam Dona Modesta sem interferir no transe.

— Filha, existem muitos Espíritos renascendo com uma única missão: resgatarem em si mesmos a condição de Filhos do Criador destinados a felicidade incorruptível. Para esses, a reforma íntima significa buscar a alegria de viver, única e exclusivamente. Isso lhes será vitorioso avanço, ainda que não tenham burilado muitas outras tendências nocivas.

— Eu queria a inconsciência por algum tempo. Não aguento mais digladiar com minhas tendências. Sou uma mentirosa. Faço de conta que melhorei para que os irmãos de ideal me aceitem.

— Não, Ana. Sua reforma é autêntica. Você não faz isso intencionalmente, faz?

— Não. Mas é a mesma coisa.

— Não, querida amiga. Não é a mesma coisa. Você se esforça e isso está te valendo muito.

— Por que não tenho sossego?

— Por não ser ainda a hora. Continue e você verá.

— Continuar? A vida está passando e parece que não estou na vida. Parece que não reencarnei apesar de estar no corpo.

— Já era assim antes de você partir. Apesar de seus cinquenta janeiros, já começa a sentir o que seja viver, depois de séculos na morte psíquica.

— Não sei até quando resistirei a tanta carência. Preciso da inconsciência ou vou me matar no corpo.

— Você já a possuiu.

— Quando?

— Antes de partir daqui.

— Por muito tempo?

— Mais de duzentos anos...

— Estou me lembrando. Vejo cenas dos vales. É isso?

— Sim. Lembre mais - Dona Modesta auxiliou com técnicas hipnóticas.

— É bom! Não sinto nada! Que alívio! Me livrei de mim mesma... Ah! O sono da inconsciência... Adoro esse estado...

— É uma ilusão, Ana! Não fomos criados para não sentir.

— Estou prestes a matar meus ideais. Não sei até quando resistirei. Morrer no ideal espírita para mim é o mesmo que aniquilar o sentido da vida. O Espiritismo me motiva. Temo pelo que virá depois... Quero, mas não quero...

— O que você deseja, Ana?

— Quero meu passado de volta. Sou a Condessa (...) da França de Carlos IX. Sou bela e poderosa. Posso controlar o que desejo. Ninguém pode se opor a mim. Tenho um marido influente e sou cúmplice da Rainha-mãe dos Valois, Catarina de Médicis.

— O novo corpo, minha filha, é a nova identidade que Deus te ofereceu para recuperar sua cidadania consciencial.

— Não quero ser Ana, sou a Condessa (...)!

— O corpo é a medicação da natureza para nossos males da alma em busca de transformações essenciais, definitivas.

— Não quero mais!

Nesse ponto da conversa, a médium, acolhendo integralmente o corpo mental de Ana, adotou outra postura típica da corte francesa do século XV e passou a expressar-se em francês fluente.

— Você não quer paz condessa?

— Eu posso comprar a paz.

— Engano! São passados quatro séculos da cruenta Noite de São Bartolomeu, em 24 de agosto de 1572, e veja teu estado íntimo. Voltar ao corpo é adquirir condições para a desilusão gradativa. Para esquecer aquelas cenas de insanidade é preciso o recomeço.

— Dói muito. Não quero mais. Desisto. Quero descansar dessa luta sem tréguas. Quero apagar minhas lembranças... E... Veja esse sangue que sai pela minha cabeça, é a culpa de minhas faltas...

— Ana, agradeça a Deus por isso. Não queira saber quanto sangue ainda é derramado em razão da insanidade de Carlos IX e Catarina, aqui na vida dos Espíritos. Existe um "palácio do Louvre astral" para ser dissipado. Temos muito serviço a fazer para apagar, definitivamente, os ecos daquela noite de atrocidades...

— Estão querendo vingança pelos meus atos. Eu os vejo a todo instante. Se não os vejo, os sinto aumentando minha angústia de viver. Fazem-me sentir enferma, indigna de ser espírita, de estar na tarefa. Os meus próprios filhos, apesar do amor que os tenho, parecem ser elos de um tempo que cada dia mais me recordo inconscientemente...

— Não são inimigos. São necessitados. Vítimas de outro tempo.

— Sou obsidiada, então? É esse meu problema?

— Suas obsessões estão sob controle da Misericórdia Divina para que você possa trabalhar e servir. Enquanto sua peregrinação carnal destinar-se ao campo do trabalho e da devoção, encontraremos permissão para atenuar e mesmo controlar as interferências dos adversários espirituais. Seus obsessores são bússolas de sinalização para que não te esqueças seus compromissos perante a vida.

— Eles me tiram a vontade de viver.

— Engano, Ana! Nesse passo, você é a maior vítima de si mesma.

— Que fazer, bondosa amiga?

— Voltar ao corpo com alegria. Viver um dia após o outro em serviço incansável e orar sempre em gratidão pela benção do recomeço. Ser mais tolerante com os amigos de caminhada. São benfeitores de sua aprendizagem espiritual.

— Mas não me sinto bem para fazer isso.

— Não precisa estar bem. Faça como tiver condições, mas jamais deixe de fazer.

— De que vai adiantar?

— Dessa forma estará saindo do remorso improdutivo e atingindo, pouco a pouco, as fibras profundas do coração na elaboração do arrependimento sincero. Agora procure silenciar, pois vamos te preparar para o regresso ao corpo carnal em estado de sono. Leve consigo essa esperança de viver dias melhores e com mais paz.

Dona Modesta saiu do transe e ainda exsudava sobre sua tez as camadas fétidas da matéria mental de Ana. Os enfermeiros a limpavam com carinho. Isabel entregou Ana adormecida a alguns padioleiros incumbidos de reintegrá-la na matéria. Passaram-se aproximadamente duas horas de serviço. A noite apenas começava para aqueles que, fora da matéria, aprenderam a viver e a amar a vida. Incansáveis servidores do bem e do amor que abdicam de folgas justas, para implantarem na Terra o maior dos patrimônios das almas livres: o prazer de viver em paz e feliz.

A tarefa estava terminada. Dona Modesta se recompunha na *sala de intercâmbios* sob assistência especializada. Rapidamente estava de pé e pronta para trabalhar mais.

— Vamos, José Mario, o serviço nos espera - disse-me com entusiasmo.

— A senhora está bem agora?

— E quem disse que fiquei mal? - brincou a servidora.

— Não preciso nem dizer à senhora o quanto a minha cabeça está fervilhando de perguntas sobre o atendimento a Ana! Em nenhum momento ela se referiu aos fatos objetivos da reunião de diretoria e nem aos acontecimentos no Grupo X.

— Esse é o bastidor da vida humana, José Mario. O lado desconhecido das relações humanas. O problema nunca está do lado de fora, naquilo que parece que é. Ao contrário, o lado de fora reflete uma série de dramas ocultos, desconhecidos de seus próprios personagens. Essa a razão pela qual, quase sempre, saímos dos conflitos nas relações com a nítida sensação de que excedemos nas exigências e atitudes para com o outro, sendo tomados de arrependimento e vergonha pelas palavras expressadas nos instantes de aspereza e cólera. A briga, na verdade, é sempre conosco mesmo. Com isso não quero dizer que as pessoas de nossa convivência não tenham problemas e mudanças a fazer. E nem tampouco que não existam obstáculos externos a vencer.

— Mas qualquer pessoa ao sair do corpo tem esse mesmo procedimento? É como se esquecesse tudo que vivem lá no plano físico e se fixassem em si mesmo!

— Somente quem está interessado em se desnudar vive esse processo. Ana está aflita por respostas íntimas. Já as busca há bom tempo. Ao sair do corpo esse processo intensifica. Quem não está procurando se conhecer ao sair do corpo revive os dramas do dia imediato, como se lhes continuasse a sorvê-los fora da matéria.

— É assim que se explica a hipocrisia?

— Isso que você presenciou é o exemplo do que seja falsidade não intencional em nossa etapa de crescimento espiritual. Ana, em verdade, tem sentimentos ocultos ainda ignorados de si mesma. Ocorre com todos, isto é, deixar de assumir para nós a parcela íntima de imperfeições que ainda não damos conta de investigar ou ainda não sabemos lidar. O desentendimento com Calisto é a periferia de profundos dramas de sua própria alma que nele se projetam. Esse o objetivo divino dos relacionamentos: projetar-nos para fora de nós próprios através dos dramas, das ocorrências, das vivências de toda espécie. Revelamo-nos através da convivência. É o resultado da Lei Divina ou Natural estudada com maestria pelo senhor Allan Kardec na terceira parte do magistral *O Livro dos Espíritos*: Lei de Sociedade.

A grande luta humana está em reconhecer seus verdadeiros sentimentos. Por traz do mal-estar e incômodos se escondem emoções que nem imaginamos fazerem parte de nossas existências. Muitos de nós, mesmo iluminados pelo conhecimento espírita, temos ódio, impulsos de vingança, malquerença, mágoas profundas, inveja compulsiva, raiva contida, desejos lascivos, frustrações, intenções periféricas inferiores que povoam nossa vida mental e o sistema da afetividade.

Ao sairmos do corpo físico, o inconsciente se desborda e esse mundo vivo de impressões da alma, como um vulcão em erupção, lança suas energias para a consciência, requerendo serviços especializados de nossa parte em favor da sanidade mental.

Para aqueles que estão na tarefa contínua de autoaperfeiçoamento conseguimos realizar operações amenizadoras que lhes permitam um psiquismo mais leve. Para os que se consomem na ilusão e no adiamento deliberado de sua renovação, o resultado inevitável dessa erupção emotiva é o desalinho mental quando de regresso ao corpo. A angústia, a depressão, a tristeza, o cansaço e a irritabilidade são alguns efeitos inevitáveis que surgem, quando a alma envia mensagens emergenciais para as células físicas e são bloqueadas em seu curso natural por mecanismos defensivos, vindo a causar tais aflições.

Somente o desejo sincero de se enxergar ante esses imperativos do ser profundo, pode levar a criatura a experimentar asserenamento de seu mundo íntimo. Evidentemente, para fixar essa serenidade em forma de paz, será exigida de todos nós a mudança de atitude a partir daquilo que passamos a examinar na extensão de nossas necessidades interiores.

Que fique claro: hipocrisia é um assunto moral que necessita ser redimensionado. É muito mais uma questão de conscientização do que propriamente de escolha intencional, pelo menos entre nós que, sinceramente, desejamos seguir os ensinos de Jesus. Somos, quase sempre, escravos da mentira que semeamos em covas profundas na vida mental. Sem acesso a esse mundo de emoções, tendências, impulsos e hábitos, não encontraremos respostas às nossas frustrações e tormentas que causam o "vazio" da alma, experimentado por bilhões de Espíritos nos dias de hoje no magnetismo do planeta Terra.

— A senhora pode-me explicar por que ela reclamou tanto da vida que leva e nada mencionou sobre as recentes ocorrências no Grupo X?

— Esse é o lado de Ana que ninguém conhece. Uma mulher sofrida. Em luta com severas decepções. A convivência por mais intensa e longa não nos enseja penetrar nesses meandros da vida mental uns dos outros. Essa estrutura, essencialmente, íntima, individual, foi tecida em milhares de anos. Ela sofreu dores acerbas depois de uma covarde traição conjugal no primeiro casamento da atual existência. Encontrou conforto na doutrina. Depois passou a nutrir-se com o conhecimento espiritual. Com o tempo, pois já faz vinte anos decorridos, sob hipnose do orgulho, tão logo a dor bateu em retirada, ela afastou-se de si mesma, do auto-encontro, e convergiu sua atenção ao Espiritismo por fora em detrimento do Espiritismo na alma, do Espiritismo por dentro. Distraiu-se e encantou-se com as sedutoras armadilhas do personalismo. Cargos, tempo de doutrina, cultura doutrinária e influência na comunidade passaram a ser mais significativos que sua própria paz. Tropeçou onde a maioria de nós tem hesitado. Julgou-se mais valorosa que realmente é, e veio a agasalhar a angústia de viver em razão de não ouvir mais a voz de seu coração, as mensagens profundas de seu próprio ser clamando mudanças inadiáveis na sua caminhada de espiritualização.

— Espiritismo por fora?! – externei com certa dúvida sobre a expressão nova aos meus ouvidos.

— É o Espiritismo que vivemos para os outros. As tarefas de amor ao próximo. O Espiritismo de pose, exterior. Deixar de comer carne, não frequentar certos ambientes, utilizar voz mansa, esbanjar conhecimento doutrinário e aparentar algo que não se é. É o Espiritismo cerebral distante de senti-lo no reino do coração. O Espiritismo que movimenta muito para fora nas atividades diversas sem provocar o trabalho autêntico na mudança interior. "*Nem todo o que me diz: Senhor, Senhor! entrará no reino dos céus* (...)."[1]

— Mas há como separar isso, Dona Modesta? Sinceramente, tenho minhas dúvidas!

— José Mario, com todo respeito que devo à nossa comunidade espírita, nela me incluindo, se nós tivéssemos a doutrina no coração não teríamos os problemas como do Grupo X. E você conhece algum grupo espírita que não tenha essas lutas ou que as tenha superado? Se a doutrina estivesse, legitimamente, em nosso íntimo, seríamos pessoas mais felizes e menos acostumadas com a idéia de sofrer para pagar. Seríamos mais autênticos sem receio de falar de nós. Nossas casas espíritas, além de estudos da Doutrina Espírita, teriam estudos de si mesmo com grupos abertos e dispostos a se comunicarem com mais transparência. A hipocrisia seria banida de vez das nossas hostes. Os líderes espíritas seriam mais unidos e o movimento seria forte.

— A senhora realmente consegue me inculcar.

Demos boas gargalhadas.

— O Espiritismo ainda está para nós, quase na mesma medida que as velhas religiões.

— ?

— Na aparência, meu amigo! Na aparência! Já amamos e queremos mudar. Estamos arrependidos do mal e queremos o bem. O que passa disso é nova ilusão inspirada em velhas artimanhas morais.

1. Mateus, 7:21

— Quer dizer que os desentendimentos dela com Calisto teriam mais a ver com suas frustrações que com a realidade do Grupo X?

— Eu diria, José Mario, que a vida é um reflexo do que somos por dentro. Calisto e o Grupo X têm suas dificuldades particulares, pertinentes. Mesmo que Ana fosse uma mulher mais bem realizada e resolvida intimamente, haveria de usar de muita habilidade para contornar os naturais lapsos do relacionamento resultantes da soma de individualidades que se encontram ou desencontram, ajustam ou desajustam, conforme seus pendores, valores, necessidades e potenciais.

— Terei chances de conhecer um pouco mais da vida diária de Ana no intuito de aferir melhor essa verdade que a senhora me trouxe?

— Retornaremos ao lar dela logo pela manhã.

A conversa esclarecedora foi interrompida por um chamado de Doutor Inácio ao interfone intercedendo pelo Professor Cícero.

— José Mario, retornemos ao ambiente terreno! Temos uma visita urgente. O professor nos espera na residência de Cíntia.

— Mas ele não tinha acompanhado Calisto?

— Você entenderá logo. Vamos lá.

Capítulo 6

Vínculos Afetivos

Seja, porém, o vosso falar: Sim, sim; Não, não; porque o que passa disto é de procedência maligna.
Mateus, 5:37

Para mim, uma surpresa daria novas interpretações ao conjunto de vínculos dos irmãos do Grupo X. Rumamos para o lar de Cíntia. Antes de chegarmos, Professor Cícero nos colocou a par da situação.

Encontravam-se Calisto e Cíntia estirados no leito em juras de amor, logo após o conúbio carnal. Apesar do inesperado, olhei para Dona Modesta à porta do quarto de Cíntia e, respeitosamente, fomos para a sala da residência. Aguardamos em silêncio e oração. Após alguns minutos se levantaram, trocaram os trajes e vieram para a sala. Entre carinhos e afagos, manifestou Calisto:

— Esse foi meu primeiro instante de sossego nesse dia, sabia? Que dia!

— Foi mesmo! Muito complicado! Não bastasse as lutas materiais, agora também as temos no centro espírita!

Olhando para o teto como se algo pensasse para dizer, Cíntia interrogou:

— Você está pensando em seguir as recomendações da diretoria?

— De jeito nenhum!

— Ai, ai, ai! Isso vai causar mais aborrecimento Calisto! Que pretende fazer?

— Ter uma conversa com Antonino, mas não passar na íntegra as ocorrências. Antonino é muito frágil. Não suportará.

— Entendo! Se for isso que você acha melhor, meu amor, siga sua intuição - expressou Cíntia colocando seu romantismo acima do interesse pelo assunto em questão.

— Se não fosse você, Cíntia!... Quero lhe agradecer pelas informações que tem me passado.

— Faço isso pelo bem de nossa casa. Creio que Ana não tem mais condições de dirigir o grupo. Farei tudo para que você assuma...

— Ana não tem visão de conjunto. Estamos prestes a integrar um tempo novo no Espiritismo e ela continua com as heranças retrógradas dos ex-diretores.

— Ela é uma boa pessoa! Bem intencionada. Gosto muito dela. O que me preocupa é se ela souber de nosso romance. Vai entender tudo às avessas.

— Você está tranquila com sua consciência?

— Claro que estou meu bem! A questão é...

— Sente-se mal me passando informes?

— Apenas gostaria que tudo fosse diferente.

— Diferente?

— Gostaria que nos entendêssemos melhor no grupo.

— Ana tem sido muito atacada e não enxerga. Logo mudaremos isso.

— Acredita que ela fique na casa se você assumir?

— Seria bom para ela, não acha?

— Sim... Pode ser... Quem sabe?... Tenho muito receio de perder a amizade dela... – expressou Cíntia tomada pela dúvida.

— Minha querida, o Evangelho diz em Mateus, capítulo dez, versículo dezesseis: "*sede prudentes como as serpentes e símpleces como as pombas.*" Ana está debaixo de influências negativas. Há de se ter muita astúcia. Não estamos lidando com entidades inocentes.

— Eu sei. Ainda assim... Podia ser tudo tão diferente, não é?...

— Bom! Vou caminhando, pois não demora muito e o sol vai dar raiar.

Depois de despedidas apaixonadas, Calisto saiu para sua casa. Não me contive e expressei:

— Dona Modesta, há de se ter muito amor no coração para presenciar o que vi aqui. Será que conseguirei?

— Vá se acostumando, José Mario.

— Tive vontade de sair, pedir licença. Senti-me um penetra. Além disoo tive raiva de Cíntia. Muita raiva!

— Como você a interpretou?

— Como uma traidora.

— Esse é o jogo da disputa nas relações humanas, meu amigo. Cada qual deverá aprender o que quer da convivência e seguir seu coração. Evidentemente, em se tratando de almas ainda não educadas no amor, o interesse pessoal sempre prevalecerá embalado pelas autojustificativas.

— Cíntia está enganando a amiga.

— Mas não sente que está.

— Mas como pode?

— Uma questão de perspectiva. Individualidade.

— Não dá para aceitar que esteja tranquila. Ela está mentindo para si mesma.

— Não creio.

— Ah! Essa não! Não consigo entender - falei um tanto exaltado.

— Acalme-se amigo. Lembre-se de que estamos nos bastidores sutis dos vínculos humanos. Nesse mundo abstrato e pessoal tudo é possível. Relembre os conceitos de hipocrisia e começará a analisar sob novo enfoque. Pense em seus laços afetivos e pergunte se, em várias ocasiões, você não os acolheu mesmo em instantes de atitudes impensadas? Não temos sempre uma tendência de ser incondicionais com os nossos afetos? Não existe um protecionismo natural entre nossos familiares? Cíntia apenas quer o bem de todos. Ao manter Calisto informado das idéias de Ana e outras ocorrências do centro espírita, está imbuída de nobreza de intenções. Não pretende prejudicar ninguém.

— Suas boas intenções, no entanto, são ou não positivas para o bem geral?

— Essa é outra análise. Um grupo é o resultado das características de seus componentes. Tal conjuntura dentro do sistema poderá trazer benefícios e malefícios.

— Qual seria a postura ideal de Cíntia para fugir da hipocrisia, Dona Modesta?

— Ser franca com Ana acerca de sua relação com Calisto.

— Isso é o que queria saber. Mas se fizesse isso...

— Possivelmente perderia a amiga. Certamente os laços não seriam mais os mesmos. Infelizmente nossos sentimentos flutuam ao sabor dos interesses pessoais.

— E quanto a Calisto? De alguma forma não está defendendo interesses de nosso Plano? Não terá razão quando afirma que Ana está sendo invigilante relativamente aos apelos para esse momento novo do Espiritismo no orbe?

— É verdade. Sua postura, porém, inviabiliza o alcance de sua capacidade de enxergar. Um dos pontos capitais nessa caminhada pela maioridade das idéias espíritas é a mudança de postura, a renovação das atitudes. Calisto tem larga percepção de conjunto e das necessidades gerais. Sua atitude presunçosa, sua fala estratégica e seus sentimentos de hegemonia formam um clima vibratório de desagregação. Não basta influenciar pessoas, ter larga habilidade em ser distributivo e cultivar o constante entusiasmo com as atividades. A liderança com Jesus é uma proposta de agregação, catalisação de valores. Muitos líderes espíritas têm olhos de águia para os defeitos alheios. O líder com o Cristo tem olhos de amor para enxergar os potenciais da alma e motivá-los ao bem maior. Mais que influenciar pessoas, o papel do líder na Nova Era é agregar pessoas, criar clima fraterno que atraia naturalmente os corações para a proposta de trabalho em suas mãos – concluiu Dona Modesta.

Após o choque emocional que levei ao ver Cíntia e Calisto enamorados, envolvi-me ainda mais com a história do Grupo X. Tive que disciplinar meus ímpetos para não me antipatizar com ambos. Estava cada dia mais afetivamente ligado às lutas do trio. Em mim, reinava uma tendência a se apiedar de Ana depois do que presenciei. Senti necessidade de avaliar qual era meu próprio interesse em toda aquela história. Por qual razão tomamos partido de alguém?

Os resultados infelizes da reunião não se limitaram aos diretores. Conversas e fuxicos surgiram de todas as partes. Nos dias que seguiram à reunião de diretoria, muitos ataques espirituais foram promovidos ao Grupo X. O clima espiritual de todos era delicadíssimo. Desânimo de ir ao centro, falta de energia, conturbações no lar, doenças... Uma teia vibratória negativa envolvia toda a instituição.

Estávamos em serviço ativo há mais de doze horas. A manhã raiou e regressamos ao lar de Ana. A vibração já não era a mesma. Durante a madrugada, conforme informações de vigias colocados para amparar sua casa naquela noite, muitos espiões e vassalos de falanges inferiores fizeram rastreamento no local, batendo em retirada e levando informações da situação geral.

Entramos na casa humilde. Ana dava mostras de intenso mau-humor logo ao chegar à mesa para o café, agredindo o marido.

— Por que você não foi tomar o passe ontem?

— Sabe como é ?

— Não! Não sei como é nada. Você não toma jeito mesmo! Consegui a consulta médica para você a duras penas e você não está nem aí!...

— E o que foi mulher? Levantou obsidiada?

— Tô, tô bem obsidiada! Cansada de tudo, inclusive de você que não arreda o pé nem para cuidar de você.

— Calma mulher! Calma! Espírita não pode perder a calma... - ironizou.

— Aí é que você se engana! Estou farta e cheia de suas fugas. Se você não se virar vai ver que tipo de espírita eu sou. Olha só que bafo de álcool o seu! Sua roupa está fedendo cachaça. Que coisa triste!

— Essa é minha provação, mulher!

— Provação? Provação é a minha ter que aguentar esse pileque todo santo dia!

— Você não está pensando em adiar a prova está?

— Vontade não me falta!

— Que isso, mulher! Logo você uma presidente de centro! O que vão dizer?

— Eu estou farta do centro também, sabia?! É só problema para todo lado! Aqui em casa os filhos só pensam neles mesmos. Obrigações a rodo. Não posso ter um momento para me cuidar. Olha que joça eu tô! Flacidez pra todo lado. Nem ver!... Eu não estou aguentando mais! Estou pedindo para o mundo parar que eu quero descer... Falta tudo nessa casa. É muito carma pra uma pessoa só. Nem!...

Ana deixou o marido na mesa e saiu para arrumações do lar. Após o desabafo foi tomada por um terrível sentimento de culpa. A irritação do momento lhe provocou súbito mal-estar. Nossa equipe presente aprestou-se em ministrar alguns recursos calmantes.

Os filhos estavam na escola. O marido saiu sem rumo em busca de trabalho. Ana se desdobrava para fazer o almoço e organizar o ambiente. À tarde, estava trabalhando em uma escola de profissionalização. Sustentava o lar, já que o marido desde o desemprego há dois anos, chafurdava-se na bebida.

— Quanta dificuldade, Dona Modesta! - expressei com compaixão.

— Veja que as queixas de Ana durante a noite têm fundamento. Como já lhe disse, ela viveu um drama passional trágico há vinte anos atrás. Consorciou-se pela segunda vez. Com o atual marido cujo nome é Carlos teve seus dois filhos adolescentes, Raul e Sirlene. A segunda união foi recheada de ideais nobres, pois conheceu Carlos no ambiente espírita. O tempo, porém, mudou as perspectivas de ambos. Carlos, após uma decepção nas atividades mediúnicas no centro em que atuava, desligou-se da doutrina. Médium com grandes possibilidades caiu na descrença e está totalmente abatido ante a fúria de falanges, que atacam o Grupo X no intuito de enfraquecer a disposição de Ana.

— Mas ele não frequenta outra casa?

— Essa é a estratégia preferida dos adversários da causa. Atacam nossos afetos para nos tirar as forças e o ânimo.

Ouvindo a história de Ana, lembrei-me de minhas próprias lutas. Quanto ataque sofria em familiares queridos em função de meus pequenos esforços de crescimento espiritual. Pela primeira vez passou-me algo no coração e externei a Dona Modesta.

— É justo que seja assim?

Pela primeira vez Dona Modesta não me respondeu uma pergunta. Propôs que meditasse. Professor Cícero parecia fazer um curso de silêncio. Mantinha-se quieto, meditativo. Pensei em perguntar a razão de seu silêncio. Contive-me.

Naquele amanhecer, após algumas medidas salvadoras em favor de todos, regressamos ao Hospital Esperança para recompor as forças. No caminho, meditava na relevância do ensino do cristo: "*seja o vosso falar sim, sim; não, não;*" narrado em Mateus, capítulo cinco, versículo trinta e sete.

Capítulo 7

Estudando a Angústia

O ladrão não vem senão a roubar, a matar,
e a destruir; eu vim para que tenham
vida, e a tenham com abundância.
João, 10:10

Recuperamos nossas energias. Ainda pela manhã dirigi-me ao gabinete de Doutor Inácio. Ele se preparava para a visita rotineira às enfermarias do Hospital Esperança. Ainda mantinha-se taciturno. Para quem o conhecia, deduzia-se que algo de diferente acontecia. Apesar do ímpeto, cultivei a discrição e apenas o acompanhei como de costume. Ao chegar perto do posto de enfermagem, fora notificado pela responsável:

— Doutor, a Cibele está péssima hoje! Ela não quer ver ninguém a não ser o senhor. Pode atendê-la?

Olha, minha filha, quem está precisando de atendimento sou eu – falou irritadiço o servidor.

— Calma, Doutor! O que há?

— Estou tendo péssimas recordações!

— Mas não é senhor mesmo que diz que o trabalho é o melhor remédio?

— E você tinha que me lembrar isso?

— O senhor terá condições de ver Cibele nesse estado? – indagou a enfermeira com humildade.

— Qual o quadro dela?

— Angústia progressiva. Fizemos sua transferência para o serviço de urgência. Há prenúncio de crise grave.

— É tudo que eu preciso! - ironizou o velho servidor.

— Não entendi, Doutor!

— Quando fico nesse estado tenho "delírios de psiquiatra". Entendeu?

— Mais ou menos! - manifestou a colaboradora meio sem jeito.

— Em outras palavras, quando estou assim me transformo em médico. Isso não me agrada nem um pouco. Gosto de ser eu mesmo e pronto!

— Mas o senhor nunca deixou de ser médico.

— Na minha avaliação nunca fui e nem nunca me senti um médico. Estou mais pra enfermo que pra médico. Vamos lá antes que minha loucura te contagie também...

Dirigindo-se até o local:

— Cibele! Cibele! Como vai essa moça linda?

— Nada bem, Doutor! Pra dizer a verdade, acho que morri em todos os sentidos. No corpo, pelos menos, tinha algumas vontades... Aqui nem isso...

— Você... - quando o médico queria iniciar uma fala, foi interrompido pela ansiedade da paciente.

— Estou me perguntando, Doutor Inácio: de que me valeu ser amparada e vir para esse Hospital? A caridade que fiz ao próximo trouxe-me como benefício o merecimento de ser socorrida, então indago: para que? Estou aqui cercada de boas pessoas, mas me sentindo a pior criatura do universo. Não seria melhor estar no inferno?

— Cibele... – e novamente Doutor Inácio foi cortado pela enferma que não o deixava falar.

— Tudo aqui parece muito com o mundo físico. Só vejo gente falida, doente reclamando. E, mesmo vocês que conduzem esse lugar, passam a idéia de serem indiferentes ou talvez acostumados demais com tudo isso.

— E como acha que deveria ser?

— Imaginava um pouco de sossego íntimo após a morte. Sofri muito quando encarnado. Só isso.

— Qual seu conceito de sossego, Cibele?

— Não ter a angústia que estou sentindo agora. Já não chega a angústia de ver os filhos crescerem e das decepções? A angústia de ser mãe, casar, cuidar do lar? A angústia de ser espírita? E agora... Agora, mais angústia!

— Minha filha, você, porventura, sabe por que sentimos angústia?

— Nem imagino! Mas deve ser por conta de algo muito ruim.

— A angústia é o termômetro do ato de existir.

— Sem filosofias, Doutor. Não estou pra isso! Por favor!

— Não é filosofia, Cibele. É fato. Quando não estamos em sintonia com a vida, nos angustiamos. Angústia é um sentimento da alma que está clamando.

— Clamando pelo que, Doutor Inácio?

— Clamando por mudança.

— Mudança?...

— Mudança de postura íntima.

— Ah não! - exclamou em tom de queixa. Como sempre a tal da reforma íntima! Já não aguento mais ouvir essa expressão. Não tem mais nenhum sentido para mim.

— Talvez então não seja angústia o que esteja sentindo... - sugeriu o médico uberabense.

— Como é a angústia, Doutor?

— Dor no peito, vontade de chorar, aflição intensa, falta de ar nos pulmões, sentimentos confusos, uma rigidez psíquica, ou seja, você não consegue relaxar. Mal-estar psíquico.

— Então é isso mesmo que tenho!

— Eu não tenho a menor dúvida - replicou o médico.

— Às vezes tenho a impressão que as coisas na Terra eram melhores para mim. Sofria menos que estou sofrendo aqui. São passados meses de minha permanência nessa ala e... Nada de melhora!

— Não tenha dúvida disso! Sempre achei horrível a idéia de morrer e largar a vida física. Nunca me encantei com a visão espírita de mundo espiritual. Adorava a vida no plano material.

— É mesmo, Doutor? - manifestou a paciente com curiosidade.

— Deixei muitas coisas na vida física que adorava... Para aplacar minha angústia, a Modesta, que me antecedeu no desencarne em mais de vinte anos, arrumou-me um bom emprego nessas plagas...

— O senhor deve estar brincando comigo!

— Não foi você que agora mesmo disse que parecemos indiferentes nessa casa?

— Sim.

— Não é indiferença. É dor. Também carregamos ainda muitas doenças com as quais nos angustiamos. Nosso remédio é lembrar da dor alheia para amenizar a nossa angústia de existir.

— Doutor, pelo amor de Deus! O senhor me deixa mais pra baixo ainda! Se isso acontece com vocês, então meu caso não tem solução!

— Todos nós temos solução, minha filha. Todos!

— Então por que piorei aqui, Doutor? Seja sincero!

— Você não piorou. Apenas perdeu o capacete de proteção...

— ?...

— O cérebro, minha filha! O cérebro! Essa máquina Divina que o Pai nos confiou. O cérebro é o aparelho do esquecimento com o qual aplacamos um pouco a miserabilidade da erraticidade.

— Miserabilidade!

— Sim, minha filha. O homem encarnado, particularmente o espírita, reclama da vida no corpo, das guerras, da pobreza, do desemprego, da doença... Entretanto, só faz isso por desconhecer a vastidão de dor e miséria da erraticidade. Aqui sim, se encontra em grau superlativo, tudo aquilo que faz o homem achar sua vida miserável e sem sentido na vida corporal.

— Doutor! O senhor quer acabar de me matar! Se ocorre isso com relação ao lado ruim, as coisas boas também devem ser, seguindo o mesmo raciocínio, superlativamente, melhores.

— Você está certa. Só tem um porém.

— Porém?

— Quem não consegue sentir, enquanto no corpo físico, essas coisas boas, não as encontram por aqui. Há uma grande ilusão nesse sentido. Nossos irmãos de ideal espírita, com mais gravidade que outros, têm nutrido uma falsa expectativa nesse sentido. Sofrem, aguentam a dor, perseveram, todavia, acalentam por dentro uma esperança que, nem sempre, se consumará por mérito pessoal.

— Que esperança, Doutor?

— De que vão se livrar de todas as suas dores ao morrerem. Alguns vão mais longe e padecem de "síndrome de além-túmulo". Vivem uma vida miserável, sustentada, exclusivamente, pela idéia de que a morte é sinônimo de alegria, libertação e grandeza espiritual. Sofrem, sofrem, e acham que sofrimento é carta de alforria. Pagar débitos, essa a bandeira que muitos adeptos do Espiritismo têm levantado.

— Ou seja - exclamou Cibele -, chegam aqui como eu! É isso que o senhor quer dizer, não é?

— Você se sente nessa condição?

— Totalmente!

— Por quê?

— Acho que sou uma tola, Doutor!

— Não tem cara! - caçoou o médico.

— Mas sou. Sou uma tola que passei a vida achando que aquilo que vinha de fora era quitação. Por dentro, no entanto, estava atormentada. E sorria para parecer bem.

— Tem muito espírita na vida física desejando, secretamente, morrer para colher seus frutos no além. Agem como se a Lei Natural fosse um relógio para o futuro. Tudo não passa de uma ilusão da má educação religiosa. Uma visão do juízo final meio "espiritizada".

— Eu desejei morrer, Doutor! Será essa a causa da minha angústia?

— O verdadeiro espírita é aquele que aprende a amar a vida, criativamente. E ama a vida, porque aprendeu a atender, perante sua consciência, os clamores da alma. Sabe usar sua criatividade para o bem. Para as coisas boas. A angústia é um chamado do espírito dizendo que algo não vai bem na intimidade. Que ele precisa descobrir algo em relação às experiências que está vivendo. Nesse clamor encontram-se lições essenciais para a alma. O descaso ou a incapacidade de entender esses recados da vida profunda geram mal-estar, aflição psíquica. Quem aprende pelo coração o valor da reencarnação vai querer frui-la até o último hausto. Todos no corpo, especialmente os amigos de doutrina, deveriam cultivar alegria por terem renascido.

— Do jeito que o senhor fala, parece que o plano espiritual é um inferno *dantesco*!...

— O plano físico, Cibele, apenas retrata, pálida e imprecisamente, o que existe por aqui.

— O senhor me assusta, novamente!

— Susto é ótimo para angústia! É sinal de que a camada espessa da aflição está sendo transposta pela seringa da lógica. Uma injeção de novos horizontes sobre si e sobre a existência, eis o melhor remédio para a angústia.

— Então quer dizer que viver aqui está pior que no mundo físico?

— Sim. Está pior para quem já vivia mal. A mera transposição de esferas de vida não é uma varinha de condão. Chegamos aqui, conforme éramos na vida física. Se apenas aguentamos a vida, aportamos aqui com queixas terríveis. Se nos esforçarmos para viver em busca do melhor, teremos novas oportunidades de continuação. Todavia, somente o sentimento de gratidão e o amor fazem dessa transposição um alívio verdadeiro, a alforria desejada pela maioria. Assim livramo-nos da matéria e de nós mesmos...

— Angústia é estar presa em si?

— Sem dúvida. É uma cela psicológica.

— Como se livrar disso, Doutor?

— Parando de se enganar e aprendendo a ouvir a voz do coração.

— ?...

— Negamos muitos sentimentos na vida física. Inclusive aqueles que constituem diretrizes felizes de vida. Negamos porque não sabemos ainda como oferecer um tratamento amoroso a nós mesmos. Como cuidar de nós próprios. Todavia, o sentimento é um tradutor das Leis Naturais da vida. Por ele, escutamos Deus e quais Planos Ele tem para cada um de nós.

— O senhor tem razão! Raramente acreditei naquilo que sentia. Como espírita, sempre achei que seria egoísmo seguir meus sentimentos.

Cibele parou o olhar no alto do quarto e como se o pensamento divagasse muito longe, buscando o motivo profundo de sua dor, e retomou a conversa:

— Doutor Inácio, o senhor hoje está diferente. Formal. Que houve?

— Assumi minha personalidade de médico. Estou delirando...

— ? - Cibele expressou não ter entendido.

— Quando não estou bem, fico desse jeito. Viro médico. Fico psiquiatra.

— Cada um com sua mania!

— Eu diria: cada louco com sua mania!

— Mesmo assim o senhor quer continuar a tratar de meus assuntos?

— Creio que chegaremos a algum lugar. Vamos tentar, porque, pode ser que assim, eu acabe fazendo algo por mim também. Na pior das hipóteses, você melhora e eu fico com a dor que me pertence, esperando a "Liberação de Deus". Pode começar a falar Cibele - manifestou o médico com a sua típica disposição de enfrentamento.

Capítulo 8

Casamentos Duradouros

Porque do coração procedem os maus pensamentos, mortes, adultérios, prostituição, furtos, falsos testemunhos e blasfêmias.
Mateus, 15:19

Considero-me uma vitoriosa, mas não me sinto assim…

— Por quê?

— Não me separei. No casamento fui até o fim da prova.

— Isso não é indício de vitória.

— Por que não?

— Juntos e feridos, juntos e ressentidos.

— Mas tolerei.

— Aguentou.

— É diferente?

— Muito diferente.

— Doutor, se eu seguisse o meu sentimento e largasse o meu marido, eu solucionaria minha angústia?

— Era esse o seu desejo quando no corpo físico?

— Não. Meu desejo era ser feliz com ele. Mas… Ele era um homem difícil.

— Mais que eu?

— Que é isso, Doutor? Se eu tivesse uma pessoa como o senhor não teria tantas lutas! - expressou-se com um pouco de humor pela primeira vez no diálogo.

— Sua frase é profunda, Cibele. Esse o nosso problema!

— Casar com a pessoa errada?

— Não! Idealizar. Idealizar e não viver a realidade. Veja o que acabou de dizer: se fosse comigo seria diferente! Você só pode dizer isso em razão de imaginar quem sou. Faz um modelo mental do Doutor Inácio e acredita nele. Tivemos alguns poucos contatos e você me imagina uma pessoa que não lhe daria trabalho. Você não me conheceu encarnado, minha filha. Poucos dias de convivência e certamente, desistiria de mim!

— Vejo que o senhor voltou a gracejar!

— Engano seu, Cibele! Nunca falei tão sério sobre mim. Aliás, fico assim, somente em momentos de crise como agora. Falar de mim não é dos meus gostos prediletos.

— Por que idealizamos, Doutor Inácio?

— Por não aceitarmos a realidade como ela é. Por não aceitarmos a nós mesmos como somos, criamos defesas psíquicas que nos fazem acreditar ser o que ainda não somos. É uma distorção do pensamento, criando uma realidade mental sobre nós, na qual acreditamos. Quando idealizamos conosco, fazemos isso com os outros também. Passamos a construir um castelo de areia com valores frágeis, superdimensionados, acerca das peculiaridades das pessoas com a quais convivemos. Depois o tempo se encarrega de desfazer a ilusão e, quando a relação se mantém, é alicerçada em outros falsos valores e ajustes, para manter o compromisso seja no lar, na profissão e na vida interpessoal.

— O senhor falou a verdade! Somente agora, depois de "morta", começo a assumir falhas íntimas que não tive a coragem de admiti-las na vida corporal. Contudo, fico pensando que, se eu tomasse as decisões e seguisse meu coração... Será que não me complicaria ainda mais?

— Aceitar não significa agir. Aceitar, antes de tudo, é admitir para si algo desagradável, incômodo, censurável. Sem se reprovar, sem desamor, sem julgamento. Aceitar significa se amar, apesar de tudo. Ademais, há muita gente por aqui que se sente frustrada não pelo que fez, mas pelo que deixou de fazer.

— Interessante! De minha parte, como espírita que sou, achava que algumas idéias sobre meu casamento seriam obsessões. Casada, mãe e pensando em largar o lar.

— Havia alguém mais?...

— Que é isso, Doutor! Não sou disso! Entretanto tinha alguns sentimentos...

— Fale sobre eles - instigou o médico.

— Não os aceitava em hipótese alguma... Nunca fiz nada condenável no casamento e, apesar disso, me sentia infiel, desonesta, quando sentia essas coisas. Não aceitava! Eu tinha que ser diferente como espírita!

— Nessa expressão residem os problemas de muitos de nós.

— Qual expressão?

— "Eu tinha que..." É a expressão mais característica da idealização. É o pensamento tentando impor-se ao coração, à alma. Expressão típica da catequese moralista. O resultado da educação religiosa que não preparou o homem para ser feliz, consciente, responsável.

— Mas Doutor! Se eu seguisse meus desejos estaria sendo egoísta e louca! Como ficaria minha quitação cármica com o marido? Não é por essa razão que somos programados para casar com alguém?

— Nunca ouvi tanta insensatez! Uma salada de fantasias e vertigens doutrinárias!

— Doutor, o senhor não está bem mesmo. Puxa! Como pode dizer isso? Assim piora minha angústia e a transforma em raiva.

— O que é a angústia senão uma raiva atrasada? No fundo, é você quem está alterando sua angústia, ao tocar naquilo que não quis tocar enquanto reencarnada.

— Não querer tocar é uma coisa e achar alguém para conversar é outra! Tocar com quem, Doutor? As recomendações eram só uma: aguente firme, tudo vai passar. A vida passou, eu não!

— Exatamente! Esse é o ponto! Ficamos inativos esperando algo do lado de fora. A proposta educativa do Espiritismo não é passiva. Sofrer e só sofrer. Resignação é a recomendação da doutrina. E resignação não quer dizer: abaixar a cabeça e suportar. Resignação é entender e tomar consciência dos motivos da dor, estabelecendo um clima interior de alegria por estar na prova. Entender seu objetivo em nosso caminho. Somente quem entende as razões de sua dor, consegue criatividade bastante para superá-la.

— Ai, Doutor! O senhor me deixa cada vez mais com raiva. Tenho a impressão que era isso que precisava ouvir enquanto no corpo. Por que não apareceu alguém para me dizer isso?

— Será que você ouviria? Acreditaria que precisaria cuidar mais de si e que isso necessariamente não significaria largar o lar, o marido? Acreditaria que não é egoísmo colocar em prática alguns desejos pessoais? Acreditaria que você é a única responsável por não ter estabelecido limites às dificuldades do consorte? Se alguém lhe propusesse, por exemplo, a discussão de sua relação conjugal, o que responderia a essa pessoa?

— Que seria impossível.

— Por essa razão não surgiu alguém para lhe alertar ou, se surgiu, você não ouviu.

— Preferi acreditar que tinha obsessores com meu esposo, ansiosos por nossa queda. Quitação...

— Os obsessores, para lhe dizer a verdade, estão cansando-se de nós espíritas. Dia desses um deles me disse: não vamos mais obsidiar espíritas. Vamos perseguir agora outros religiosos. Resolvi lhe perguntar a razão e ele afirmou: é que os espíritas estão tão mal que, quando vamos obsedá-los, nós ficamos piores...

— Doutor, Não é possível! – expressou a paciente agastada consigo mesma.

— Muito fácil achar as causas por fora.

— Tem razão. Creio que minha angústia venha daí. Nunca olhei suficientemente para dentro. Talvez pudesse colocar alguns limites, traçar algumas condutas e viver uma vida melhor, sem abandonar o lar. Fazer uma terapia. Cuidar de mim.

— Devemos, por todos os meios, honrar as experiências que vivenciamos com o melhor de nós, cultivando sempre o princípio de que todos merecemos a felicidade. Pode ser que, mesmo nessa trajetória, ainda tenhamos muita decepção e tormenta. Entretanto, não devemos jamais desistir de assumir conosco mesmo o desafio de cuidar de nós e sair da passividade, da voluntariedade para sofrer, da permissividade concedida a outrem para nos ferir ou controlar.

— Mas e, se agindo assim, viesse a separação?

— Embora não incentive ninguém a adotá-la, a separação pode ser, ocasionalmente, um excelente caminho de crescimento. Separação não significa adiamento para novos encontros, caso a alma tenha aprendido o que necessitava com as relações desgastantes e intempestivas. Ainda assim poderá solicitar o retorno ao lado daquele de quem tenha se separado por amor e não por culpa. Nessa postura transforma o látego da dor em cadinho redentor de si mesmo através do regime de sacrifício.

— Caso me separasse, como ficaria meu carma? Minha programação? Meu aprendizado? O ensino evangélico não diz: *não separeis o que Deus juntou*?[1]

— Ficaria dentro da realidade e não conforme o idealizado. As idéias de quitar débitos e programação reencarnatória precisam da luz do bom senso entre os espíritas. Ninguém quita débito com o outro e sim com sua consciência. O objetivo da presença de alguma tormenta em nossa vida é ensinar e não castigar. Aquela criatura difícil que surge em nosso caminho é uma lição essencial para nossa paz e crescimento. Quando assumimos a postura de ficar com alguém para quitar, distanciamo-nos da finalidade divina da dor. Ninguém quita nada com ninguém. A lei é de amar e não de pagar. Muitos companheiros inspirados na idéia do carma permanecem ao lado de alguém acreditando em resgate de outras vidas, mas moído de raiva e mágoa por dentro, cansado, sem respostas e à beira do desequilíbrio. Essa lei não pertence ao Criador. É pura falta raciocínio no cérebro e ausência de alegria na alma para encontrar as saídas e viver a vida dentro da realidade.

---

1. *O Evangelho segundo o Espiritismo* – capítulo XXII - Allan Kardec - Editora FEB.

Quanto ao *não separeis o que Deus juntou*, precisamos de muito bom senso e honestidade para discernir qual casamento foi ajuntamento de Deus e qual foi escolha dos homens. Existem casamentos programados e existem casamentos de ocasião. Bom chega de palestra!

— Não! - e agarrou o braço do médico. Por favor, não vá agora, Doutor! Ouvindo-o tenho a sensação de que algo eterno desperta em meu ser. Estou aliviando minha dor. Fique um pouco mais, eu te suplico! Nunca ouvi o senhor assim...

— Assim como?

— Parece um filósofo de Deus!

— Quando deliro fico assim mesmo.

— Pois delire sempre pelo amor de Deus!

— Doutor... - Cibele teve receios em indagar.

— Fale! - instigou Doutor Inácio.

— Se eu me separasse, estaria melhor aqui?

— Separada ou casada, aqui você só estaria melhor se estivesse em paz com sua consciência. Tem muitos lares com casamentos esfrangalhados, recheados de desrespeito e dor em que o casal acredita estar diante de um resgate cármico. Essa crença retira da criatura a criatividade para encontrar as soluções ou tentativas de extinguir as crises conjugais. Casamento é uma escola de altruísmo e perdão. As convicções embasadas em programação reencarnatória e acerto de contas do passado, em hipótese alguma, devem inspirar a conduta de passividade e violência, acomodação e abuso. Muitas mulheres espíritas estão apanhando do marido em nome de carma. Com isso sofrem horrores, mágoam-se e em nada auxiliam aos maridos covardes na sua melhora. Já existem homens astutos, vilões, que usam essa idéia como ameaça para a esposa não largá-los. Tenho náuseas só de pensar...

— Meu marido nunca me agrediu fisicamente, entretanto, usava realmente as idéias espíritas para me atingir. Como agir quando o casamento chega a estágios desse porte?

— O casamento só chega a esse ponto porque a maioria dos casais evita duas vacinas essenciais à saúde da relação desde o início da vida a dois: o diálogo e o respeito à individualidade. Deveriam existir essas duas vacinas em cápsulas e uma lei que obrigasse a tomá-las. A cultura do sofrimento estimula a passividade diante da dor. A palavra carma utilizada para explicar essa ocorrência não corresponde ao sentido da dor. Temos também o bom carma. A finalidade educativa do sofrimento é levar a alma à introspecção, a olhar para si e realizar a fascinante descoberta de si própria.

— O senhor sai muito dos padrões espíritas, Doutor!

— Os padrões são úteis até o instante que a vida nos convida a assumir nossa singularidade, isto é, a exclusividade daquilo que somos.

— Poderá minha angústia ter origem na negação desse convite?

— Não sou dado a julgamentos, mas é o que percebo!

— Meu casamento terá sido um erro?

— Nada é errado ou certo, minha filha, quando nos livramos do perfeccionismo e vivemos a vida como ela é. Tudo é esperança e aprendizado quando fazemos o melhor sem desejar ser perfeito. Certo e errado é efeito do orgulho. Quando vivemos na humildade, crescemos sempre sem culpas e sem prepotência. Sucesso e fracasso tomam novas perspectivas.

A vida floresce. Vibramos com o Pai na impermanência de tudo e de todos.

— O senhor, decididamente, está delirando – brincou Cibele, esboçando um belo sorriso.

— Seu casamento foi o que foi. Uma experiência. Cada qual tira de sua vivência o que pode de melhor. Erro só existe quando nada aprendemos com nossos erros.

— Não somos preparados para casar!

— É fato. Mas daí a ficar conjeturando sobre vidas passadas, quitações de débito... Uma relação a dois tem por objetivo ensinar a empatia, o altruísmo, a afetividade e a capacidade humana de conviver sempre dentro dos limites que educam e libertam. Todo casamento, para ser espiritualmente coroado de êxito, deve caminhar para a desvinculação.

— Desvinculação?!

— A autonomia ou capacidade de cada um aprender a viver sem o outro, conquanto vivam um para o outro...

— ?

— Desvincular nos relacionamentos significa a independência da alma. Juntos, porém sem dependência. Sem apropriação. Sem posse. O casal que deseja tornar duradoura a sua relação aprenderá a fazer da vida a dois um ninho acolhedor para ambos sem o egoísmo em família. Sendo felizes entre si, tomarão como divisa a felicidade de outrem como alicerce da união. Serão tão ricos de alegria que assumirão, espontaneamente, o compromisso de dividir com os familiares e os menos felizes seus valorosos momentos de afeto e carinho. Viverão em regime de gratidão pelas bênçãos da existência, buscando multiplicar os tesouros do lar com a sociedade, onde se encontra a extensão de sua família. Essa é a união espiritual. O companheirismo, a amizade, regado pelo idealismo do amor.

— Ah! Que lindo, Doutor! Como me tocou a sua fala! O senhor se casou?

— Sim.

— Deve ter sido muito feliz no lar!

— Fiquei quitando dívidas.

— Doutor, que tipo de espírita é o senhor?

— Digamos que sou um *espírita eu mesmo*, ou seja, que amo os princípios espíritas, acredito neles, mas só posso concebê-los como realidade a partir daquilo que sou. Tem muita gente adotando o Espiritismo na cabeça e se julgando a criatura mais sábia da Terra. Quando a doutrina estaciona no cérebro, alimenta a idealização, nasce o perfeccionismo, a doença que nos faz acreditar sermos melhores do que realmente somos. O perfecccionismo é uma neurose de desajuste consigo mesmo, cujo pior efeito é "rezar terço" para os outros, isto é, construir performances sobre como os outros devem viver suas vidas. É a adoção de um modelo mental falso sobre si. Uma expressão do mecanismo de defesa da idealização. Uma fuga de nós mesmos. Quando digo que sou um *espírita eu mesmo*, é uma forma de dizer que sou o que sou, nada mais. Alguém com muito esforço para ser melhor. E apesar disso veja, que espécie de gente sou.

— Meu Deus! O senhor acabou de dar um nó na minha angústia.

— Ótimo! É porque estamos tocando na causa.

— Será que vivi a vida inteira idealizando, Doutor? Isso é possível?

— Perfeitamente possível.

— E significa que não cresci, não evolui?

— Em hipótese alguma o Espírito deixa de crescer na vida carnal. Apenas, não cresce tanto quanto poderia e, além disso, carrega a expiação voluntária da angústia, da insatisfação crônica consigo próprio. Deixa de realizar a tarefa mais importante pela qual renascemos na carne: aprender a amar, inclusive a si mesmo. Amar como se é. Aprimorando-se dentro do possível, da realidade. Aprendendo a gostar de si, mesmo não sendo o que idealizou ser.

— Parece que realmente aumentamos o nosso sofrimento com os conceitos mal interpretados de Espiritismo.

— Não tenha dúvidas! O codificador já nos chamava a atenção para isso. "*O homem, pois, em grande número de casos, é o causador de seus próprios infortúnios; mas, em vez de reconhecê-lo, acha mais simples, menos humilhante para a sua vaidade acusar a sorte, a providência, a má fortuna, a má estrela, ao passo que a má estrela é apenas a sua incúria.*"[2]

— Como o senhor acha que posso mudar a minha condição?

— Só poderemos vencer a idealização banindo de nosso vocabulário as palavras: certo e errado. Por conta desses modelos de viver adquiridos com a educação social nascem as frases: "eu tenho que...", "eu preciso de...", "eu devia ter...", "vou ter que...". Reflexos inevitáveis das idealizações. Frases construídas a partir do que pensamos que deve ser a vida.

---

2. *O Evangelho segundo o Espiritismo* – capítulo V – item 4 - Allan Kardec - Editora FEB.

— E quais palavras deveremos usar?

— Aquelas que melhor expressem o que sentimos, o que desejamos, tais como: "eu quero...", "estou sentindo a necessidade de...", "gostaria de...", "eu reconheço..."

— O senhor acredita que se eu assumisse uma postura mais ativa no casamento poderia, inclusive, ajudar na mudança de meu marido?

— Esse o grande objetivo das uniões: educação mútua e não sofrimento inalterável.

— E se ele não entendesse a minha postura de colocar limites?

— Sob a ótica cármica você estaria se liberando.

— Dele inclusive?

— Caso fosse essa a decisão dele, possivelmente sim!

— Agora sei a razão de minha angústia, mas de que me adianta saber? A vida passou, o marido se foi, não fiz o que deveria.

— Idealizando de novo?!

— Idealizando?

— Veja o que você disse: "não fiz o que deveria". Isso é outra idealização. Viva a sua vida de agora. Arrume outro marido, renasça, recomece, mas antes de fazer isso, aprenda um pouco sobre como viver a existência de forma plena. Essa semana receberemos a visita do amorável instrutor Calderaro que virá de Planos Maiores ministrar um curso no Hospital Esperança, sobre a aquisição da saúde mental. Procure se inscrever, e se desejar, posso apadrinhá-la.

— Adoraria! Qual será o curso, Doutor?

— *Escutando Sentimentos, a Atitude de Amar-nos como Merecemos.*

Até mesmo em nosso plano era notório as alterações de humor, as desavenças, as intempéries das relações. O médico uberabense parecia ter perdido sua vitalidade naquele dia. Inegavelmente mostrava-se perturbado. Algo, porém, mais forte que meus ímpetos de curiosidade e desejo de aprender, repreendia-me quando pensava em perguntar o que aconteceu. Doutor Inácio exalava uma energia que comunicava autoconsciência, percepção profunda de suas necessidades. Tinha certeza de que apesar de sua mudança de postura, sua alma estava acima da inclemência das dores íntimas que o assolavam. Preferi o silêncio nessa ocasião e aprendi sobejamente.

Capítulo 9

Chamado Inadiável

Tendo Jesus partido dali, entrou na sinagoga deles. Achava-se ali um homem que tinha uma das mãos ressequida; e eles, então, com o intuito de acusá-lo, perguntaram a Jesus: É lícito curar no sábado? Ao que lhes respondeu: Qual dentre vós será o homem que, tendo uma ovelha, e, num sábado, esta cair numa cova, não fará todo o esforço, tirando-a dali? Ora, quanto mais vale um homem que uma ovelha? Logo, é lícito, nos sábados, fazer o bem. Então, disse ao homem: Estende a mão. Estendeu-a, e ela ficou sã como a outra.
Mateus, 12:1 a 13

O dia corria repleto de urgências no Hospital Esperança. À tarde, Dona Modesta reuniu sua equipe para traçar novos planos de socorro aos grupos espíritas. Os pedidos eram inúmeros. Todos os casos demonstravam a extensão das necessidades espirituais de dirigentes, trabalhadores e participantes de atividades doutrinárias.

Durante a reunião, ficou claro, que o Grupo X estava em momentos decisivos. Carecia de uma contribuição mais ostensiva. Doutor Inácio enviaria uma mensagem através do médium Antonino. Foram discutidos os riscos e êxitos de tal iniciativa. A decisão final, tomada em clima de harmonia e fé, foi que a comunicação se daria o mais breve possível.

O objetivo era levar revelações que pudessem ampliar os horizontes. Ser claro acerca das responsabilidades que os aguardava no futuro breve. Como diria os homens, um cheque-mate, uma aferição com intuito de promovê-los aos caminhos educativos mais vastos. Um chamado inadiável.

Dois dias passados dessa decisão, dirigimo-nos à atividade de intercâmbio noturna no Grupo X. Dona Modesta, Doutor Inácio, Professor Cícero Pereira e um grupo de especialistas em mediunidade. Ao chegarmos ao centro espírita manifestei:

— Dona Modesta, que multidão é essa? Até Espírito armado! Meu Deus! Qual a razão?

— Olhe para cima, José Mario – quando levantei o olhar vi um forte foco de luz no alto.

— Fixe sua mente e procure saber quem está emitindo-a.

Olhei com atenção e não sei se emiti um sentimento de bondade ou se o recebi dessa luz. O certo é que passei a ver um vulto de mulher a certa altura, vestida com trajes portugueses medievais muito bem dispostos e de cores vivas. Ela estava de costas, mas quando a identifiquei visualmente como Isabel de Aragão, instantaneamente, ela se virou e olhou para mim dizendo: *minha benção*! Senti-me extasiado como nunca. Uma paz invadiu-me de tal forma que me emocionei de pronto. Logo me veio a passagem do Evangelho em episódio similar narrada em Mateus, capítulo nove, versículo vinte e nove: "*(...) voltou-se para a multidão, e disse: quem tocou nas minhas vestes?*" Inebriado com o ocorrido, fui chamado por Dona Modesta.

— José Mario! José Mario!

— Sim! Desculpe-me não a ouvia.

— É natural. A presença de Isabel, a Rainha Santa de Portugal, e sua equipe socorrista, foi um pedido de Eurípedes. Essa noite se reveste de enorme significado para essa casa de amor. Isabel vai nos socorrer para que o intercâmbio espiritual seja uma cascata de luz em favor de todos nós. Ela é uma das grandes condutoras do processo de regeneração da Terra junto ao Cristo. Devota extremado amor aos centros espíritas nos quais tem encontrado luz para seus tutelados em várias nacionalidades de ambas as esferas de vida no planeta. Isabel é a tutora da pobreza humana. Tem sido a ouvinte incondicional dos menos favorecidos pelos recursos materiais. Das favelas brasileiras aos bolsões de pobreza da Ásia, a benfeitora tem orientado incontáveis missionários do bem.

— Pelo visto, não tenho mesmo a menor noção do que virá a ser essa noite para esse grupo.

— O bem merece todo aparato à disposição, meu amigo, para se multiplicar em bênçãos. Nossos irmãos no Grupo X adoeceram. Portanto, carecem ainda mais de desvelo fraternal, medicação e refazimento.

— Surpreendi-me com tamanha assistência!

— Nossos irmãos são honestos nas suas intenções, essa qualidade é o ponto de sintonia com a mais transcendente misericórdia. Apressemos-nos, pois a reunião já vai começar.

Feito os preparativos iniciais, tão logo iniciada a parte prática da atividade, o médium Antonino externa a Ana que assessorava a direção:

— Estou vendo um Espírito. Chama-se Inácio Ferreira. Quer se comunicar com você, Ana.

— Inácio Ferreira?

— Sim, é ele mesmo!

— Por que ele se reporta a mim, Antonino? O dirigente da reunião, nesta noite, é Calisto.

— Ele quer conversar com você, Ana.

Calisto ao ouvir a fala do médium, redobrou a atenção recheando-se de expectativas. Dona Modesta e vários servidores intensificaram medidas de segurança que já se desdobravam durante todo o dia. A dirigente acolheu o comunicante.

— Irmão Inácio, seja bem-vindo ao nosso grupo!

— Que haja paz nessa casa! - expressou-se Doutor Inácio pelo médium, que não apresentou dificuldade com a incorporação em transe profundo.

— É o que mais precisamos irmão - respondeu Ana.

— Eu sei.

— Sabe?

— Como sei!

— Tem acompanhado nossos momentos?

— Tenho acompanhado seus conflitos.

— Nem tanto meu irmão. São contratempos que vão passar. Probleminhas do dia-a-dia.

— Minha filha, posso ser franco?

— Claro, meu irmão! Sinta-se em casa e seja sincero.

— Pois bem! Serei. Um dos mais graves problemas morais da humanidade é a racionalização dos sentimentos. É quando o homem pensa a vida, sem senti-la. Tomados por essa doença, muitos aprendizes do Espiritismo estão vivendo uma vida dupla. Não discutem suas necessidades no centro. Envergonham-se do que são. Fazem pose uns para os outros como se não sofressem. No lar ou na vida pública, vivem seus dramas. Ao chegarem à casa de Jesus, se dissimulam. Assumem as máscaras de dirigente, médium, passista, oradores. Esboçam um sorriso sem carga vibratória. Uma verdadeira ambiguidade de conduta leva-os a adotar duas personalidades, uma no centro, outra na vida de um modo geral. Essa é a hipocrisia tão combatida por Jesus. Os dramas afetivos são escondidos. Dessa forma, o núcleo espírita reflete relações superficiais crivada por papéis e não por gente que se relaciona e comunica. Vive-se um protótipo de relação, um relacionamento formalizado. Se alguém se situa com seus sentimentos, é mal visto. Logo se fala em vidas passadas e obsessão. A dificuldade em lidar com nossos sentimentos é algo que, trazido para cá, na vida espiritual, cria efeitos dolorosos. Muitos espíritas estão acentuadamente magoados e infelizes, porque desconsideraram esse mundo inexplorado do coração. Chegam por aqui com a mente repleta de teoria e a alma vazia de paz.

O comunicante falou por cinco minutos seguidos e parou propositalmente para averiguar a reação dos ouvintes. Ana incontinente asseverou:

— Sua mensagem é muito oportuna, meu irmazinho! Ficamos felizes porque temos nossas lutinhas, mas vamos aprendendo a superá-las. Afinal quem não as tem, não é mesmo?

— Lutinhas?!

— Probleminhas de discórdia. Mas vão passar.

— Ana, minha amiga de caminhada, abra seus olhos! Dispa-se das ilusões! Ponha o pé no chão. Pare de racionalizar e tenha a coragem de tratar da realidade! Inegavelmente, o Grupo X tem valores consideráveis, todavia, está à beira de um colapso moral.

A fala causou um mal-estar generalizado. Removeu sentimentos soterrados com os quais ninguém gostaria de mexer, atiçando as defesas psicológicas do grupo em nível coletivo.

— Nós pedimos ao médium que mantenha sua vigilância! A comunicação está sofrendo interferências negativas – orientou Ana.

Antonino que se encontrava em transe profundo sofreu um leve abalo que não chegou a interromper o fluxo mediúnico.

— Por que você chama atenção do médium mediante assuntos de tanta urgência acerca das necessidades espirituais dessa casa? Se alguma interferência existe na comunicação nesse instante, é da vibração da equipe ante os raios calorosos da Verdade. A proteção para essa mensagem chegar a vocês foi cercada por medidas impares.

— Meu irmãozinho...

— Irmãozinho?! Um velho como eu!... Por favor, não use subterfúgios. "Meu irmãozinho?! Ana, pare com essa postura de doutrinadora. Sejamos adultos. Se quer me chamar de irmão, sejamos fieis à grandeza dessa palavra. Irmãos se tratam por igual.

— Irmão Inácio, contenha as palavras vãs e vamos buscar a luz da oração.

— Ana, acorde amiga! Por que minhas palavras te incomodam? Buscar a luz, muitas vezes, implica em trabalhar para enxergar as trevas que carregamos.

— Um mentor não falaria assim, meu irmão.

— Como um mentor falaria?

— A tarefa dos Espíritos é nos consolar.

— Onde você leu isso?

— *O Livro dos Médiuns.*

— Diga-me capítulo, página e parágrafo.

— O irmão está passando dos limites!

— Você foi quem me deu permissão para ser sincero.

— Mas não para ferir.

— Ferir? Tratar com clareza as necessidades de que todos possuímos é ferir? Será que você percebeu que me incluo em tudo que falo?

— Um Espírito superior não fala dessa forma.

— E quem disse a você que sou um Espírito superior?

— O senhor psicografa livros.

— Então, para você, Espírito que psicografa é superior?

— Claro que sim. Por que escreveria então?

— Eu escrevo, Ana, para acordar. Minhas páginas são choques de desilusão. Jamais me considerei um Espírito superior.

— Nós agradecemos a sua mensagem, meu irmão, e pedimos que Jesus ilumine seu caminho. E que em uma próxima vez...

— Ana – interrompeu Doutor Inácio – não haverá próxima vez! Essa casa está prestes a ser tomada, sitiada.

— Meu irmão está muito claro seu embuste. Ainda assim vamos orar em conjunto pedindo a Deus que o abençoe. Nós, porém, somos seguidores fiéis de Jesus e não vamos cair nessa cilada. Vamos orar meus irmãos – ela conclamou a todo o grupo.

Após a prece que Doutor Inácio ouviu em silêncio, Ana solicitou que o médium fosse retornando ao ambiente, desconcentrando. Para surpresa de todos:

— Minha filha, não pense que vou arredar pé daqui assim quando você mandar. Sou mais persistente que você imagina.

— Então, meu irmão, está assumindo sua personalidade, heim?! – ironizou Ana.

— Jamais omiti minha personalidade, Ana. Não sou hipócrita, a despeito de ser o que sou.

— Companheiro não me trate como Ana, chame-me de sua irmã.

— O Espiritismo atinge seu período de maioridade. Os espíritas estão recebendo um chamado nunca antes promovido. É o tempo da atitude. A era da ação consciente. Bezerra de Menezes, mensageiro direto do Espírito Verdade, trouxe a lume um novo ciclo para a comunidade dos espíritas. O tempo da Verdade. Muitas mudanças inevitavelmente ocorrerão. Essa casa tem valores inestimáveis. O amigo Calisto e outros corações nessa casa estão sensíveis aos novos ideais propostos pelo Mais Alto para esse tempo. Imperioso que haja mudança de postura, uma discussão sincera e uma adesão de vocês aos que já estão se sacrificando por esse tempo do Evangelho redivivo.

— Agora sim o irmão trouxe algo útil.

— Útil, mas não menos fácil - disse o comunicante irritando a dirigente.

Calisto ouvindo seu nome pediu um aparte.

— Ana, gostaria de me dirigir ao Doutor Inácio.

— Creio que não será conveniente, Calisto, pois nosso tempo está se extinguindo - sugeriu temerosa.

— Se vocês estiverem dispostos a um novo tempo comecem já. Desapeguem das velhas regras rígidas da mediunidade e vamos dialogar por mais quinze minutos - expressou o médico com veemência.

— Não, meu irmãozinho. Aqui temos disciplina.

— E autoritarismo também!

— Como?

— Se você dirige esse grupo em nome do Cristo, esqueça-se da suposta autoridade que julga possuir e pergunte aos demais, se eles me concedem quinze minutos.

— Creio que o irmão não entendeu. Sou a presidenta da casa. Essa é minha função.

— Sua função é fazer o melhor em favor de todos e não decidir o que acha ser certo.

— Tenho certeza do que faço, meu irmão. Vai querer questionar também minha função?

— Com toda certeza. Por que não pergunta ao seu grupo? Tem medo da resposta deles?

— Isso já passou dos limites! Mas só para o irmão ver como somos um grupo coeso, vou lhes dar o direito de decidirem. O que vocês acham de dar mais quinze minutos a esse irmão necessitado?

— Estou amando a comunicação, nunca vi nada igual! Sempre achei as comunicações muito mornas e sem graça, porém essa de agora... – disse uma participante.

— Doutor Inácio traz ponderações que já venho defendendo nessa casa, gostaria de lhe fazer umas perguntas – atestou Calisto.

— Gostaria de ver o que mais o irmão tem a trazer e se puder quero perguntar – enfatizou outra participante repleta de receios de ser inconveniente.

Um a um foram manifestando favoravelmente à continuidade do diálogo. Estavam se sentindo preenchidos com a comunicação. Ana não conseguia esconder sua irritação e desconforto. E na tentativa de tomar o controle, indagou na esperança de encontrar, em sua concepção, um voto favorável:

— E você, Címtia, o que pensa?

— Doutor Inácio está trazendo algo que sinto ser de grande valor, embora não tenha como avaliar a importância de estender o horário.

— Então você é contra?

— Não. Fico com o grupo.

— De minha parte como dirigente não aceito essa decisão, se vocês querem arcar com as consequências assumam a direção, eu estou fora. Não quero ouvir mais nada. Pra mim, chega!

Ana não suportou seu estado íntimo de desagrado e inconformação. Levantou-se da cadeira e, inesperadamente, se retirou em meio à reunião. Todos estavam perplexos com o inusitado. O choque vibratório alterou o ambiente. Dona Modesta pessoalmente acolhia Ana com incontido carinho. Aplicava-lhe recursos calmantes e ditava-lhe palavras de lucidez. Em vão... Ana alterou-se completamente. O trabalho que nos restava era evitar as interferências mais ostensivas defendendo seu campo mental quanto possível.

Ao sair do ambiente do centro espírita foi imediatamente protegida pela equipe de Isabel de Aragão. Uma chusma de entidades se aglomerou em torno dela, tentando saber o que ocorria lá dentro da casa. Infelizmente, devido ao estado emocional de descuido e pela língua indisciplinada é que os adversários do trabalho espírita se inteiram de detalhes que deveriam merecer o silêncio, a discrição e a vigilância.

O grupo ficou dividido entre a decisão infeliz da dirigente e o convite lúcido de Doutor Inácio. Calisto trazia um misto de sentimentos. Mesmo assim, com extrema insegurança na alma, assumiu a coordenação.

— Amigos, vamos manter a calma. Depois pensamos na atitude de Ana. Doutor Inácio o senhor tem algo a mais a nos dizer?

— Quero dizer que, de minha parte, a tarefa está se cumprindo conforme a programação. Preciso ser claro e firme.

— Precisamos destas alertivas tão duras?

— Todos precisamos quando estacionamos no devaneio da grandeza espiritual, acomodados no trono psíquico do orgulho que alimenta a falsidade. Nossa equipe que aqui se encontra foi orientada para tocar trombetas em favor dessa casa.

— Quem solicitou essa medida?

— Eurípedes Barsanulfo.

— Perdoe-me a pergunta, mas a medida não terá sido forte demais?

— Acredito que não. E preciso saber se querem que continue. Minhas palavras são claras. Meu sentimento, porém, é de um amigo que vocês ainda não encontraram.

— O senhor é muito categórico, incisivo.

— Faço o que me pedem dentro do que posso.

— Por que o próprio Eurípedes ou outro enviado dele não nos traria a mensagem de forma mais amena?

— Já trouxe e não foi ouvido. Trouxe e vocês fizeram uma reunião de diretoria para avaliar, discutir e procrastinar. Os benfeitores trouxeram livros inteiros que envelhecem nas prateleiras. Enviaram muito consolo e esclarecimento. Agora é hora de acordar das ilusões. É aquela hora em que o Cristo nos chamou de *raça de víboras*.[1] O momento em que Ele entra no templo íntimo das nossas concepções e *expulsa os vendilhões*[2] da Sua causa.

— O senhor chega a nos humilhar.

— Não é esta a minha intenção. Talvez assim consigam dobrar moralmente o orgulho. A humilhação é um sintoma de que não queremos sair do patamar ilusório de grandeza que supomos possuir.

— Será que estamos tão mal assim, Doutor Inácio?

— Devolvo-lhes a pergunta.

— Com toda sinceridade da alma, sentimo-nos no caminho do bem.

— E estão.

— Por que então tanta reprimenda?

— Por acharem que estão fazendo mais bem do que realmente fazem. Delírio de grandeza.

— O senhor estaria falando de orgulho? – indagou Calisto que havia penetrado em plena sintonia de forças com as necessidades da hora presente.

— É a nossa mais grave doença. Segundo Bezerra de Menezes: nosso maior inimigo.

— Já sabemos que somos orgulhosos.

— Mas não têm consciência disso.

— Como não?

---

1. Mateus, 12:34
2. Mateus, 21:12

— A prova disso está na atitude; o orgulho é a imperfeição que menos confessamos a nós.

— Que atitude?

— A atitude de julgarem-se bons o suficiente para decidir os destinos da Obra que não nos pertence e sim ao Cristo. A atitude de enganarem a si próprios como acabou de fazer Ana que chamou de probleminhas e lutinhas as árduas barreiras que existem em suas relações. Barreiras suficientes para que os opositores da Verdade consumem seu objetivo e derrotem os programas de trabalho dessa casa.

— Pode nos explicar como isso se processa?

— Através das posturas que adotam no interesse pessoal. Não conseguiram ainda sobrepor os seus próprios desejos e tendências. Acreditam possuir as diretrizes para essa casa e não se questionam. Para isso, chegam ao ponto de esconderem a vida pessoal no intuito de exporem os predicados que caracterizam um dirigente espírita. Diga-se de passagem, caracterizam por fora e não por dentro do coração. Uns não querem largar as rédeas da presidência. Outros a anseiam supondo ter todas as respostas. Alguns, mais indecisos, alimentam a idéia de facções. Os velhos hábitos adquiridos nos fracassos milenares ensombram as atitudes humanas, mesmo quando dotados de largo conhecimento espiritual. O processo da conscientização só será possível através do diálogo honesto sobre os sentimentos que dominam a vida interior. Desnudando as máscaras da hipocrisia não intencional que alimentam as aparências por vergonha de se mostrar como se é. Enquanto não arredam pé de suas intenções de liderança, esfacela-se o único ponto de ligação com as forças de Mais Alto: o gosto de conviver com respeito e afeto. Colocando projetos acima de amizades, a casa está, conforme conceituação evangélica, alicerçada na areia, conforme narrativa de Mateus, capítulo sete, versículo vinte e seis.

— O senhor disse que a casa corre perigo. Existe alguma armadilha contra nós.

— Muitas!

— Podemos saber do que se trata?

— Não só podem como devem.

— Quem são nossos adversários? O que querem de nós? Como são suas ciladas?

— Os únicos adversários dignos de menção são seus próprios sentimentos.

— Eu quero dizer os adversários espirituais.

— Esqueçam-se deles. Estão bem cuidados. Ainda estamos no estágio da obsessão controlada. Ocupem-se com as armadilhas íntimas. São dessas que estou falando e as únicas que interessam para um aprendizado seguro. As ciladas do coração.

— Mas, o próprio Allan Kardec, interrogando os Espíritos Superiores, foi instruído na questão quatrocentos e cinquenta e nove de *O Livro dos Espíritos*, que os Espíritos nos influenciam a tal ponto que ordinariamente dirigem nossos atos e pensamentos.

— Analisar a codificação através de trechos isolados é reduzir sua magnitude. Allan Kardec só pôde exarar conclusões de cunho pessoal depois de receber várias confirmações e complementos que se espalharam no mundo em diversas localidades. Utilizar a codificação espírita como uma Bíblia, usando trechos como se fossem versículos citados a exemplo de velhos religiosos, querendo justificar condutas, é um ato de dogmatismo estéril.

— O senhor há de convir comigo que o trecho é muito claro.

— Tão claro quanto a questão quatrocentos e sessenta e sete que se compõem do grupo de quatorze perguntas referentes ao estudo do codificador sobre *influência oculta dos Espíritos em nossos pensamentos e atos*, no qual se inclui essa indagação citada por você.

— E o que diz a questão quatrocentos e sessenta e sete?

— Você não sabe?

— Não me recordo!

— Evidentemente...

— Por caridade, o senhor poderia explanar? - indagou Calisto em tom de desafio.

— Perfeitamente - respondeu Doutor Inácio. A pergunta diz: "*Pode o homem eximir-se da influência dos Espíritos que procuram arrastá-lo ao mal?*"

— E a resposta? - atiçou Calisto.

— A resposta é um libelo à responsabilidade. Assim responderam os Tutores da Verdade: "*Pode, visto que tais Espíritos só se apegam aos que, pelos seus desejos, os chamam, ou aos que, pelos seus pensamentos, os atraem.*"

— Uma pergunta não nega a outra!

— Certamente! - afirmou categórica e seguramente o médico uberabense. Uma pergunta complementa a outra.

— Dessa forma não estou errado em afirmar sobre a decisiva influência sobre a vida de encarnados.

— Desde que nunca esqueça que tal influência está dentro das Leis Naturais ou Divinas. O homem, em qualquer estágio evolutivo, responde por seus atos. Ninguém sofrerá tal influência fora da sublime justiça que estipula a ligação entre mentes nas esferas da vida através da equânime lei da sintonia e da liberdade de escolher. Isto é, só seremos influenciados a partir daquilo que somos, daquilo que sentimos, daquilo que buscamos. Ninguém em tempo algum infringirá esse determinismo. Os Espíritos só acessam as mentes reencarnadas através das senhas dos desejos e pensamentos que são as estruturas representativas dos sentimentos humanos.

Toda pressão espiritual nasce fora no desejo dos que anseiam nos assediar. Entretanto, o que esta pressão vai desencadear é uma questão de responsabilidade pessoal. Toda obsessão, invariavelmente, começa a partir da postura íntima de adesão aos desatinos que vem de fora. Pressão sofreremos sempre em se tratando da Terra. O que dela vai derivar é conosco. A pressão vem de fora. A obsessão vem de dentro.

— Então se vigiarmos os pensamentos...

— Ainda sobram os desejos. Nisso reside o fulcro das relações mentais. Atingimos certo domínio sobre os pensamentos e somos ignorantes acerca do que se passa no reino do coração. Podemos até vigiar a formação dos pensamentos, entretanto, ainda somos incapazes de investigar as nascentes da emoção que se encontram em corpos sutis, com intricadas raízes no inconsciente. A falta de compreensão sobre a potência do sentir responde pelo estágio da evolução espiritual da Terra. É através desse universo ignorado que se processam as ligações entre almas. A Terra passa por uma etapa de analfabetismo emocional. Diante disso, sofre um processo milenar de colonização dos sentimentos. Assim como os povos sem instrução são facilmente manipulados, ocorre o mesmo em assuntos da vida sentimental. O piso da energia mental é uma onda neutra que ganha salto quântico e natureza específica a partir do que se processa no sistema afetivo da criatura. Daí a razão de afirmar que os Espíritos de ordinário vos dirigem. O pensamento é o ímã de atração que busca na natureza todos os pontos de convergência da qualidade que é impressa nesse imã pelo sentimento.

— E como fica a questão da ação das trevas nesse enfoque?

— Nas sociedades com as quais estamos lidando, existem autênticos laboratórios de estudo dos sentimentos. Tenho notícias que um desses cientistas alquimistas pertencentes ao vale do poder, estudou o átomo físico da vaidade.

— Não acredito! Meu Deus! E com que fim?

— Criar *moléculas vibracionais* que implantadas em *chips eletro-mento-magnéticos* possam alimentar o personalismo e embotar o afeto. Esses chips são componentes vitais de micro-aparelhos de dominação e exploração obsessiva que são implantados nos corpos astrais. Com essa ação o sentimento de orgulho encontra um campo psíquico fértil para o que chamamos de fascinação psicológica ou delírio de grandeza. A mente passa a produzir automaticamente metas grandiosas, visões de futuro longínquo, situando a vida mental no mundo das idéias em regime de idealização. Há duas formas básicas desenvolvidas nesses laboratórios para provocar o desequilíbrio no ecossistema mental: a primeira é reter a criatura nos sentimentos opressivos em relação ao passado; a segunda, é criar a fantasia pelo pensamento em relação ao futuro. Ninguém sente o futuro. Sente-se o que passou. O futuro só pode ser pensado. Entretanto, debaixo da ação dessas moléculas vibracionais da vaidade, a criatura faz projeções afetivas com o futuro, tomando decisões, muitas vezes, graves e inadequadas, no presente.

— Então, mesmo com oração e vigília sobre o que pensamos, estamos sujeitos à interferência espiritual?

— No estágio em que nos encontramos o maior desafio é sermos nós mesmos o maior tempo possível. Tenho refletido e estudado um bocado e chego a pensar que somos ainda uma grande mônada (unidade orgânica) ligados uns aos outros com diminuta capacidade de desvencilharmo-nos dessa *teia mental*. Somos o pai, a mãe, a professora, o mito social, o obsessor, a opinião religiosa... A identidade cósmica, guardada na profundidade de nós mesmos, ainda adormece como uma criança, enquanto as personalidades do ego fazem o desfile de suas loucuras que um dia hão de entrar em mutação. Mateus, capítulo quinze, versículo dezenove, registrou: "*Porque do coração procedem os maus pensamentos, mortes, adultérios, prostituição, furtos, falsos testemunhos e blasfêmias.*"

— Os Espíritos também falaram, na questão trezentos e oitenta oito de *O Livro dos Espíritos*, que "*Entre os seres pensantes há ligação que ainda não conheceis. O magnetismo é o piloto desta ciência, que mais tarde compreendereis melhor.*" Parece-me que ainda engatinhamos nesses assuntos da força mental e magnética.

— Decerto. Essas palavras dos Sábios Guias abrem perspectivas largas. O que se sabe sobre mediunidade e influência dos Espíritos sobre os atos e pensamentos humanos é muito pouco. Mesmo sendo a sintonia uma Lei Soberana, existem situações que os pesquisadores e trabalhadores do intercâmbio haverão de estudar para melhor compreensão. O capítulo da magia e dos recursos tecnológicos das organizações da maldade inclui um vasto arsenal de casos que, ao serem estudados, quase nos levam a pensar que os desencarnados têm poder irrestrito de manipulação. Contudo, tenho feito parte de laboratórios de investigação dessa matéria no Hospital Esperança e, posso dar meu testemunho, não conheci ainda um caso, e nem creio que venha a conhecer, em que a obsessão ou o vínculo de almas pela vida mental não nasça primeiramente dos encarnados para os desencarnados.

— O senhor pode nos explicar melhor?

— Não.

— Por que não?

— Porque também obedeço a ordens, diga-se de passagem, a contragosto. Adoraria abrir o verbo. Terei tempo para isso. Obedeço as ordens de quem tem paciência para tolerar minha índole. Eurípedes, a quem me refiro, verdadeiramente, "baixou um decreto", solicitando-nos dirigir aos servidores da mediunidade um apelo inadiável.

— Podemos saber qual apelo?

— É de consenso nos Planos Maiores, que chegou a hora para todos os militantes da seara mediúnica, sejam magos, pitonisas, feiticeiros, alquimistas, de hoje e de outras vidas, fazerem um caminho de retorno na sua compulsiva necessidade de investigar as forças da vida mental para fora de si mesmos, e iniciarem uma jornada na investigação e exploração das forças que residem na sua própria intimidade na busca do equilíbrio e da lucidez. Os médiuns e corações atraídos para as forças psíquicas de hoje, quase sem exceções, foram almas que criaram uma fascinação com as forças exteriores. A atualidade da evolução é uma convocação para as descobertas profundas do inconsciente onde residem todas as causas, para os mais complexos mecanismos de goécia (trabalhos de magia) e parasitismo, feitiços e mutações de energia. Os grupos que desejarem prestar esse tipo de amparo deverão preparar-se, sobretudo, para saberem identificar as raízes dos dramas no campo dos sentimentos de quem venha lhes pedirem socorro e orientação. Muito fácil descobrir e aplicar técnicas e produzir fenômenos. O duro mesmo é mudar nossa intimidade. Veja por mim: daria um ótimo soldado das trevas com o que aprendi sobre magia egípcia aqui na vida espiritual - brincou para relaxar os ouvintes.

— Teremos que pensar muito no que o senhor está falando.

— Que pensem! Se desejarem esquecer tudo também, assumam as consequências. Embora deteste repetições, há uma não consegui abrir mão.

— Qual?

— O que importa está nas palavras de Jesus. Por mais que queiramos na nossa prepotência, passarmos uma imagem de sabedoria e de conhecedores incomparáveis das forças voltadas para fora, só seremos poderosos quando tivermos domínio sobre esse mundo de forças ignoradas que está oculto dentro de nós mesmos. Essa a maior magia da vida. No Evangelho estão as técnicas mais modernas da magia indefectível.

— E como fica o chamado de Eurípedes endereçado ao nosso grupo através de Antonino na mensagem psicografada? Ele não nos conclama a salvar as almas dos abismos? Para isso não teríamos que também aprender técnicas novas para lidar com a astúcia? Não seriam importantes as informações sobre o *modus operandi* das trevas?

— Se vocês cuidarem de vocês, da educação de seus sentimentos, deixe essa parte conosco.

— Do que mais precisaremos?

— Lucidez e equilíbrio para reconhecerem os limites e os excessos.

— Por que lucidez e equilíbrio?

— Vou lhes contar um caso que acompanhamos. Incentivamos recentemente um grupo muito preparado a avançarem na direção de novos procedimentos nesse tipo de atividade, fora das tradições das práticas doutrinárias. Hoje estão fascinados com o que sabem como se fossem pequenos deuses. Sabem bastante sobre técnicas e pouco sobre si mesmos. São velhos magos de outrora que reassumiram a compulsão pela curiosidade, a inquietude pela aquisição sistemática de técnicas da magia que possam aplicar no intercâmbio mediúnico para solução de problemas.

— Dentro de um centro espírita?

— Sem tirar, nem por.

— Não é possível! Isso não seria perigoso?

— Bastante! Que é a magia senão aprender a manipular forças naturais? O mago é um pouco deus. Esse período da maioridade das idéias espíritas tem como cerne a libertação de consciências. A título de abertura para novas metodologias e recursos de educação, o referido grupo alimenta mazelas antigas da alma. Mergulham no passado, resgatando a sensação de grandeza pela posse de conhecimentos esotéricos, uma salada mística sem o tempero da legítima educação espiritual, da renovação das tendências.

— E como estão hoje?

— Tomados pela prepotência a tal ponto que, se pudessem, demitiam Deus por justa causa... São magos arrogantes a caminho de muitas lutas.

— E como fica o chamado de Eurípedes nessa circunstância?

— Fazemos o que é possível.

— Mesmo com tantas técnicas o referido grupo auxilia?

— Auxiliam por demais. São audaciosos. Não se vergam ao peso dos desafios. Lidam com forças malévolas incansavelmente. A prepotência é a coragem sem disciplina. Nutrem, acima de tudo, um caloroso desejo de servir ao próximo sem medir esforços.

— Onde o problema?

— Perdem o fruto da paz que merecem em função da arrogância com a qual se comportam. A entrega íntima banhada na fé não pode excluir a qualidade moral. A magia, entedida como capacidade de movimentar forças naturais, antes de tudo deve constituir-se em proteção para quem a pratica. Aplicada em regime de orgulho torna-se ponte para a tormenta, uma porta para a agressão obsessiva.

— Qual seria, no caso, a defesa para a situação?

— A fé acompanhada da serenidade. A entrega seguida do desprendimento em investigar os frutos do trabalho. A coragem de ser útil despida do sutil espírito de competição. Em outras palavras, a adoção de um clima permanente do desejo de aprender sem pressa, sem ansiedade de querer dominar o incontrolável. Repensar nossas certezas e viver com *impermanência*, transcendendo a cada dia a experiência de fora em ativa metamorfose por dentro de si próprio.

— Não foi colocado peso demais sobre os ombros desse referido grupo, assim como poderá estar ocorrendo no nosso grupo? Confesso minha incapacidade de entender como isso se processa. Quanto mais o senhor fala, mais tenho a sensação de desinformação. Com tantos anos de doutrina nunca me senti como agora.

— É simples.

— ?

— A maioridade a que estamos sendo convocados se dará, sobretudo, na intimidade e não somente em métodos ou caminhos experimentais novos. Precisamos descobrir a raiz íntima dos desequilíbrios, as matrizes da má intenção que estão instaladas nas profundezas do corpo emocional, investigar as forças desconhecidas da descrença, do arrependimento e da fragilidade camuflada que ainda nos deprime. Trabalhar pela renovação interior. Examinar o mal que está cristalizado em nossa intimidade. Se voltarmos ao passado, ele terá que ter uma mensagem muito cristalina na educação de nossa alma, do contrário é adubo místico para antigas fantasias religiosas. Obsessão e passado reencarnatório à luz do Evangelho são vetores para descobrir como viver melhor o presente e conquistar a liberdade.

— O senhor nos indicaria algum livro sobre o assunto?

— Vou lhes indicar o melhor livro da humanidade: o Evangelho. Eis a maior "magia" que nos espera: sermos homens e mulheres mais serenos, mais risonhos, com habilidades para sermos bons companheiros no lar, mais amáveis na convivência, mais respeitosos com os limites alheios, mais conscientes com as necessidades de crescimento, menos turrões, menos fofoqueiros, menos brigões e menos vaidosos. A "melhor feitiçaria" da vida será fazermos-nos discípulos do Cristo através do amor uns aos outros. Contra essa atitude de amor ninguém pode. Conforme escreve Mateus, capítulo dez, versículo um: "*E, chamando os seus doze discípulos, deu-lhes poder sobre os Espíritos imundos, para os expulsarem, e para curarem toda a enfermidade e todo o mal.*" Quando Jesus estabeleceu a Missão dos Doze chamou-lhes em particular, conferindo-lhes recursos desconhecidos àquele tempo, para se defenderem do mal através do uso da forças naturais. Deu-lhes poder.

— Se nos entregarmos ao preparo moral...

— Vamos orientar seus passos na direção de ricas experiências da alma. Dispam-se dos preconceitos e recolham-se ao campo da abnegação, com total despretensão, da humildade e do comprometimento que lhes custará sacrifício.

— Permita-me uma curiosidade, Doutor Inácio, o grupo que o senhor se referiu vai... - Calisto ficou em dúvida sobre qual termo utilizar.

— Afundar? Falir? - instigou o velho médico uberabense.

— Não queria julgar ninguém, mas é isso mesmo que queria indagar.

— Não. Não vão! Eles não receberam um chamado sem previsibilidade. Assim como o Grupo X, agora convocado a esse tempo de maioridade, são mensuradas as potencialidades de cada equipe para não incorrermos em acidentes morais graves. Em nome do bem não podemos ser aleatórios e ingênuos. O problema mais sério deles é a prepotência com que se conduzem. Trabalhamos para vencerem essa fase. Largarem o trono psíquico da presunção, do orgulho. Temos bons motivos para crer que o tempo será bom conselheiro e modelador de atitudes dos nossos companheiros, perante esse chamado inadiável.

Estamos no *sábado* da nossa evolução. O último dia da semana. O fechamento de um ciclo na humanidade. Talvez, para nós, a última chance antes dos libelos expiatórios. A pergunta de Jesus permanece: "*Qual dentre vós será o homem que, tendo uma ovelha, e, num sábado, esta cair numa cova, não fará todo o esforço, tirando-a dali?*" (Mateus, 12:1 a 3)

Capítulo 10

Joio ou Trigo?

Deixai crescer ambos juntos até à ceifa; e, por ocasião da ceifa, direi aos ceifeiros: Colhei primeiro o joio, e atai-o em molhos para o queimar; mas, o trigo, ajuntai-o no meu celeiro.
Mateus, 13:30

Ouvindo a última frase do comunicante, Eduardo, médium vibracional, sentiu-se incomodado e externou a queima-roupa:

— Doutor Inácio, me desculpe, mas o senhor é muito prepotente também!

— Sou atraído para onde há pessoas como eu!

— Quer dizer que não nega?!

— Acha que me traz uma novidade?

— Não pode ser, Calisto! Deve estar havendo algum problema aqui - direcionou a palavra ao dirigente.

— Que problema, Eduardo? - indagou Calisto.

— Deve estar havendo um problema de filtragem mediúnica de Antonino.

— Por que o senhor vê dessa forma? - interveio o próprio comunicante.

— O senhor tem um nome tão respeitado no meio espírita. Por que falaria dessa forma? Ana deve ter razão! É um embusteiro.

— No meio espírita basta escrever um livro e as pessoas te santificam. Nunca escondi quem sou, meu temperamento nem sempre bem-humorado. Só não acreditou quem não quis.

— E não melhorou nada aí no plano espiritual? - questionou Eduardo com um misto de interrogatório e curiosidade com a conversa.

— Sim, melhorei.

— Em quê?

— Troquei a letra "c" pela letra "p".

— Como?!

— Deixei o cigarro e fiquei com o pigarro.

— O senhor fumava?

— O suficiente.

— E só melhorou nisso?

— Para mim é muito. Achei que nunca fosse deixar esse vício. Se é que deixei! Apesar dessa conquista, continuo não achando muita graça em mim.

— E essa sua conduta, seu temperamento, não muda?

— Nesse assunto a única coisa que mudou foi minha compreensão. Compreendi melhor a necessidade de mudar. Na prática sou quase o mesmo. Talvez reencarne mudo e com um bom enfisema. Quem sabe assim educo minha boca. Talvez renasça psiquiatra outra vez. Psiquiatra mudo! Já pensou que prova será a minha? Analisar os limites alheios e não poder dizer tudo que gostaria?!

— Por falar em boca, o senhor tem noção do que comentam sobre seus livros no movimento?

— Tenho bons ouvidos. Pelo menos isso me resta.

— Então não acha que deveria tomar mais cuidado com o que escreve?

— Acho.

— E por que não toma?

— Porque não disse tudo que estou autorizado a dizer.

— Ainda vai escrever outros livros?

— Nem comecei!

— No mesmo estilo dos que escreveu?

— Pior um pouco.

— Por que o senhor não pára de escrever?

— Porque vocês não param de ler os meus livros.

— Eu não leio.

— Então por que critica?

— Pelo que ouvi dizer.

— Acha mesmo que o que disseram tem razão?

— Certamente.

— Ótimo! Então escreverei mais ainda para terem do que falar.

— O senhor prejudica a doutrina.

— De que modo?

— Enxertando idéias que a meu ver são temerárias.

— Temerárias para quem?

— Ofendem a pureza dos princípios. Não passam na avaliação do bom senso.

— Por que não registram uma queixa contra esse crime? Será que dizer o que se pensa faz mais mal que viver como tem vivido este grupo?

— Nosso grupo vai muito bem. Estranho-me com sua fala descuidada, como se tivéssemos graves problemas a resolver. Sua ofensa a Ana durante a reunião é despropositall. Uma trabalhadora tão servil, com tantos atributos morais. Vencendo suas provas com coragem. E sendo tratada pelo senhor como se fosse uma despreparada. Por acaso sabe quanto tempo ela vem se dedicando a esse trabalho?

— Quanto você conhece da vida interior de Ana?

— Não entramos na vida íntima uns dos outros Doutor Inácio. Respeitamos os limites individuais e não somos como o senhor que chega expondo os defeitos de todos.

— Alguém tem que fazer isso, meu filho, caso não queiram fazer parte dos grupos espíritas enfermos iludidos por aqui, onde resido. Posso concordar com você que ninguém precisa invadir a intimidade de ninguém. Nunca me vi como um exemplo de perfeição. O ideal será a construção de relações francas, sem desrespeito.

— Então o senhor admite desrespeito na sua postura?

— Minha sinceridade algumas vezes chega a ofender, nunca, porém, é mentirosa. Não vos quero mal. Vim para auxiliar. Não sei fazer de outro modo ainda.

De repente, Irene, uma médium que se mostrava muito ansiosa com o diálogo, expressou:

— Irmão Inácio, o senhor me parece uma alma que necessita de muita educação verbal.

— Irmão Inácio?! Quem lhe disse que necessito deste tratamento?

— Meu irmão… – e foi interrompida pelo médico.

— Pare com essa formalidade religiosa. Chame-me de Inácio Ferreira, assim me sinto mais perto do que realmente sou.

— É um nome transitório, meu irmão!

— Para mim, ainda não.

— Deus tem Suas Leis que ninguém derroga irmão!

— E eu tenho as minhas posturas que ninguém pode invadir.

— O irmão está exagerando! Invade nossa intimidade e não podemos invadir a sua?! Quem acha que é?

— Um simples médico psiquiatra que cuida da locura alheia, tentando tratar da minha própria insanidade.

A mulher não soube mais o que dizer. A maneira objetiva do médico lhe calou. Então Doutor Inácio externou, a queima roupa, após um minuto de silêncio:

— A senhora tem um filho doente!

— Vai querer dar uma de adivinho também, meu irmão?

— Seu filho queria morrer.

— Pare com essas mentiras, meu irmão, renda-se à luz!

— Posso ser franco, mas não minto. Por que a senhora não investiga? Telefone a seu marido agora e veja se minto. Peça a ele para olhar o que está na terceira gaveta de cima para baixo no armário de seu filho.

— Pois muito bem! Agora o senhor me deu um bom motivo para desmascará-lo. Espere um instante. Dê-me licença, Calisto, vou ligar é agora! – falou com empáfia.

— Faça a ligação, Irene – concordou Calisto.

Todos esfriaram por dentro. O próprio Calisto que autorizou a medida ficou trêmulo, sem saber se seria uma boa idéia. Eduardo que acabara de questionar o comunicante, pensou "*é agora que vamos desmontar essa farsa*". Um clima de tensão e curiosidade se formou.

— Raul – falou Irene ao marido pelo celular – você me pode fazer um favor?

— Pois não! Está ainda na reunião?

— Sim. Surgiu uma novidade e queria checar a veracidade. Dê uma olhada no armário de Julio na terceira gaveta de cima para baixo e veja se encontra algo diferente.

— Ok! – mesmo estranhando o pedido, o marido atendeu prontamente.

Foi uma eternidade aguardar a resposta de Raul. Logo ele veio com a notícia.

— Que isso, Irene? Foi você quem pôs isso aqui?

— O que Raul? O que você achou?

— Um revólver calibre trinta e oito cheio de balas e um bilhete de Julio. Diz assim: *adeus meus pais, eu não suporto mais essa vida.*

— Deus! Meu filho! – exclamou Irene sem controle e perdendo a voz por um momento.

Todos estavam estáticos sem saber o que estava acontecendo. Irene prorrompeu em pranto incontido. O marido chamava-lhe ao telefone celular em vão. Indagada por Calisto veio a explicação.

— Meu filho passou mal durante o dia. Teve um desmaio súbito. Está internado. Raul achou uma arma e um bilhete de despedida onde Doutor Inácio indicou. Pelo visto, ele iria se suicidar.

A reação do grupo foi de mudez. O marido de Irene atormentado ao telefone pedia explicações sem ser ouvido. Pegando o telefone, Calisto o acalmou. Um sentimento novo brotava com relação ao médico uberabense. Agora tudo convergia para um só ponto: o que mais diria Doutor Inácio?

— Provoquei-lhe o desmaio, Irene – interveio Doutor Inácio. Hoje cedo, recebemos um pedido de urgência no Hospital Esperança que chegou às minhas mãos. Socorri o rapaz acelerando sua pressão arterial através de técnicas de desvitalização. Quando se sentiu mal, procurou esconder a arma e, em seguida, desfaleceu. Fique tranquila Irene, temos recursos para salvá-lo. Os ataques a essa casa se estendem aos filhos. É mais um dos resultados imperceptíveis sobre como estão sitiando o centro. E vocês ainda me dizem que tem probleminhas! Lutinhas!

— Doutor Inácio, perdoe-nos pela nossa descrença e pelas nossas perguntas. Tudo é muito novo para nós. Confesso: estamos meio perdidos. É muita coisa para uma noite só – retomou o diálogo, Calisto. O que pode nos dizer sobre esse sitiamento?

— Sitiar significa tomar conta através da força persistente de controlar, dominar.

— Mas Doutor Inácio, não quero mais duvidar depois de tudo que já nos trouxe nesta noite, porém, como acreditar nisso? Nosso centro nas mãos das trevas?!

— Por que não? Você que gosta muito de desafios, conhece a questão número quinhentos e trinta e quatro de *O Livro dos Espíritos*?

— Lembro vagamente.

— Lá interroga: "*Será por influência de algum Espírito que, fatalmente, a realização dos nossos projetos parece encontrar obstáculos?*"

— E qual foi a resposta?

— "*Algumas vezes é isso efeito da ação dos Espíritos; muito mais vezes, porém, é que andais errados na elaboração e na execução dos vossos projetos. Muito influem nesses casos a posição e o caráter do indivíduo. Se vos obstinais em ir por um caminho que não deveis seguir, os Espíritos nenhuma culpa têm dos vossos insucessos. Vós mesmos vos constituís em vossos maus gênios.*"

— É a questão da escolha pessoal, da conduta!

— É onde os espíritas mais têm se equivocado.

— O senhor tem muito trabalho com espíritas falidos no Hospital Esperança de Eurípedes Barsanulfo, não é?

— Aqui e aí - esclareceu o médico psiquiatra.

— Sem querer magoá-lo, como pode trabalhar ao lado de Eurípedes com essa índole...

— Mal educada, você quer dizer - complementou o próprio Doutor Inácio.

— Como Eurípedes aceita o senhor deste jeito?

— Nem eu tenho essa resposta. Certamente ele tem seus motivos.

— Pode nos falar porque o espírita tem colhido problemas na vida espiritual?

— Porque adoram biblioteca.

— ?

— Acumulam conhecimento na Terra e continuam querendo mais cultura do lado de cá, sem saber o que fazer com ela para o bem. Enquanto isso, o depósito de vassouras está lotado de baldes, rodos e panos que nenhum deles quer usar.

— Por que agem assim?

— Alegam cansaço, querem folga, sentem que trabalharam muito na vida física.

— E estão cansados mesmo?

— Claro! Carregar o Espiritismo na cabeça sem deixá-lo chegar ao coração exaure qualquer um.

— Este o problema?!

— Pelo menos até agora tem sido. Sabem muito, mudam uma nesga. Estudam demais e são incapazes de sorrir e brincar. Fazem leituras exaustivas para entenderem o que se passa fora de si e pouco ou nada sabem sobre a vida interior. Devoram obras e brigam todos os dias no centro. Inábeis para promover a paz, a união, a agregação de pessoas. Adoram história e filosofia, no entanto desconhecem a arte da gentileza. Recitam a religião nos lábios.

— Estamos nos esforçando para aplicar o Evangelho. Estamos firmes na tarefa doutrinária. Procuramos nos instruir. O que nos falta mais, Doutor Inácio? Estamos muito bem integrados com o Espiritismo.

— Essa é a questão. Estão integrados com as tarefas e quase sem vínculos com a consciência. Olham muito para as movimentações de fora e desconhecem a realidade das operações do sentimento. São pontuais e assíduos nas práticas e supõem com isso, estarem em dia espiritualmente.

— Mas estamos estudando.

— O problema é este. A maioria só estuda.

— Mas isto não é suficiente?!

— Investigam os fundamentos da doutrina que são profundos sem compreender como aplicá-los. Estamos saindo do período da difusão, do estudo filosófico para o estudo contextualizado, vencendo a etapa do "que fazer" e penetrando o período do "como fazer". Quantos de vocês estão trazendo suas angústias e dramas interiores para serem luarizados pelo pensamento espírita nas reuniões dessa casa? Vocês sabem quais são as dores uns dos outros? Alguém sabe o nível de tormenta que enfrenta Ana para chegar a tomar a atitude de agora? Via de regra, o espírita está enchendo a cabeça de conhecimento, pressupondo com isso que ama e está em ascensão espiritual. Só existe instrução real nos temas da doutrina, quando temos a capacidade de adequá-los à nossa realidade particular, recriando nossa vida prática. A isso chamamos contextualizar. Ingerir conhecimento sem digerir provoca uma terrível constipação cerebral. Cultura espiritual que não liberta é peso adicional que carregamos na alma.

— E quando a cultura espiritual liberta?

— Quando encontramos a resposta para as angustiantes questões da alma no campo individual. Quando conseguimos penetrar nas raízes dos dramas que nos infelicitam, dos problemas que nos atormentam.

— Mas estamos também firmes no trabalho.

— Trabalham pensando no bem que terão para após a morte. No fundo disputam "lugares no céu", quiçá, aí mesmo, os cargos de destaque.

Calisto enrubesceu. Quase perdeu o fio do diálogo. Acostumado a se defender criando idéias novas, indagou de chofre:

— Doutor Inácio! O senhor exagera. Daquilo que fazemos nada presta? É isso que quer dizer?

— Tudo presta. Apenas precisa ficar melhor se quiserem paz. Algum de vocês está em paz apesar dessa trajetória repleta de estudo e trabalho? Vocês têm sossego na alma? Não tem nada do que se arrepender? Estão isentos de culpa? Não lutam mais com as preocupações da rotina? Não sentem medo? Alguém nessa sala já se livrou do terrível vazio interior que chega inesperadamente sem mandar notícias levando-os à descrença, ao desânimo? Será que querem chegar aqui na vida espiritual do mesmo modo que milhares de outros?

— O senhor nos confunde.

— Reorganizo os armários da vida mental acomodada.

— Eu já não sei mais o que dizer ou perguntar.

— Talvez eu possa começar a fazer as perguntas - disse o comunicante.

— Bom! Pensando bem, tenho mais uma sim. Que será de Ana, Doutor? Essa atitude...

— Ela foi sincera, não acha?

— Mas deixar a reunião assim.

— Achei-a muito corajosa. Faria o mesmo no lugar dela. Ela já tem desafios demais para superar na vida e ainda aparece Inácio Ferreira com suas manias!

Por um momento, todos se calaram como se ninguém nada mais tivesse a dizer. Como se o assunto esgotasse. Repentinamente Cíntia, timidamente, indagou:

— Doutor Inácio, posso perguntar?

— Diga, Cíntia, ou quer que eu responda diretamente?

— É apenas uma preocupação! O senhor já sabe o que é!

— Temos que trazer nossa vida real para o centro, minha filha. Devemos esconder relações para que não carreguemos culpa alguma na consciência?

Cíntia entendeu o recado e impressionou-se com a autenticidade mediúnica. Ninguém na casa sabia absolutamente nada sobre seu romance com Calisto. Dona Modesta tinha os olhos atentos sobre a fala do Doutor Inácio. A certa altura ela lhe endereçou mentalmente um pedido de mudar o rumo da conversa.

— Preparem-se para um momento novo. Serei responsabilizado pelas lutas do grupo em função dessa comunicação. Tenham siso, lucidez. É hora de separar *joio e trigo.* O único objetivo de nossa equipe é alertá-los para os perigos eminentes em função de suas lutas emocionais. Deverão aprender a tratar seus sentimentos. Nesse grupo, a mágoa, a prepotência e a baixa auto-estima são doenças crônicas de difícil extirpação. No entanto, curáveis. Perfeitamente superáveis. Cerremos juntos esforços no sentido de vencê-las em pró do futuro de experiências que vos espera. Fiquem em paz e aceitem o desafio de reconstruir a história de suas vidas espirituais! Recontar suas histórias íntimas e secretas. Tenho que me retirar agora.

— Doutor Inácio, eu... Eu não sei o que dizer! – manifestou Calisto emocionado.

— Mas eu sei o que dizer: Irene – falou o médico dando novo rumo a conversa e chamando a mãe do rapaz com muito carinho.

— Sim, Doutor Inácio!

— Quer dizer algo?

— Quero pedir perdão por duvidar e ser quem sou.

— Quer nos ajudar a consolidar um tempo novo?

— Se tiver ao meu alcance! Creio que esteja muito mais é precisando de ajuda, reconheço.

— Quando estiver com seu filho no hospital, relate-lhe tudo. E traga-o até mim.

— Como farei isso? Aqui no centro?

E dirigindo-se a Calisto concluiu:

— Estou inaugurando em nome de Eurípedes Barsanulfo e de Jesus Cristo a primeira reunião de tratamento para dirigentes, trabalhadores e seus afins aqui no Grupo X. Sei que falarão em resistências da diretoria, reuniões para consultar o grupo e outros impedimentos. O convite, entretanto, é um decreto do Mais Alto. É o caminho de salvação. A saída para essa casa é transformar esse instante de testemunho em um tempo mais promissor. Isso exigirá a ousadia de alguns. O momento do Cristo é esse! *Joio e trigo* sendo separados. Façam sua escolha, o Cristo ou suas limitações e normas intocáveis. Agora me dêem licença. Fiquem em paz.

O médium saiu do transe e foi amparado com desvelo. Graças à necessidade do momento, a comunicação foi inconsciente, permanecendo vestígios sutis do contato. Uma sensação desagradável prolongava-se sobre o campo psíquico do médium. Era a vibração de Ana. Logo, o médium indagou:

— Onde está Ana?

— Depois te explico tudo, Antonino. Vamos finalizar a tarefa e descansar. Amanhã te ligo e falamos - disse Calisto, instantaneamente.

A reunião que se prolongaria por apenas quinze minutos, avançou ainda mais uma hora.

A equipe não sabia em que centrar os pensamentos difusos. A atitude de Ana, o incômodo com a mensagem da entidade, as revelações incontestáveis sobre o filho de Irene.

Diversos servidores da defesa foram convocados no plano espiritual, para acompanharem todos no regresso aos lares.

Novamente, vários servidores do mal se postavam do lado de fora. Logo depois da saída de Ana, eles pediram reforços. Percebiam que pairava uma luz intensa sobre o Grupo X. A saída inesperada de Ana significava alguma medida de vulto. Deliberaram cercar o médium Antonino após a saída. O pegariam fora do corpo quando se emancipasse pelo sono e fariam um interrogário até contar tudo, diziam...

Por outro lado, o amparo providencial da equipe de Isabel de Aragão sobre as instalações do Grupo X fazia recordar uma *água viva* marinha em movimento. Um manto de energia vivificante e circular como leve lençol vibracional a rodopiar intensamente em ondas multicores.

Somente estando em nosso plano para ter uma noção exata do que víamos, com a passagem descrita em Mateus, capítulo dezessete, versículo nove: "*E, descendo eles do monte, Jesus lhes ordenou, dizendo: A ninguém conteis a visão, até que o Filho do homem seja ressuscitado dentre os mortos.*" A visão era magnífica. Seus efeitos se narrados em detalhes, certamente gerariam descrença em alguns.

Os grupos mediúnicos, quase sem exceção, ainda terão que fazer intenso aprendizado acerca da utilização dos frutos da prática mediúnica. Somente através de intercâmbios cristalinos, que permitam estudar a imensa variedade na forma de atuação dos Espíritos, serão possíveis medidas de cautela e vigilância em favor do melhor uso dos ensinos espirituais nas parcerias mediúnicas.

Passaram-se dois dias do ocorrido. O grupo estava incomunicável. O clima que se formou facilitou o avanço desordenado dos planos nefandos de astutos serviçais das organizações da maldade.

As iniciativas em favor do grupo visavam, tão somente, atenuar os efeitos emocionais indesejáveis da reunião, mantendo o grupo em sintonia com os objetivos nobres.

Todos se sentiam abandonados. Os que mais aceitaram a comunicação mediúnica, passadas quarenta oito horas, começam a perguntar se, de fato, Ana não teria razão.

O próprio Calisto suspeitava de alguns aspectos. Seu temperamento, no entanto, como é próprio da personalidade arrogante, em momentos como esse de insegurança, encontrava como defesa pensar pouco e agir mais, tomar medidas rápidas no intuito de manter hegemonia. Não sabia mensurar a extensão, mas percebia algo de raro valor na ocasião. Defenderia com fidelidade o novo acontecimento e o futuro da organização estaria em suas mãos.

Ana pediu substituição em duas outras reuniões que cooperava alegando cansaço. Não se encontrava em condições de resolver o que faria. O marido atazanou-lhe com terríveis conversas de separação. Debaixo de muita pressão psíquica e espiritual, a dirigente resolveu tomar uma medida que, quase sempre, nessas situações, só servem para multiplicar as dificuldades: consultar alguém de fora. Ligou para o presidente da organização federativa estadual para tomar opinião.

— Alô, é irmão Alfredo?

— Sim, quem é?

— É Ana do Grupo X.

— Olá, Ana! como vai?

— Nada bem, meu confrade! Nada bem.

— Que houve?

— Estou ligando para falar do nosso grupo.

— E como vão as coisas por lá?

— Péssimas!

— Calisto? - falou Alfredo que já conhecia os problemas da casa.

— Se fosse só o Calisto já seria demais. Agora tem também o tal Inácio Ferreira se comunicando por lá, com as idéias mais perturbadas que se pode imaginar numa tarefa em nome do Cristo.

— Inácio Ferreira? Ah! - ripostou irônico.

— Sabe quem é?

— Inácio Ferreira foi um trabalhador honroso, entretanto, existe um embusteiro escrevendo livros com o nome dele que é de dar dó.

— Pois é esse aí que esteve na reunião. Falou coisas que o senhor nem imagina.

— Tais como?

— Se o senhor ouvisse, não acreditaria. Chamou a atenção do grupo com uma prepotência, uma falta de caridade, impressionante! O grupo o tratou de Doutor e ele nem disse nada, pelo visto adora o título. E ainda, por fim, exigiu quinze minutos a mais na reunião. Eu não suportei.

— E o que fez?

— Larguei a tarefa na mão de quem aceitou os quinze minutos.

— Saiu da reunião?

— Sem pensar duas vezes.

— Talvez sua atitude não tenha sido a melhor, Ana.

— Não?!

— Já parou para pensar que esse poderia ser o objetivo do mistificador? E agora com quem fica a reunião? O grupo inteiro fascinado e você, que enxerga as coisas, fora da atividade.

— Tem razão! Não havia pensado por esse lado.

— Assuma logo a reunião e já chegue com normas prontas de como vai ser. Grupos muito democráticos nunca funcionam bem. Dirigir um grupo significa também determinar para onde ele deve ir. Você sabe dos meus longos anos de movimento espírita. Aprendi que temos que ter as rédeas na mão, do contrário...

— O senhor tem muita razão. Também penso assim. Calisto tem sido um entrave. Abre as portas para essas novidades e o grupo cai na dele. Nossa conversa está me fazendo bem. Vou voltar com força total e na reunião da próxima semana chegarei determinada a acabar com essa invigilância.

— Você segue o estatuto modelo de nossa Federação para os centros espíritas?

— Seguimos.

— Então é só pegar o artigo y. Lá está a solução. Entendeu?

— Não me recordo do artigo y.

— Você precisa ter esse estatuto na "ponta da língua", Ana. O artigo diz textualmente: "*nenhuma entidade comunicante que utilize nomes respeitáveis deverá ser ouvida sem consulta prévia a pelo menos três dirigentes experientes no setor da prática mediúnica e também um médium consagrado pela seara.*"

— Adotarei prontamente essa medida de segurança. Antonino é um bom médium, mas está em uma péssima fase.

— Tome muito cuidado com Calisto. Ele vem influenciando Antonino. Temos várias notícias lamentáveis de ambos nas tarefas de unificação. Algumas idéias novas sobre um tal movimento em torno do amor. Sabe como é, ao invés de somarem conosco na unificação ficam criando coisas novas. Para que mais idéias, sendo que já temos o bastante? Poderiam aderir ao sistema e cooperar.

A conversa estendeu-se um pouco mais; o suficiente para muitas críticas e condenação antifraternas, ampliando o raio emocional da discórdia com o qual adversários inteligentes do mal, enfronhavam com mais ardor na vida mental dos integrantes do Grupo X.

Naquele mesmo dia, Calisto explicou, superficialmente, para Antonino o que havia acontecido na reunião. O médium ficou num clima de instabilidade e preocupação. Recomendou esperar até a próxima reunião, quando todos conversariam sobre o assunto na presença de Ana. Fariam exigências.

Foi uma semana decisiva. O trabalho em nosso plano triplicou na proteção aos membros do grupo e aos seus lares. Tentativas de assalto e queda foram mobilizadas a rodo pelos antagonistas do Grupo X naqueles dias. Avançaram assustadoramente nas iniciativas. Pequenos acidentes, doença e desacertos. O nome de Doutor Inácio foi incendiado por tricas e futricas. Era acusado de ser o responsável pela desavença no conjunto. Sua mensagem mediúnica foi gravada e transcrita, chegando a mãos que jamais deveriam possuí-la.

Formava-se um quadro perigoso para a casa espírita que já estava ameaçada. Todavia, em nosso plano, nada do ocorrido nos surpreendia. Era previsível. Até então, nada havia saído do possível. Trabalhávamos muito para que nada pior ainda viesse a ocorrer.

Como narra o Evangelho de Mateus, capítulo vinte e sete, versículo cinquenta e um: "*E eis que o véu do templo se rasgou em dois, de alto a baixo; e tremeu a terra, e fenderam-se as pedras;*" naquela noite rasgaram-se concepções, tremeram emoções, fenderam-se idéias.

O Grupo X na condição de uma cova fértil e preparada para o plantio recebeu do Mais Alto uma semente de raro valor, que poucos estão tendo a coragem e a disposição de lavrar. Uma semente de difícil germinação que exigiria muita renúncia, abnegação e devotamento.

Até hoje há quem veja nesse encontro memorável com Doutor Inácio a derrocada, uma cilada espiritual e as manobras das trevas.

Para nós, no entanto, cumpria-se claramente o enunciado de Mateus capítulo treze, versículo trinta: "*Deixai crescer ambos juntos até à ceifa; e, por ocasião da ceifa, direi aos ceifeiros:*

Colhei primeiro o joio, e atai-o em molhos para o queimar; mas, o trigo, ajuntai-o no meu celeiro."

Nossa equipe espiritual podia perceber o quanto a comunicação mediúnica daquela noite seria um divisor de águas... Quantos molhos de *joio* seriam queimados de uma só vez...

Três dias após o ocorrido, no final de semana seguinte era a ocasião do serviço assistencial da casa. Todos compareceram. Não se olhavam ou cumprimentavam. Calisto, Ana e Cíntia, ninguém, queria correr o risco de tocar no assunto. Na medida em que se desenvolvia a tarefa, o emocional do grupo relaxou. Durante a tarefa de amor, pudemos atuar mais ostensivamente em favor de todos. Com o clima melhorado, Dona Modesta convocou-nos para o serviço noturno de emancipação pelo sono. Traríamos todos os membros diretivos do Grupo X para ouvirem o nosso diretor Eurípedes Barsanulfo que, semanalmente, cumpria essa missão de falar aos dirigentes e trabalhadores espíritas emancipados pelo sono nas equipes de socorro emergencial aos centros espíritas.

Capítulo 11

Apelo por Concórdia

E, qualquer que entre vós quiser ser o primeiro, seja vosso servo.
Mateus, 20:27

A noite adentrava pela madrugada. Foram reunidos no salão principal do Hospital Esperança, entre outros, um expressivo grupo de líderes de Minas Gerais, ligados ao coração de Eurípedes Barsanulfo. Os integrantes do Grupo X, igualmente, vieram todos ouvir o apelo do venerável apóstolo do bem que assim se exprimiu em incomparável humildade:

— "*Irmãos de lide, Jesus seja a nossa inspiração!*

Diante das batalhas íntimas no longo aprendizado da educação espiritual, vezes sem conta somos assaltados pelo derrotismo e pela indiferença.

Necessário aferir o entendimento no intuito de melhor orientar nossos passos.

União não é tarefa simples de se concretizar. Concórdia é o trabalho lento e gradativo de vencer a carapaça de nosso egoísmo em direção a novas experiências.

Nesse momento atribulado e de aferições pelo qual passa a Terra, concórdia é trabalhar pelo possível em detrimento do que seria o ideal. Preferível avançar alguns passos que estacionar ou recuar ante as oportunidades de realização em conjunto.

Concórdia é entendimento. Não existe união sem entendimento, que é a capacidade humana de superar suas diferenças sem extingui-las, caminhando juntos em busca de ideais e realizações comuns.

Concórdia requer autenticidade perante a consciência, trabalho digno que motive o entendimento e a oração da indulgência – alimentos para pacificar as relações.

Ninguém se fará servo de todos conforme a diretriz de Jesus, caso não edifique a condição de servo de si mesmo. Ser servo de si mesmo é domar a fúria implacável e milenar do ego, colocando-o a serviço das nobres aspirações que começam a povoar nossos corações na direção da luz.

'Assim não deve ser entre vós', orientou nosso Pastor.

O círculo das relações legitimamente cristãs haverá de oferecer nova modalidade de convivência, que motive mudanças inadiáveis, em nosso próprio favor.

O medo e o ciúme, a desconfiança e a expectativa exacerbada são raízes de inumeráveis conflitos. Sentimentos que patrocinam a insegurança, o mal-entendido e a mal-querença.

A concórdia, portanto, é tecida com os fios afetivos da lucidez e da fraternidade. Não nos iludamos com o sentimentalismo que é o afeto cego e desorientado, desprovido de consciência, frágil.

Somente quem olha para si e reconhece com honestidade a natureza de suas sensações, mesmo as mais indesejáveis, é capaz de entender o que realmente sente por aqueles que diz amar.

Por trás de muitos impulsos afetivos aparentemente enobrecedores, escondem-se antigas tendências de espezinhar com verniz.

Chega a hora de olharmos para dentro e domesticá-las. Nada é impuro na natureza.

'Nisto todos conhecerão que sois meus discípulos, se vos amardes uns aos outros.'[1]

O amor é um desafio. Possuídos ainda por grilhões impiedosos de arrogância e narcisismo, com enorme facilidade descuidaremos da vigilância sobre nossa compulsão em querer ser o maior.

Ao contrário, 'aquele que quiser tornar-se o maior seja vosso servo', afiançou nosso Guia e Modelo.

O servo de todos será aquele que consolidar em si mesmo a permanente conexão com o self glorioso, de onde brotam os sentimentos de pacificação, desprendimento, serenidade e completude.

No clima interior de ligação com as correntes superiores da vida, o servo alegra-se naturalmente com o êxito do próximo, percebe a utilidade das idéias alheias, cuida em respeitar os limites, pondera sempre que pode para alcançar o melhor, e distancia-se dos arroubos na paixão por cobranças que irritam e asfixiam.

Nesse coração ponderado e justo nasce a psicosfera da paz que abre as portas para o entendimento.

O servo de todos mantém vínculo com o Mestre. Enquanto o ego patrocina a loucura, o servo de todos mantém-se atento e em sintonia com as Ordens Maiores que fluem, ininterruptamente, nas correntes da vida em estuante equilíbrio.

A mudança no sistema de relações nos ambientes redivivos da mensagem cristã constitui o apelo por concórdia, que verte do Mais Alto em direção à nossa sensibilidade.

---

1. João, 13:35

Disciplinar a compulsão pela importância pessoal. Olhar sem subterfúgios para nosso intenso desejo em brilhar perante os outros. São sentimentos inevitáveis! Nada mais natural depois de tanto tempo apegados a nós próprios! Negá-los, isso sim constitui um obstáculo ao crescimento.

'Sede unânimes entre vós; não ambicioneis coisas altas, mas acomodai-vos às humildes; não sejais sábios em vós mesmos.'[2]

Não gostamos de ser criticados. Repudiamos a possibilidade de que alguém seja mais querido que nós mesmos. Sentimos injustiçados quando alguém nos corrige naquilo de que precisamos. Chegamos a nos alegrar com os tropeços alheios para nos fazermos mais fortes perante outrem. Não conseguimos conter o impulso maledicente da língua para diminuir o brilho do outro. Raramente nossa alegria com o êxito de alguém representa consciência do bem pela Obra do Cristo. Fazemo-nos indiferentes ante as habilidades que florescem nos companheiros de tarefa. O melindre azorraga-nos quando uma decisão é tomada sem nossa participação. A inveja assalta-nos, impiedosamente, quando alguém produz algo mais criativo e valoroso que nós. Adotamos a teimosia quando não queremos seguir as recomendações que não concordamos. Disputamos cargos e títulos como se, à luz da Boa Nova, isso fosse privilégio e indício de espiritualização. A presunção entorpece-nos a ponto de acreditarmos ter todas as respostas para a vida alheia. Invadimos o mundo íntimo das pessoas como se tivéssemos um alvará de quebra dos limites, tão-somente, por acreditar-nos bons o suficiente para entender o que se passa por dentro do coração alheio. Elegemos modelos de condutas, estabelecendo rótulos com os quais expedimos juízos de suposta verdade sobre o comportamento de nossos amigos.

---

2. Romanos, 12:16

Olhemos com mais carinho esses sentimentos sem cobrar-nos tributos morais. Essa é a mais cristalina verdade sobre nós mesmos, da qual não devemos nos envergonhar!

Se alguma razão há para nos envergonharmos é a de não fazermos nada para transformar a natureza egocêntrica, sob a qual ainda nos encontramos escravizados.

Nos lances conflituosos da vida interpessoal, os percalços não se encontram fora, mas dentro de nós próprios.

Essa gama de reflexos no terreno de nossos sentimentos responde pelas decepções e perdas amorosas.

'A quem, então, há de o homem responsabilizar por todas essas aflições, senão a si mesmo? O homem, pois, em grande número de casos, é o causador de seus próprios infortúnios; mas, em vez de reconhecê-lo, acha mais simples, menos humilhante para a sua vaidade acusar a sorte, a Providência, a má fortuna, a má estrela, ao passo que a má estrela é apenas a sua incúria.'[3]

Jesus nos aceita em Sua Obra como somos. Entre nós, porém, grassam disputas enfermiças e desgastantes para aferir quem é o maior. As relações são perturbadas pelas sutilezas do orgulho, criando gládios intermináveis que entorpecem os raciocínios, minam as forças morais e convidam à obsessão.

Na tarefa cristã existem ttrabalhos de variadas envergaduras. Isso não significa que existam servidores mais ou menos importantes. O serviço do Evangelho no mundo é urgente. Nem por isso somos essenciais. O aprendiz das letras cristãs deve regozijar-se pelo fato de estar na Vinha do Senhor.

---

3. *O Evangelho segundo o Espiritismo* – capítulo V – item 4 - Allan Kardec - Editora FEB.

Os formadores de opinião vigiem suas expressões de trabalho. Não confundamos capacidade realizadora com preparo cristão.

Quanto mais conhecimento e tempo no contato com as verdades espíritas, mais riscos de se apegar às convicções pessoais. A experiência costuma causar a sensação de grandeza e acerto. Nesse clima de descuido, surgem as expressões mais destrutivas da arrogância que nos é pertinente. Achamo-nos capazes bastante para esquadrinhar com precisão o que vai na alma do semelhante.

As tarefas não nos colocam maiores uns perante os outros. Elas engrandecem-nos perante nós mesmos. Quaisquer sentimentos derivados da necessidade de realce são indícios de enfermidade moral.

'Assim não deve ser entre vós.' O clima espiritual de muitas organizações cristãs atuais periclita por deixar de estudar as razões sistêmicas que as tem enfraquecido. Pequenos gestos de desamor, ou mesmo a simples ignorância sobre o que verdadeiramente sentimos uns pelos outros, são fagulhas perigosas no sistema das relações aptas a incendiar as mais caras afeições.

Sejamos francos! Todavia, vigiemos as expressões da sinceridade mórbida, aquela em que expressamos a realidade do que sentimos, mas nutrindo expectativas de adaptar o próximo aos nossos sentimentos.

A honestidade emocional conosco é potente profilaxia contra a arrogância.

Assumamos sem receios nossa falibilidade escolhendo rever nossas convicções, especialmente as que temos em relação àqueles com os quais ainda não tenhamos harmonizado. Rever convicções é ter a coragem de analisar os fatos sob outra perspectiva. Isso nos levará aos novos aprendizados.

A concórdia não existirá apenas com sonhos fantasistas, abraços de saudade e desculpas passageiras. São necessárias atitudes. Atitudes de amor para conosco também. A atitude de amar-nos tanto quanto merecemos: um desafio de proporções graves para almas com pouco discernimento entre egoísmo e auto-amor.

A paz seja entre vós. Regressem aos seus corpos com o sentimento de esperança reavivado em suas almas."

Na manhã seguinte, nutríamos o otimismo acerca das esperanças de harmonia entre os seareiros. Mesmo otimistas, guardávamos o clima do respeito incondicional. Assim como na parábola do semeador, cada semente cairia em terreno particular. Reconhecíamos a possibilidade de muitas sementes caírem no solo inóspito da descrença, a vilã mais impiedosa dos sentimentos nobres e espontâneos. Velha carcereira, que torna os ouvidos surdos e o coração fechado aos alvitrez profundos da alma.

Ante o apelo de Eurípedes, nossa mente deslocou para as páginas iluminadas de *O Evangelho segundo o Espiritismo*, capítulo vinte, item cinco, no qual o Espírito Verdade lavra a diretriz segura aos nossos ofícios no bem: "*Vinde a mim, vós que sois bons servidores, vós que soubestes impor silêncio aos vossos ciúmes e às vossas discórdias, a fim de que daí não viesse dano para a obra!*"

Capítulo 12

Tempo de Maioridade

Na verdade é já realmente uma falta entre vós, terdes demandas uns contra os outros. Por que não sofreis antes a injustiça? Por que não sofreis antes o dano?
I Coríntios, 6:7

Competia-nos agora somente aguardar os resultados das medidas tomadas. A equipe carnal somente se encontraria dentro de dois dias para a próxima reunião mediúnica.

Nossas atividades cresciam em volume. Os pedidos para atendimento em casas espíritas não paravam de chegar. As equipes socorristas eram desafiadas a cada momento com o mais diverso leque de ocorrências. Paixões destruidoras entre trabalhadores, melindres que poderiam estourar em problemas coletivos, obsessões em função de condutas sociais invigilantes, desânimo e descrença, maledicência e mágoa.

O sitiamento do Grupo X por parte de falanges da maldade era eminente. Somente uma reviravolta no clima das relações ensejaria medidas salvadoras. O grupo já havia sido alvo de muitas iniciativas de amparo. Os episódios recentes eram considerados pelas equipes socorristas como a culminância de velhas rusgas, desavenças e deserções. As últimas ocorrências agravaram os ímpetos do interesse particularista.

Calisto julgava-se o servidor pronto para suprir os problemas da hora. Candidatar-se-ia à presidência e, em sua concepção, tudo se resolveria. Esperava a renúncia de Ana.

Ela, por sua vez, estava tomada pela raiva e pelo desânimo em desgastante clima de mágoa. Cíntia, Antonino e muitos trabalhadores contaminados pelo ambiente antifraterno, cada qual vivendo seus momentos de instabilidade. Como diria: "um barril prestes a explodir". Essa era a condição do Grupo X naquela semana.

Sempre nutri encantamento pela fala do benfeitor Emmanuel que define o centro espírita como escola, oficina, hospital e templo. As experiências que presenciei naquela casa levaram-me a destacar sua feição de hospital para almas gravemente enfermas. Só mesmo a ilusão do orgulho que ainda nos domina, pode nos fazer enxergar de forma diversa a nossa condição.

Agora, mais que nunca, passei a sentir minha recente reencarnação no seio do Espiritismo como uma internação de emergência em favor de minhas enfermidades morais. Mais uma vez conseguia abrir os olhos da sensibilidade. Isso me deixava sobejamente feliz.

Por orientação de Dona Modesta, faríamos uma reunião com o Professor Cícero, no intuito de obter melhores esclarecimentos acerca do ocorrido naquela noite no Grupo X ante a comunicação do Doutor Inácio. Seriam reunidos todos os aprendizes que compunham a equipe de socorro emergencial àquele núcleo de espiritualização humana. Nessa época, contando comigo, eram dez novos alunos nesse gênero de tarefa. Não via a hora de poder expor várias perguntas.

A reunião foi realizada em uma bela tarde no Hospital Esperança. Cícero Pereira, dotado de uma finura e elegância moral, propôs:

— Amigos queridos! – falou com delicadeza –, façamos uma breve reflexão para iluminar nosso aproveitamento.

O professor abriu *O Evangelho segundo o Espiritismo* no capítulo dezenove, item um, leu e depois comentou:

— *"Quando ele veio ao encontro do povo, um homem se lhe aproximou e, lançando-se de joelhos a seus pés, disse: Senhor, tem piedade do meu filho, que é lunático e sofre muito, pois cai muitas vezes no fogo e muitas vezes na água. Apresentei-o aos teus discípulos, mas eles não o puderam curar. Jesus respondeu. dizendo: Ó raça incrédula e depravada, até quando estarei convosco? Até quando vos sofrerei? Trazei-me aqui esse menino. – E tendo Jesus ameaçado o demônio, este saiu do menino, que no mesmo instante ficou são. Os discípulos vieram então ter com Jesus em particular e lhe perguntaram: Por que não pudemos nós outros expulsar esse demônio? – Respondeu-lhes Jesus: Por causa da vossa incredulidade. Pois em verdade vos digo, se tivésseis a fé do tamanho de um grão de mostarda, diríeis a esta montanha: Transporta-te daí para ali e ela se transportaria, e nada vos seria impossível."*

Esse conhecido acontecimento do Evangelho é um retrato das dores humanas nesse momento da Terra. Processos gravíssimos de obsessão, doença e sofrimento que assolam famílias e comunidades. Em meio ao episódio, está a turba desorientada clamando por socorro e também os discípulos do Cristo sendo aferidos em rígidos testemunhos de fé e devoção na alma.

A narrativa deixa clara a impotência dos discípulos que, tomados de sinceridade, dispunham da abertura mental para indagar acerca da natureza de suas limitações. Queriam saber quais foram as razões de não expulsar o Espírito imundo. Surge então dos lábios do Mestre e Senhor um dos temas mais oportunos às nossas fileiras de amor cristão: a fé.

O quadro se repete nos dias atuais. Privamos da intimidade de Jesus através das mensagens profundas que tocam os refolhos da sensibilidade, nos afazeres diversos oferecidos pelo Consolador Prometido.

Conquanto tal edificação espiritual guardamos os ensinos e vivências espirituais quais fossem informações culturais, incapazes de renovar nosso modo de sentir a vida. Inteligência adornada de saber espírita e coração vazio de paz e visão elevada. O que nos faz recordar Jesus diante da figueira infrutífera, adornada de folhas e sem frutos, conforme a descrição de Mateus, capítulo vinte e um, versículo dezenove que diz textualmente: "*E, avistando uma figueira perto do caminho, dirigiu-se a ela, e não achou nela senão folhas. E disse-lhe: Nunca mais nasça fruto de ti! E a figueira secou imediatamente.*"

Enquanto se repete esse quadro nos centros espíritas da atualidade, convém-nos indagar: que fazer para construir novas alternativas de fé nos núcleos renovadores do Espiritismo-cristão? Como dilatar a fé que nos permita ir além dos padrões doutrinários que, em muitas ocasiões, sufocam os ímpetos generosos e ricos de grandeza moral em relação ao bem alheio e ao nosso próprio? Que fazer para que a fé dos espíritas esteja acima do conhecimento e como fazer para que o conhecimento oriente a nossa fé?

Os *meninos* desta passagem evangélica continuarão cada dia mais sendo trazidos às nossas mãos para serem curados, quiçá aliviados.

Quanta lágrima para secar! Quanto trabalho de limpeza e reequilíbrio para com aqueles que buscam as casas doutrinárias famintos de um pingo de esperança!

Corações estraçalhados pela dor, infelizmente, nem sempre estão encontrando conforto nos centros doutrinários, cujos ambientes, quase sempre, estão tomados por maledicência, disputas e antifraternidade. Além disso, o excesso de normas e a falta de habilidade para consolar, criam ocasiões de insensibilidade e descuido. Quantos corações ansiosos apenas por um gesto de atenção, são recomendados a maratonas de estudo e preparo intelectual como sendo os únicos remédios para sararem de suas enfermidades emocionais? A gentileza, o carinho, a arte da amizade e do afeto têm sido substituídos por orientações religiosas rígidas e despidas de humanismo. Fala-se em obsessões, carmas cruéis, dores da transição, dramas morais crônicos. E o consolo e a fé? Onde estão?

Contra essa casta de Espíritos somente a oração da atitude límpida e o jejum da prepotência.

Imperioso renovar o nosso modo de operar frente os apelos doridos da humanidade atual.

Urge uma discussão sobre como atender os filhos atormentados do calvário nas agremiações que se erguem em nome do Cristianismo Redivivo.

Fé pequenina do tamanho de um grão de mostarda. Sentimento pulsante no coração em busca de Deus. Inteligência orientada para sentir com nobreza.

Após seus ricos comentários sobre o trecho evangélico, Professor Cícero tocou no tema que nos unia naquele instante, dizendo:

— Os amigos aqui presentes puderam acompanhar de perto as provas do Grupo X. Todos estamos sensibilizados pelos tropeços e limites de nossos irmãos. Sensibilizados porque até ontem, em tempo não tão longínquo, nós próprios éramos os atores dessa tragédia das interações humanas, quando no corpo físico. Endereçamos, pois, nossas melhores vibrações ao grupo em referência, suplicando a Jesus que nos dê muita lucidez e respeito na alma, para tratar dos assuntos com devida misericórdia e bondade da qual ainda somos os mais necessitados. Fiquem à vontade para trazerem seus sentimentos e suas dúvidas. O objetivo é enobrecer nossa visão acerca dos fatos, portanto, não temam indagar da melhor forma que lhes aprouver.

Não me contive ante a fala do professor. E com um misto de muita emoção ao tocar no assunto e uma enorme disposição de aprender, interroguei:

— Professor, com muita franqueza na alma, se eu estivesse no lugar de Ana, de Calisto ou de qualquer um membro do Grupo X, creio que reagiria de igual para pior em relação ao comunicado de Doutor Inácio. Queria ter dirigido a ele algumas perguntas, mas em seus últimos dias, nem ele, nem Dona Modesta, sequer conseguem um instante para repasto. Qual a perspectiva cristã da mensagem de Doutor Inácio?

— Inácio, meu caro Mario, é um tocador de trombetas. Sua função é acordar com zoeira. Não se diz em nosso meio que uns despertam ao cantar do pássaro, outros somente com tiros de canhão? Inácio é a trombeta do Cristo que ama indistintamente.

— Sua mensagem não traduz esse sentimento. O senhor concorda?

— Qual de nós pode mensurar a quantidade de amor existente no coração de quem quer que seja, somente através da forma de expressar? Um dos maiores desafios do Espírito na sua peregrinação evolutiva é equilibrar o que diz, com o que faz e o que sente. Costumeiramente, nos confundimos e confundimos aos outros com atitudes e palavras acerca daquilo que realmente sentimos. Quem terá amado mais na Terra que

Jesus? Ainda assim os homens entenderam Suas atitudes e palavras como ofensas descabidas a ponto de crucificá-Lo. Nosso julgamento obedece a padrões. Frágeis padrões inspirados em conceitos e vivências que precisam ser ampliados e reavaliados continuamente ao longo da vida. Havendo estagnação, surge o preconceito.

— O senhor acredita que essa seria a melhor forma de nos comunicarmos com a comunidade espírita nesse momento?

— Não creio. Entretanto, para o momento presente, no qual tem havido uma acomodação nociva e quase generalizada na comunidade doutrinária, relativamente à visão que se tem do Espiritismo e seus conceitos, a palavra de Inácio, seu temperamento diverso, será uma grande aula de despertamento aos nossos ambientes. Além do que, suas abordagens e seus temas prediletos, são um convite ao discernimento e a humildade daqueles espíritas que supõem saberem tudo sobre vida espiritual.

— Tem havido muita recusa a esses ensinos novos?

— André Luiz também foi recusado.

— Estaria, porventura, comparando os conteúdos?

— De forma alguma. André Luiz é insubstituível com sua obra prima. Comparo as revelações e o tempo de cada uma. Chega o momento de falar mais um pouco ao meio espírita sobre quanto ainda se tem que revelar, acerca de tudo que nos cerca enquanto encarnados e no plano espiritual. Ampliar noções, dilatar o entendimento. O que Inácio trouxe ao Grupo X foi previamente combinado entre nós. Ele também, a cada contato, a cada ocasião de falar ao mundo físico, aprende um pouco mais e educa seu temperamento com os ensejos de crescimento e tolerância mútua. Ele próprio nos solicitou para não ser o portador da mensagem em nome de nosso grupo. Porém, em muitos casos e momentos, Inácio torna-se uma necessidade quase insubstituível.

— Posso continuar a perguntar ou alguém gostaria de falar? – indaguei preocupado em não centralizar a palavra.

— Continue Mario. Percebo que você está catalisando as perguntas do grupo – destacou o professor.

— Essa tarefa mediúnica proposta ao Grupo X para tratamento espiritual de dirigentes e líderes, qual o objetivo?

— Ótima pergunta! O objetivo dessa tarefa é exatamente o que nos referimos na abertura da reunião: trabalhar a fé. Muitos líderes e condutores espíritas, depois de refregas intermináveis e sofridas, costumam enquadrar-se na fala de Jesus narrada em Mateus, capítulo vinte e quatro, versículo doze: "*E, por se multiplicar a iniquidade, o amor de muitos esfriará.*" Tomados de mágoa, cansaço e até descrença não assumida, muitos companheiros, por instinto natural de defesa, após muitas lesões afetivas adquiridas na própria tarefa, assumem postura de cautela e contenção excessiva de suas manifestações afetivas, esfriando o amor na convivência e a espontaneidade. Dessa forma, encontram na institucionalização um lugar de segurança com o qual podem se proteger de indesejáveis e supostas injustiças das relações humanas. Protegem-se em cargos, folhas de serviço, tempo de doutrina, estatutos e amigos de confiança que constituem as conhecidas "panelas da convivência". Fazem de tal forma que mantenham as rédeas em suas mãos, decisão centrada, para que não tenham que experimentar os altos e baixos das relações. Em tal quadro, realizam muito pela doutrina, pelo centro e sentem-se mais produtivos e ajustados ao papel que lhes compete como dirigentes e líderes. Entretanto, a par dessa situação, experimentam uma solidão afetiva que tentam superar com mais e mais responsabilidades, ficando sua vida interior totalmente indevassável, desconhecida, uma pessoa que esconde sua afetividade. É exteriormente cordato, gentil, e sabe utilizar o verniz social para fazer-se simpático, mas por dentro é sempre cauteloso, calculista e rígido em relação ao mundo alheio. Nessa trajetória termina sendo o grande provedor das lutas alheias, do centro e das tarefas, deixando seu mundo íntimo para um segundo plano. Amargando as decepções da vida sem ter com quem compartilhá-las. Um homem protegido de si mesmo, que se sente justificado em ser assim, face aos golpes emocionais sofridos nos instantes em que se permitiu acreditar na bondade do coração alheio, sendo lesado na confiança e na sua capacidade de tolerar.

— Haveria alguém no Grupo X nessa condição?

— Calisto é um deles. E Ana, depois desse episódio, caminha a passos largos para essa postura. Está cansada de acreditar nos irmãos de doutrina.

— Ela tem razão?

— Recorda-se quando a tiramos do corpo?

— Sim.

— Quais foram as queixas dela? Lembra-se de ter reclamado dos irmãos?

— Não. Ela falou de carências afetivas.

— Ana tem encontrado muitas decepções pelo caminho espírita. Nenhuma delas, porém, é suficiente para lhe instaurar tal amargor na alma. No fundo, lutamos contra nós mesmos e nossas dificuldades pessoais. Quando nos protegemos, alegando cansaço do meio espírita, em verdade, estamos cansados de nós.

A pergunta que fiz instigou a curiosidade de outros companheiros no grupo. Sergio, jovem militante das fileiras espíritas no nordeste, questionou:

— Professor Cícero, trouxe das minhas atividades doutrinárias uma visão muito confiante sobre a tarefa dos dirigentes espíritas. Analisando agora, sob o prisma da vida imortal, percebo que são portadores de problemas idênticos ou até piores a qualquer ser mortal. Responda-me: uma reunião de tratamento espiritual como a que propôs Doutor Inácio ajudará em que?

— Trará alívio, colocará nossos irmãos em processo de desilusão, enquanto estão a caminho. Como asseverou você mesmo, eles são pessoas comuns. Não são dotados de qualidades ou recursos que os impeçam de viver as dores humanas. Tem problemas como todos. Entretanto, engalfinham-se em ilusões acerca de seus papéis e carregam máscaras nocivas ao seu próprio crescimento. Aliás, um dos pontos mais usuais de exploração obsessiva, reside nessa tese que há muito vem sendo cultuada nos ambientes espíritas, fazendo de dirigentes, médiuns, oradores e lideranças uma personalidade moralizada e extremamente virtuosa. Temos nisso um perigoso ardil para nossas lutas de superação espiritual contra a vaidade e o personalismo.

— E como vão se desiludir?

— Ao abrirem o coração para buscar ajuda lhes mostraremos, pouco a pouco, a sua real situação. Sentirão então sede de paz e descanso interior. Desistirão muitos deles de suas "insígnias imaginárias". Desejarão ser gente comum, discutir e aprender ao invés de serem armazéns de respostas prontas sobre todos os assuntos da vida.

— O senhor acredita que uma simples reunião desse porte poderá mudar tanto assim as nossas lideranças?

— Evidentemente, será impreterível que homens e mulheres espíritas formem uma rede de afeto e esperança com quem possam comungar suas aflições e dificuldades. Não bastará o alívio. Inevitável que, tomados de nova percepção sobre si próprios, iniciem uma construção de ambientes favoráveis em que possam aglutinar outros servidores das linhas de frente, e fazer do ambiente do centro espírita um local mais amável, doce, encantador para se conviver e revitalizar nosso afeto.

— Estaria falando de uma reunião de dirigentes na casa espírita?

— Daí pode derivar infinitas formas de criar essa rede de afetividade e amizade legítima.

— Uma última pergunta professor: isso é o período de maioridade das idéias espíritas?

— Isso é apenas o alvorecer do período da maioridade. Um caminho para que o Espiritismo enregelado no cérebro, derreta sob o calor dos sentimentos nobres e elevados. Nesses cento e cinquenta anos de Espiritismo estamos pensan do a Doutrina Espírita. Chega o instante de senti-la. Educar o coração é a maioridade. O avanço em direção aos novos momentos regenerativos da humanidade. Quem pensa Espiritismo, disciplina. Quem sente Espiritismo, renova. Como disse Chico Xavier: *quem conhece pode muito; quem ama, pode mais.*[1]

A maioridade consiste na formação de relações humanitárias. Aplainar o trajeto do cérebro até o coração para que a

1. *Orações de Chico Xavier* – autor Carlos Baccelli

informação espírita, armazenada como cultura, transforme em criatividade, bem-estar e alegria – pisos emocionais dos relacionamentos sadios.

Tais relações humanizadoras farão sentir a necessidade da reinvenção de nossas práticas doutrinárias, métodos mais adequados às necessidades morais dos conjuntos. Assim, vamos pensar o Espiritismo a partir de nós, contextualizar, distanciando do dogmatismo que é a atitude de adotar crenças definitivas e indiscutíveis acerca do que seja a doutrina, oriundas na interpretação pessoal ou passada por outras pessoas.

A doutrina contextualizada ganha vida e fulgor. A maioridade vem junto com a diversidade.

Na atualidade observa-se a desgastada repetição de comportamentos formais nos quais escondemos atrás de papéis como médiuns, oradores, evangelizadores, presidentes. O institucional sufoca o humano criando padrões aceitáveis. Um debuxo sobre a própria proposta da doutrina que é a autenticidade, o rompimento com o verniz das convenções e cerimônias.

Meus discípulos serão reconhecidos por muito se amarem,[2] afirmou Jesus. O amor não está na cabeça, nem na exterioridade.

O sentimento educado que estabelece novas atitudes é o traço fundamental da maioridade das idéias espíritas.

Dando sequência, um outro colaborador ponderou:

— Todos os centros receberão o chamado para este momento novo?

---

2. João, 13:35

— A comunidade espírita de forma generalizada está recebendo este apelo de Mais Alto em larga escala. Chamados todos são, quem se fará escolhido? Mateus, capítulo vinte e dois, versículo quatorze enfatiza: "*Porque muitos são chamados, mas poucos escolhidos.*" Nem todos, como é natural, serão convocados da forma como ocorreu no Grupo X, mas no coração dos espíritas mais sensíveis está claro que vivemos um novo ciclo, um novo instante. Os ambientes da doutrina clamam, em ressonância natural, por um momento novo, mais pacífico, mais harmonioso e produtivo para nossas fileiras de amor-cristão.

— Qual o maior desafio a esse período de maioridade, professor?

— Nosso orgulho.

— Por quê?

— Porque a proposta básica desse novo tempo reside na mudança de atitude. A **atitude de amor** como diz Doutor Bezerra. Se nos sensibilizarmos com as idéias, técnicas e novas iniciativas que venham a somar em favor dessa edificação espiritual, sem renovarmos a atitude em relação a elas, nada mais estaremos fazendo que colocar remendo de pano novo em pano velho ou vinhos novos em odres antigos, conforme narra Mateus, capítulo nove, versículo dezesseis e dezessete. Estaremos, portanto, iniciando um processo de intitucionalização do novo.

— Qual a segurança para que isso não ocorra?

— Prezar as diferenças. Ter atitude de diversidade. Quem queira em qualquer instância ter bússolas exatas na mão, estará trilhando o caminho da fascinação pelo que faz e realiza.

É a forma mais ardilosa de ação do orgulho. Cada um faça o melhor de si sem desejar ser modelo para os outros. E cada qual tire do trabalho alheio o melhor para sua própria experiência sem querer se tornar uma cópia de ninguém. A palavra originalidade é fundamental nesse processo de edificação do novo. Cada grupo ou pessoa, encontrando sua própria caminhada, ouvindo a voz de seu coração, descobrindo sua missão pessoal e grupal. Prezar as diferenças significa valorizar o serviço de outrem, compreender pelas fontes do coração que todas as vivências são ricas de aprendizado e elevação. Abandonar a disputa insana pelo certo e errado. Qual de nós nessa seara espírita pode com certeza apontar o rumo certo para a vida de quem quer que seja? O próprio Pai-criador estabeleceu o livre-arbítrio porque seria uma loucura querer interferir na intimidade consciencial de Seus filhos.

Os homens espíritas estão sendo convocados a mais amplas Verdades. O Espiritismo apenas começou seu processo revelador na Terra. Muito pouco foi dito, apesar da importância do que já se enviou à humanidade sobre a vida imortal. Determinar limites de pureza aos princípios já revelados é tentar deter uma espiral inviolável na qual a Verdade, a cada volta nessa espiral, toma conotações amplamente variáveis e mais profundas.

Infelizmente, observa-se que nossa velha tendência arrogante fez, em nossa mente de discípulos espíritas, com que os princípios doutrinários não passassem de bases religiosas que enalteçam nossa cultura, nossa soberba com a qual procuramos importância pessoal. Pouquíssimos fizeram da cultura espírita um projeto de libertação consciencial.

Essa certamente a razão de Paulo ter afirmado: "*Na verdade é já realmente uma falta entre vós, terdes demandas uns contra os outros. Por que não sofreis antes a injustiça? Por que não sofreis antes o dano?*" (I Coríntios, 6:7)

Capítulo 13

Nos Bastidores das Atitudes

Porque não há coisa oculta que não haja de manifestar-se, nem escondida que não haja de saber-se e vir à luz.
Lucas, 8:17

Verificando que o professor parou por instante, Sergio novamente retomou a palavra.

— O senhor acredita que nossos irmãos do Grupo X vão aceitar a proposta?

— Eles têm liberdade de escolha. Certamente não farão uma ruptura instantânea com estatutos e regimentos que determinam seguir Kardec e Jesus, mas que, em verdade, muitas vezes, os afastam dessa finalidade superior.

— Afastam como, professor?

— O que significa seguir Kardec e Jesus? Já parou para pensar? Você, Sergio, assim como eu, e todos aqui nesse pequeno grupo estão desencarnados, concorda?

— Sem dúvida, professor!

— Vocês viram Inácio se comunicando, não viram?

— Sim, vimos – respondeu Sergio por todos.

— Perceberam a fidelidade do médium Antonino, não é mesmo?

— Claro! Aonde o senhor quer chegar?

— Somos os Espíritos da doutrina, não somos?

— Não entendi, professor!

— A doutrina não é dos Espíritos?

— Sim.

— Então quem são esses Espíritos?

— Nós?

— Sim, é claro. Se não formos nós e todos quantos podem levar sua mensagem ao mundo, quem serão esses Espíritos?

— Ainda continuo meio sem entender!

— A única segurança para que o Espiritismo no mundo alcance suas metas será manter um elo com a Imortalidade - a alma da Doutrina Espírita. Sem isso, o Espiritismo não passa de um belo conjunto de ensinos morais e filosóficos. Espiritismo acontece na relação com a base de sua origem divina, isto é, os Espíritos. Sem eles, como produzir horizontes sobre vida imortal? *Espiritismo com Espíritos* essa é a proposta para o Grupo X e todos os grupos que se erguem em nome da doutrina.

— Mas os irmãos encarnados não mantêm esse elo através dos ensinos dos livros mediúnicos?

— Não, Sergio. Não mantêm.

— E por que não?

— Porque essa atitude, sem a prática mediúnica mais ampla, é a morte da diversidade, da originalidade, da singularidade das experiências. Por essa razão a comunidade doutrinária raramente apresenta uma nova percepção sobre mundo espiritual, repetindo livros, idéias e práticas já adotadas há mais de cem anos. Devemos seguir o exemplo do codificador que, dotado do mais fino e ético espírito investigativo, publicou a obra magistral "*O Céu e o Inferno*" na qual deixou, espontaneamente, as almas falarem das suas vivências, de suas dores e felicidades. Esse compêndio é o resultado do contato natural com o mundo dos Espíritos. Um exemplo para nosso momento de maturidade nas vivências doutrinárias.

— O senhor estaria dizendo que os livros mediúnicos então não servem para inspirar as atividades?

— Para inspirar sim. Para fazer cópias, porém...

— Com os livros tivemos noções claras de mundo espiritual e suas leis!

— Claras mas não completas. Nisso reside o problema. O homem espírita foi educado para entender que os livros abençoados surgidos, até hoje, com a mediunidade no seio do movimento espírita completam a realidade espiritual, como se quem os lesse estivesse formado nas letras da alma. Os livros, até hoje editados no mundo, sobre a vida extra-física são uma pequena ponta do véu que ainda há de se abrir para os povos, acerca do universo e da vida. A consequência disso é que tudo que vai além ao que está ensinado nos chamados "livros seguros", vindos de "fontes seguras", são reprovados sem restrições, formando um "perímetro cultural de aceitação consagrada". Saiu disso é mistificação, animismo, problemas de filtragem e outras conjecturas.

Voltando à sua pergunta, observe que daqui para o mundo físico aconteceram dezenas de precauções e iniciativas para que a comunicação de Inácio constituísse um chamado seguro aos nossos irmãos. Vejam quantas barreiras ainda teremos a vencer para instaurar esse novo tempo de maioridade. A Verdade brilhou límpida e misericordiosa em favor do Grupo X, entretanto, estando dentro da aldeia de suas concepções, assim como o cego de Betsaida, narrado em Marcos, capítulo oito, versículo vinte e dois, eles terão enorme dificuldade para olhar a luminosa oportunidade de redenção. Jesus na passagem referida tira o cego pela mão para fora da aldeia e, somente depois, efetua a cura. Vivemos esse momento nos ambientes da doutrina. A necessidade de um arejamento mental, sair dos limites da aldeia das restrições e avançar em direção ao convite do Mestre que pede a mão do trabalho árduo de renovação, para nos livrar dessa ilusão que nos cega espiritualmente.

Sem sombras de dúvida, repetimos com o Espiritismo o que fizemos com a mensagem do Cristo. Oficializamos parâmetros. O que é aceitável e o que não é; atitude própria de seres com noções pequenas de universalidade e leis cósmicas.

Elegemos parâmetros rígidos e imutáveis, enquanto isso o amor é banido da convivência.

Em nossas tarefas socorristas aos centros espíritas, temos presenciado libelos difamatórios e repletos de exclusão por conta de diferenças de interpretação doutrinária. Em valorosa instituição, tivemos um caso de profunda perturbação, porque determinado companheiro adotou o abraço aos pacientes após oferecer o passe. Em outra localidade, uma diretoria de irmãos com larga fatia de vivência doutrinária entrou em azeda discórdia para determinar de qual a cor deveria ser pintado o centro espírita, causando prejuízos lamentáveis às relações. Tivemos um pedido inusitado que nos rendeu meses de trabalho por conta de uma quantia financeira desaparecida do caixa de uma casa espírita, cuja acusação foi dirigida ao mais novato dos diretores. Uma desconfiança infundada que teve como efeito mágoa e rancores, para depois descobrirem que, em verdade, nada passou de um erro de contabilidade. Por pouco, a polícia não foi envolvida. Em uma agremiação respeitável, tivemos um episódio de rivalidade sem precedentes.

Um médium de excelentes qualidades morais e doutrinárias, recém transferido de cidade, procurou recomendada casa suplicando trabalho e oportunidade. Ao lhe ser concedido o ensejo foi alvo das mais cruéis farpas de ciúme e inaceitação, tão-somente, por ser exímio vidente.

Raramente a noção do verdadeiro trabalho cristão aparece em nossa alma. Somos ainda dominados por feudos psicológicos. Sentimo-nos donos dos espaços que temos sob a nossa responsabilidade. Alegando a nós mesmos que compete-nos zelar pelo bem das atividades, mantemos cativos de velhas sombras sentimentais que não permitem abertura para os valores alheios. Uma nítida sensação de importância domina os refolhos da vida mental, a partir dos cargos e deveres colocados em nossas mãos.

Um quadro que ocorreu nas fileiras do cristianismo nascente repete-se agora. Temos novos doutores da lei que acham que sabem tudo sobre Espiritismo, e podem ditar normas e rubricar a Verdade.

Esquecemos que a libertação da consciência não está naquilo que nos é emprestado, mas no que fazemos com o que nos é temporariamente confiado. Deveríamos portanto, todos os dias, na condição de depositários dos Tesouros Celestes indagar: estou fazendo o melhor com os talentos que me foram confiados?

Calando-se por um momento, Sergio retomou o assunto.

— Professor Cícero, que fazer para mudar esse quadro lamentável?

— Adotar a postura de *impermanência*. Adotar a sabedoria de Ananaias que ao ser chamado por Jesus para curar os olhos de Saulo disse: "*Eis-me aqui, Senhor*", conforme narrativa dos

Atos dos Apóstolos, capítulo nove, versículo dez. Estamos ainda muito aprisionados a nós próprios em razão de nosso egoísmo milenar. Saindo do raio das concepções pessoais não conseguimos dar um passo adiante. Somente o sentimento de amor quebrará essa espessa camada de preconceitos, que faz de nossa vida mental um presídio intelectual com cadeados maciços e enferrujados.

Allan Kardec, no capítulo dezenove de *O Evangelho segundo o Espiritismo*, no item três nos diz: "*A fé sincera e verdadeira é sempre calma; faculta a paciência que sabe esperar, porque, tendo seu ponto de apoio na inteligência e na compreensão das coisas, tem a certeza de chegar ao objetivo visado. A fé vacilante sente a sua própria fraqueza; quando a estimula o interesse, toma-se furibunda e julga suprir, com a violência, a força que lhe falece. A calma na luta é sempre um sinal de força e de confiança; a violência, ao contrário, denota fraqueza e dúvida de si mesmo.*"

Temos que cuidar para que, ao invés de raciocinada, nossa fé não seja racionalizada.

— Fé racionalizada?! - indagou o jovem nordestino.

— É a fé de cabeça, meu filho. Aquela que é mais razão que coração. É a fé pensada, ilusória. Aquela que é alimentada pelo ponto de vista pessoal, incapaz de ir além.

— Podemos chamá-la mesmo de fé?

— Talvez convicção e crença fiquem até melhor. No trecho seguinte no capítulo dezenove, Allan Kardec discorre: "*Cumpre não confundir a fé com a presunção. A verdadeira fé se conjuga à humildade; aquele que a possui deposita mais confiança em Deus do que em si próprio, por saber que, simples instrumento da vontade divina, nada pode sem Deus. Por essa razão é que os bons Espíritos lhe vêm em auxílio. A presunção é menos fé do que orgulho, e o orgulho é sempre castigado, cedo ou tarde, pela decepção e pelos malogros que lhe são infligidos."*

— Presunção, agora sim! Para mim esse nome é mais apropriado! - exclamou Sergio.

— Por nossas reações saberemos em que nível nos encontramos. Quando serenos ante os embates, a fé verdadeira, sempre calma, estará guiando nossas atitudes a despeito dos acontecimentos externos.

Sempre intrigado e envolvido afetivamente com os embates do Grupo X, voltei a perguntar:

— Nossos irmãos então são companheiros sem fé?

— Estão com a fé em florescimento. Não adquiriram ainda compreensão.

— Não seria impossível terem compreensão de uma para outra hora, professor? - indaguei querendo defender a postura dos nossos companheiros reencarnados.

— Sim, José Mario. Você tem razão. Não se adquire compreensão instantânea, é fruto de um processo. Todos nós, porém, temos a nosso dispor, por recomendação do próprio Evangelho, a proposta do amor acima dos labirintos do aprendizado em que nos encontramos. Se não compreendemos, não devemos atacar, ter opinião formada, criticar sem saber. Nisso reside o problema. Uma atitude de orgulho.

— Como analisar as reações de nossos irmãos do Grupo X ante sua exposição, professor?

— Ana foi intempestiva, descuidada perante os acontecimentos. Calisto enxergou neles uma oportunidade para sobressair por considerar-se pronto para o chamado. Antonino resvalou-se para a insegurança criando instabilidade interior. Todas essas reações traduzem o espírito da fé vacilante, proporcional ao aprendizado adquirido por cada um. Somente a fé guiada pela compreensão estabelece equilíbrio.

— Como deveríamos então proceder diante do novo? Qual seria a postura ideal de nossa comunidade espírita ante esse prenúncio de maioridade?

— O Mestre já nos ofereceu essa resposta quando enunciou em João, capítulo treze, versículo trinta e cinco: "*Nisto todos conhecerão que sois meus discípulos, se vos amardes uns aos outros.*" Sabemos disso há muito tempo e ainda não conseguimos colocar o amor acima dos nossos interesses particularistas. Dizendo servir aos interesses do Mestre, servimos, em muitas ocasiões, ao personalismo enfermiço que ainda nos carcome as estruturas sutis da alma. Inegavelmente, podemos afirmar que não desejamos conscientemente o mal e estamos procurando o bem. Damos, portanto, os primeiros passos na direção da arte de amar. Incipientes ainda nesse aprendizado, nosso amor começa a brotar nos refolhos do ser. Nosso desafio maior consiste em dinamizá-lo em ações concretas pelo bem que já ansiamos.

— Não seria então mais adequado chamar esse tempo de maioridade de período do sentimento e não da atitude, professor? O discurso *Atitude de Amor* de Doutor Bezerra[1] que inaugurou essa etapa não deveria ser chamado *Sentimento de Amor*?

— Com todo o saber angariado com a doutrina, renovamos nossa forma de pensar, mas com escassos avanços no sentir e

---

1. Mensagem *Atitude de Amor* inserida na obra *Seara Bendita*, diversos Espíritos - Editora Dufaux

quase nenhum na ação. Por essa razão sentir amor sem conduta amorosa, ter emoções nobres sem benevolência ativa, é o mesmo que ter um tesouro do qual não se pode valer. Jesus é muito claro em utilizar o verbo indicador da atitude quando em Mateus, capítulo cinco, versículo quarenta e sete, ele interroga: "(...) *que fazeis de mais?*" Ou seja, o que estamos fazendo de especial. Que atitudes diferenciais nos colocam em sintonia, para sermos reconhecidos como seus discípulos? O verbo usado é fazer e não sentir.

— Seria o agir mais importante que o sentir?

— A questão não é de importância e sim de prioridade. Para quem discursa sem fazer há milênios, a atitude é palavra de ordem. Todavia, nesse momento clímax da humanidade, nós espíritas, somos conclamados, em regime de urgência, a estimular uma campanha na renovação dos sentimentos. Sem um serviço de educação emocional e moral não lograremos mudar muitas de nossas formas de agir.

— Onde o orgulho nos prejudica nessa caminhada a ponto de Doutor Bezerra denominá-lo como sendo *nosso maior inimigo*?

— Mesmo desejosos do amor, temos, contra nossos anseios de luz, uma pesada fortaleza de imperfeições a sufocar o idealismo nascente. Com a cultura espiritual sedimentada nas dependências do pensamento, fomos assaltados pelo sentimento de orgulho que lesou o *departamento da imaginação* no qual se aloja a imagem do "eu". Essa invasão causou-nos uma agradável sensação de valor pessoal, elevando nosso auto-julgamento ao patamar de ilusão. Assim, muitos de nós espíritas, passamos a ser dominados por uma das mais conhecidas mutações do orgulho: a presunção, com a qual embalamos sonhos de infalibilidade, poder e individualismo. A aquisição da cultura da alma, abençoada em suas finalidades, terminou ensandecendo nossa mente com idéias de suposta maioridade espiritual. Sentimo-nos grandes por deter algumas respostas sobre os enigmas da vida e doarmos alguns pratos de sopa, fundarmos casas de caridade e promovermos algumas iniciativas louváveis. Ninguém pode contestar o valor de tais ações, elas, porém, não nos tornam paladinos do amor cristão. São apenas os primeiros movimentos depois de milênios de tresloucada ilusão e paralisia mental no bem.

Nossa história evolutiva é marcada por desvios clamorosos. Assim como o Filho Pródigo do Evangelho, abandonamos o roteiro de iluminação que nos estava destinado e optamos pelos descaminhos do egoísmo. O efeito desse trajeto desvairado foi o vazio existencial expressado em sutil e cruel sentimento de carência e incompletude, que alicerça inumeráveis estados psicológicos e emocionais da alma nos últimos dez mil anos da Terra. Essa carência espiritual responde pelos estados íntimos de inquietude, insegurança, abandono e baixa-estima que, consorciados com a culpa e o medo, atiram o ser nos tormentosos abismos da loucura e da solidão. Diante desse quadro lastimável, por instinto natural de defesa, o orgulho humano criou um complexo processo psicológico de proteção ante a sensação de fragilidade e impotência. Nasceu a arrogância, isto é, o ato neurótico de disputa pela condição de ser o melhor. Através da comparação, passamos então a viver um mecanismo mental de escolha por disputa, sob indução dos impulsos da inveja, completando o ciclo de tirania do ego.

Ouvíamos o Professor Cícero como se fosse um curso intensivo de aprofundamento em nossa alma. Meu desejo era gravar tudo que ele falava. Não perder uma só palavra. Para minha alegria, essas reuniões de trabalho são todas filmadas no Hospital Esperança e mantidas em acervo público na biblioteca central. Evitei fazer outras perguntas com receio de incomodar o grupo. Como ninguém tomava a palavra, uma senhora, que foi espírita atuante na última reencarnação, nas terras de Alagoinhas, estado da Bahia, propôs nova reflexão.

— Professor – falava ainda com o típico sotaque cantado dos baianos –, minha mente não se desprende dos irmãos que ora estamos auxiliando no Grupo X; enquanto o senhor explicava, tentei entender alguns pontos, no entanto, sinto-me confusa, falta um elo. Os conflitos de nossos companheiros são frutos de orgulho? Estariam se desentendendo por sentirem-se muito importantes?

— Pergunta muito oportuna, Tereza! – Manifestou com alegria o professor. Em um grupo espírita no qual não se pode revelar um romance lícito como o de Calisto e Cíntia em razão de possíveis ciúmes, o que está por trás dessas relações? Como já mencionamos, Ana ao ser emancipada fora do corpo não fez queixa alguma do Grupo X, resguardando-se em suas angústias interiores. Nos bastidores dos relacionamentos somente o peso de nossas imperfeições pessoais é capaz de determinar rumos e altercações consideráveis. Conflitamos, em verdade, conosco próprio. Quem guarda serenidade e equilíbrio relativamente ao seu mundo subjetivo, apresenta melhores possibilidades de conviver sadiamente. Ana está mais confusa que vivendo o orgulho em de si, embora tenha sido aprisionada em lances de personalismo com a função de diretoria. Seu estado mental deriva da carência de afeto. Vou lhes fazer uma revelação que ainda não sabem para compreenderem melhor os aspectos subliminares das relações humanas. Ana está apaixonada por Antonino e não admite.

— Professor! – exclamou Tereza. Verdade?! Como diríamos no ditado popular: uma paixão recolhida?

A revelação causou-nos uma mudança de humor instantâneo. As dúvidas e os sentimentos alteravam-se como um caleidoscópio. Uma novidade que fazia-nos prever novas dimensões dos dramas em questão.

— Isso mesmo, minha prezada Tereza. Uma paixão reprimida. Há alguns anos trabalhando com Antonino, tornou-se íntima e permitiu fantasias afetivas ante as dores de sua carência crônica. Da admiração pela disciplina e renúncia de Antonino, passou a sentir carinho e depois um afeto particular regado de sonhos impossíveis. Ela nunca abriu a boca para dizer uma só palavra. Nem mesmo o médium desconfia de semelhante acontecimento. Vivendo entre culpas e desejos insatisfeitos, o sentimento reprimido de Ana transformou-se em fornalha crepitante a queimar os tecidos sensíveis da sua sensibilidade.

— São os tais sentimentos não resolvidos referidos pelos psicólogos?

— Sim.

— Que consequências tudo isto teve na vida de Ana?

— Sentimentos reprimidos constroem a *sombra*, essa parcela da vida mental que tentamos ignorar. O fato de guardar segredo é visto por ela como uma virtude, um ato de renúncia. Entretanto, a virtude é gestada no clima da paz interior. Ana é tão repressora em relação a esse assunto que nem mesmo fora do corpo naquela noite se referiu ao médium Antonino. O efeito mais nocivo desse ato de mentir para nós mesmos em relação aos sentimentos é a angústia que carregamos, o conflito improdutivo, o estado íntimo de mal-estar que se instala em ciclos alternados de tristeza ou efusiva alegria. Ana está no grupo de risco das depressões. Sua condição íntima é uma estufa psíquica geradora da insanidade progressiva.

Como diz Lucas, capítulo, versículo dezessete: "*Porque não há coisa oculta que não haja de manifestar-se, nem escondida que não haja de saber-se e vir à luz.*"

— Como resolver isso, professor, sendo uma mulher casada? Acha que ela... – e preferiu não completar a frase por saber que o nosso interlocutor compreenderia a pergunta.

— Não, Tereza! Não creio que a solução seja assumir relações extraconjugais, mas assumir para si mesmo o que sente e trabalhar seus sentimentos.

A cultura de nossa comunidade espírita é gestora de alguns hábitos prejudiciais ao crescimento espiritual. Tratamo-nos como tarefeiros dentro do centro espírita. Nossos laços são estruturados em conceitos que formam alguns modelos de conduta, estereótipos. Quando há uma forma diversa de agir causa estranheza e até mal-estar. Nossos métodos de trabalho doutrinário estimulam a coletivização, a uniformidade. O diferente é rechaçado, quiçá repudiado. Acostumamo-nos a essas relações sem conhecermos uns aos outros com a devida e necessária profundidade. Assim, quem se dedica ao passe recebe a insígnia de passista e como passista ele deve apresentar esse ou aquele predicado. Quem atua na mediunidade é médium, portanto, um candidato ao contato santo com o além. O orador é o disseminador de cultura, dessa forma passa a ser percebido como o companheiro dotado de saber e elevação. Cultuam-se papéis nas relações e nem sempre respeito e afeto pela pessoa humana. E como cada qual nisso encontra um estímulo para esquecer o seu "outro lado", sombrio e repleto de dores, passa a adotar por conveniência e compensação as suas capas espíritas, com elas se embevecendo.

Por de traz da Ana, presidenta do centro espírita, querida e procurada por todos, está uma mulher culpada. Ninguém na casa lhe conhece as dores amargas. Ela nunca as compartilhou. Em seu primeiro casamento há quase duas décadas, além de fama de esbanjadora, teve uma traição conjugal nunca revelada. Não se sabe até hoje, se ela sofreu mais com a infidelidade revelada do marido a quem ela dizia amar, ou se com a atitude impensada cometida com o melhor amigo de seu próprio ex-esposo. O tempo calou a voz dos segredos. A consciência de Ana, no entanto, iluminada pelo conhecimento espiritual exarou uma petição austera e ininterrupta. Dificilmente passa um dia sem que a sombra da lembrança a fustigue com o arrependimento. Suas alterações de humor e a frustração íntima são alicerces emocionais para a suscetibilidade. Uma pessoa potencialmente magoável. Com uma disposição à ofensa. Não bastasse, na infância, recebeu maus tratos e abusos corporais.

Em outras palavras, quem olha para a presidenta no centro não supõe o farnel de sofrimento carregado por ela. Ao reagir intempestivamente, abandonando a reunião mediúnica ante a comunicação de Inácio, simplesmente ela está pedindo socorro. É o limite. Enfim, ela mal está dando conta de si mesma, de seus sentimentos. Por muito menos que essa atitude clímax, no dia a dia, a nossa irmã Ana tem agido e reagido sob coerção dos seus estados interiores ignorados por todos. Suas ações na casa são reflexos do seu temperamento. Ninguém ultrapassa aquilo que realmente é; muitas de nossas ações, palavras e decisões causam incômodos a muitas pessoas.

Para Calisto, Ana está assediada pelas trevas. Para Ana, Calisto é um articulador. Sobram rótulos e certezas, julgamentos e ofensas. A par disso, o cerne de toda questão é deixado, inconsequentemente, de lado: nossos sentimentos. Não os assumimos, muitas vezes por desconhecê-los. Não os discutimos, muitas vezes por vergonha. Essa é a grande batalha de Ana com sua paixão. Nos bastidores das atitudes escondem-se uma gama infinita de complexos afetivos, traumas e feridas emocionais que geram conflitos, frustrações e desequilíbrio. Por isso, muitas atitudes só renovam com o trabalho educativo das emoções.

Estamos na era do coração. O século XXI inaugurou o tempo do amor aplicado. Renovação dos sentimentos.

— Como professor? Como fazer isso? Sinceramente, o senhor sabe bem a razão, tenho muitas dúvidas sobre essa coisa de renovar sentimentos! - indagou Tereza com certa apreensão.

— Conhecendo a si mesmo.

— Como se faz isso?

— Tereza, sua angústia sobre esse tema, parece ter sido a mesma do codificador que, intrigado em como se conhecer, replicou aos Sábios Guias da Verdade na questão novecentos e dezenove: "*Conhecemos toda a sabedoria desta máxima, porém a dificuldade está precisamente em cada um conhecer-se a si mesmo. Qual o meio de consegui-lo?*" A resposta lúcida veio de Santo Agostinho cujo cerne consiste em interrogar a consciência. O tempo de maioridade do Espiritismo virá exatamente desse processo de esquadrinhar nosso ser interior. Saber dar nome aos nossos sentimentos. Aprender a separar, sentimentos, atitudes, estados, sensações e valores morais. Ana diz-se entristecida com as ocorrências do Grupo X, quando, em verdade, está mágoada com a vida que leva. Amargura-se com a melhor decisão a tomar na próxima reunião mediúnica, entretanto, há bom tempo já perdeu o gosto com a tarefa e não admite. Emite sorrisos pálidos dentro do centro e está prestes a ter uma crise nervosa. Foge de si mesma o tempo todo.

Os centros espíritas do século XXI serão escolas do Espírito nos quais, além de princípios basilares da doutrina, estaremos estudando sobre a arte de conviver com amor. Além de estudos sistematizados do Espiritismo, estaremos fazendo estudos sistematizados de si, buscando um contato mais harmônico conosco próprios. Então nossas tarefas de caridade e instrução terão encanto e fulgor. Nossos ambientes serão praças de alegria e convívio fraternal.

Calisto tem uma personalidade acentuadamente arrogante. Com ares de sabedoria e experiência de vida, tem agido com altivez e dissimulada intenção de conduzir todos os caminhos. Acredita-se sempre portador da visão mais ampliada sobre as lutas e necessidades alheias, o que o torna, constantemente, controlador. Ana é insegura e espalha a má vibração através da língua, criando climas deletérios e fazendo conchavos indesejáveis para o trabalho na condição de presidenta. Chegou a oferecer a Cíntia a vice-presidência na próxima eleição caso apoiasse seu plano de reestruturar o serviço assistencial da casa. Calisto tinha explicações na ponta da língua sobre todas as ocorrências envolvendo o Grupo X e suas tarefas. Via as trevas agindo em todas as situações. Ana supunha que havia encontrado velhos elos do passado em Antonino. Ninguém, em tempo algum, cogitou em analisar as portas por onde adentram a perturbação obsessiva, e as recordações das vidas sucessivas, isto é, quais os pontos emocionais de ligação com a obsessão e o pretérito.

Para nós, porém, são todos enfermos em busca de recuperação e soerguimento consciencial. Mesmo conhecendo suas imperfeições, procuramos o lado melhor de todos. Calisto com sua têmpera é um idealista incansável e Ana, uma tarefeira disciplinada e persistente. Ambos estão com a cabeça repleta de conhecimentos espirituais que não sabem como administrar, para criar a homogeneidade de ideais, apaziguarem as diferenças, catalisarem os interesses e por em prática a instrução espiritual que angariaram. Raríssimos são aqueles fora dessa condição na comunidade espírita. Guardam intenção nobre em razão dos esclarecimentos adquiridos nas orientações literárias da doutrina, entretanto, sentem-se impotentes para gerenciar seu mundo emotivo na direção do equilíbrio e da serenidade. São portadores das chaves da libertação, sem saberem como usá-las para abrir as celas que encarceram os desejos e aspirações de ascensão. Muito Espiritismo na cabeça e coração vazio de paz. Um farol intelectual que clareia os caminhos para muitas pessoas e não ilumina os depósitos sombrios da vida interior de si mesmos. Instrução que não gera amor.

— Professor - voltei a falar, interrompendo a fala de Tereza -, será uma análise descuidada de minha parte ou o senhor não incluiu o médium Antonino nessa condição de conhecimento sem aplicação?

— Não foi descuido seu, José Mario. Antonino apresenta, de fato, condições muito especiais no campo moral que são esperanças alvissareiras em nosso Hospital.

— Podemos saber a razão?

— Claro! Estamos aqui para isso mesmo, informar para melhor auxiliar. Antonino é um dos médiuns que compõem a *geração solidária*,[2] aquele grupo de oitenta Espíritos preparados por Doutor Bezerra para arar o terreno em favor desse tempo de maioridade. Eis a razão de medidas especiais solicitadas por Eurípedes Barsanulfo.

— Ele é tão importante assim, professor? - expressou com espontaneidade o jovem Sergio.

2. *Geração Solidária*, capítulo 24, obra *Lírios de Esperança* - Editora Dufaux

— Não se trata de importância e sim de responsabilidade. Antonino é uma pessoa comum. A mediunidade, por si só, não lhe qualifica em nada comparativamente a qualquer outra criatura. Sua missão, porém, delegada pelo venerando apóstolo do bem, Bezerra de Menezes, é credora das mais amplas atenções e interesses de nosso plano.

— Há algo que o qualifique para essa missão?

— Devido a algumas habilidades desenvolvidas, ele apresenta condições de cumpri-la a contento. No campo moral, no entanto, ele ainda tem pela frente o desafio da transformação como qualquer um de nós.

Nova e agradável surpresa colheu a todos indistintamente. As revelações evocadas pelo professor ampliavam, sobremaneira, nossa avaliação das experiências em curso. Surgiram manifestações gerais sobre as novidades. Até mesmo os mais calados expressaram algo.

Em meu íntimo, as abordagens daquela hora faziam-me ainda mais envolvido com a história do Grupo X e com seus personagens. Antonino revelara-se aos meus olhos como alguém credor do mais amplo amparo. Ficava mais compreensível todo o drama vivido por aqueles companheiros queridos. Uma nova disposição tomava meu coração ao pensar na solidão afetiva de Ana e nos desafios do médium.

Tivemos autorização para ler ali mesmo as fichas reencarnatórias de Calisto, Ana e Antonino. Até então nossas perspectivas de análise resumiam-se aos episódios recentes. Os dados biográficos, porém, fizeram muitos de nós chorar diante da dor e da esteira de lutas do trio. Nos bastidores do Grupo X predominavam, em verdade, dramas inspiradores de piedade e caridosa sensibilidade.

Ainda debatemos por alguns instantes, mesmo sob forte impacto emocional, acerca de nosso hábito positivista de separar a vida que tivemos daquilo que somos na casa espírita. Costumamos passar uma borracha e apagar o que ficou para trás antes de nossa adesão às fileiras doutrinárias. Com isso não aferimos o quanto, imperceptivelmente, somos dirigidos pelos efeitos emocionais da infância e da juventude, que não se apagam no terreno da vida mental. É dado um foco excessivo às vidas passadas e às interferências obsessivas, entretanto, logo ali, nos primeiros anos decorridos na vida de cada um de nós, encontram-se marcas emocionais determinantes de nosso presente.

A reunião nos fez abandonar quaisquer rótulos. Todos se tornaram impróprios e injustos.

As respostas precisas e cristãs do Professor Cícero Pereira eram um atestado da Verdade. Os espíritas que chegavam ao Hospital Esperança não traziam como principal problema a obsessão ou os reflexos das reencarnações. Mesmo cientes da influência dessas forças na jornada evolutiva do Espírito, a mais árdua batalha dos que aqui chegam é, sem dúvida, o fato de desconhecerem a si mesmos e terem que se olhar sem o amortecedor do cérebro físico. Enquanto na carne, somos protegidos de nós mesmos. Cada noite de sono físico é uma viagem ao mundo íntimo de nós próprios. O sono não tem por função somente o refazimento celular. Sobretudo, é uma ocasião para não esquecermos totalmente quem somos. Os primeiros minutos de cada dia, logo ao despertar, deveriam ser os momentos mais utilizados para o auto-conhecimento. É quando ainda estamos em frequência mental e cerebral que nos permite romper "espaços quânticos" e examinar escaninhos da alma. As chamadas tendências inatas e os processos de ação espiritual obsessiva sob essa ótica são excelentes oportunidades de auto-descobrimento. Sob indução do passado ou coerção de adversários, continuamos sendo nós mesmos e os únicos responsáveis pelas nossas ações, sentimentos e pensamentos, enquanto guardamos a mínima lucidez para decidir. Passado reencarnatório e obsessão são pressões mentais lapidadoras, cujo propósito divino é burilar a canga evolutiva e resgatar o diamante do *self* em plenitude dentro de cada um de nós. Tendências do pretérito e coação de inimigos integram a Lei Natural da vida devolvendo-nos o que nos pertence na Grande Obra do Criador. Portanto, sob a ótica do progresso, constituem avisos educativos a nos recordar, continuamente, as nossas reais necessidades de aperfeiçoamento.

Alguns integrantes da reunião ainda consultaram o professor sobre o passado dos nossos amigos. Sabiamente e com a elegância de sempre, ele respondeu: "*deixai aos mortos o enterrar seus mortos*", conforme narrativa de Lucas, capítulo nove, versículo sessenta.

De minha parte, fui absorvido por uma preocupação com Antonino, que manifestei ao professor. Ele pediu-me calma e que tomasse algumas providências esclarecedoras no intuito de auxiliá-lo mais de perto em futuro próximo. Iniciaria no dia seguinte uma visitação mais assídua aos médiuns internados no Hospital.

Estava inebriado com a ética, a elegância moral com a qual os amigos espirituais tratam as necessidades dos homens no corpo carnal. Sem omissão e, ao mesmo tempo, com caridade. Diante dessa emoção brotou espontaneamente a poesia de Jesus narrada em Mateus, capítulo cinco, versículo sete: "*Bem-aventurados os misericordiosos, porque eles alcançarão misericórdia.*"

Capítulo 14

Quem São os Médiuns?

Temos, porém, este tesouro em vasos de barro, para que a excelência do poder seja de Deus, e não de nós.
II Coríntios, 4:7

Em meu primeiro dia no referido pavilhão dos médiuns, as tarefas matutinas seguiam seu curso, quando Marcondes,[1] lidador espírita da cidade de Goiânia, chegou à sala de Dona Maria Modesto Cravo onde encontrava-me. Sua presença trouxe-me as primeiras lições em favor de minhas necessidades de entendimento e asserenamento ante os novos aprendizados. Cumprimentou-me e disse:

— Bom dia, Dona Modesta!

— Marcondes! Bom dia! Que pontualidade!...

— Estou aprendendo! De mais a mais não me continha em ansiedade pelo nosso encontro.

— Por qual motivo?

— Fiz uma visita ao pavilhão dos médiuns ainda ontem. Passei uma tarde na escola preparatória para aqueles que vão reencarnar com mediunidade.

— E...

1. Nota do médium – Marcondes é um dos protagonistas da obra *Lírios de Esperança* da autora espiritual Ermance Dufaux.

— Posso ser franco?

— Nem vou responder.

— Dona Modesta, perdoe-me, mas se já achava os médiuns um bando de desequilibrados no plano físico, agora tenho motivos de sobra para continuar pensando assim.

— Por que Marcondes?

— Que lugar aquele meu Deus! Mais parece uma clínica de doentes mentais! Conversei com alguns deles e os achei transtornados, insociáveis e tristes. Alguns me pareceram dopados... Estranhos... Conversam pouco e são muito fechados. Passaram-me a idéia de estar em permanente conflito. Não me senti bem por lá!

— Sem dúvida, são doentes, Marcondes.

— Que acontece com eles para adotarem tais comportamentos?

— Estão em estado de remorso.

— Estado de remorso?!

— É a condição das almas falidas que se enredaram no arrependimento tardio. Carregam culpas inconfessáveis e lembranças atordoantes do que fizeram na recém-finda reencarnação. Depois de prolongados estágios de dor na erraticidade, foram resgatados e tratados. Agora começam uma outra longa jornada de preparo para retomarem seus compromissos espirituais. Contudo, a despeito de estarem matriculados na escola de médiuns, não se desvencilharam desse estado de espírito.

— Vão reencarnar nesse clima?

— Raríssimos escapam dessa condição. A maioria esmagadora dos médiuns renasce com acentuado estado de remorso.

Esse clima psicológico responde por costumeiras reações e atitudes daqueles que são portadores da sensibilidade mediúnica, quais sejam: tristeza, conflito íntimo, irritabilidade, confusão nos raciocínios, inquietude, medos incontroláveis, e uma série inumerável de sintomas que denotam algum transtorno na vida psíquica, muito similares a uma depressão clássica.

— Que esperar de tais reencarnações Dona Modesta? Reencarnam para dar trabalho nas sessões mediúnicas? A senhora sabe de minhas idas e vindas com médiuns quando no plano físico.

— Marcondes, os médiuns mais conhecidos e respeitados da seara doutrinária passaram por semelhantes crises afetivas. A princípio, o exercício mediúnico, constitui uma expiação, vindo a transformar-se, depois de longo esforço reeducativo, em recurso abençoado de progresso. A mediunidade, por sua vez, é uma ponte entre as sombras interiores e a luz que se derrama da alma. Os médiuns não só detêm maior sensibilidade para frequências da vida exterior, mas igualmente para seu mundo íntimo, mantendo ampla facilidade de conexão com seu patrimônio inconsciente.

A mediunidade é uma luz de grande potência permanentemente acessa nos refolhos da mente. Graças à sua claridade, seus portadores enxergam com mais nitidez a natureza de suas imperfeições e conquistas no reino íntimo da *sombra*. Os médiuns não são intérpretes apenas do mundo espiritual; sobretudo, encontram nas suas faculdades extra-sensoriais uma sonda meticulosa com a qual são capazes de investigar, com mais profundidade, o mundo vivo das manifestações subjetivas de seu próprio inconsciente.

No fundo, a ânsia espiritual dos médiuns é celebrar sua individualidade, conquistar a si próprio e responder a intrigante pergunta: quem sou eu? Almas cativas do próprio ego, raras vezes experimentam a benção do contato com sua Essência Espiritual.

— A senhora quer dizer que eles estão em permanente contato com o passado?

— Isso mesmo. Sua vida mental tem janelas muito largas para o *self* e para a *sombra*. Naturalmente, por lhes faltar aquisições no terreno da virtude, sofrem os reflexos da vida inconsciente em mais larga escala, sendo assaltados com frequência pela culpa e por ciclos de humor intermitentes. A maturidade é alcançada quando conseguem uniformidade em seus estados de alma. Os médiuns, quanto menos educados nas lições do Evangelho, mais oscilam com variações torturantes e incomuns no campo mental.

— Dona Modesta, quem são os médiuns?

E ela tomando um exemplar da obra "Emanuell", capítulo onze, psicografia de Francisco Cândido Xavier, leu:

— *"Quem são os médiuns na sua generalidade?" "Os médiuns, em sua generalidade, não são missionários na acepção comum do termo; são almas que fracassaram desastradamente, que contrariaram, sobremaneira, o curso das leis divinas, e que resgatam, sob o peso de severos compromissos e ilimitadas responsabilidades, o passado obscuro e delituoso. O seu pretérito, muitas vezes, se encontra enodoado de graves deslizes e de erros clamorosos. Quase sempre, são Espíritos, que tombaram dos cumes sociais, pelos abusos do poder, da autoridade, da fortuna e da inteligência e que regressam ao orbe terráqueo para se sacrificarem em favor do grande número de almas que desviaram das sendas luminosas da fé, da caridade e da virtude. São almas arrependidas que procuram arrebanhar todas as felicidades que perderam, reorganizando, com sacrifícios, tudo quanto esfacelaram nos seus instantes de criminosas arbitrariedades e de condenável insânia*".

Os médiuns são Espíritos que deixaram de construir sua identidade psicológica. Criaturas que praticaram repetidamente a atitude de dominar e possuir os valores da vida alheia. Tanto exerceram o poder sobre o seu semelhante que abdicaram de adquirir o domínio pessoal. Desejaram tanto ser ou ter o que os outros tinham ou eram, que esqueceram de se conhecer, travar contato consigo próprio. São almas que voejaram para fora de si mesmos, extremamente inabilitados ao autodomínio. Fizeram conquistas exteriores e desprezaram as vitórias íntimas. Não cultivaram sua Essência Divina. Nessa jornada fulminante no reino das ilusões e das aparências, prejudicaram multidões. Entretanto, eles próprios foram as maiores vítimas. Trazem imprimidos na alma os resultados de seus desatinos. São portadores de um sistema afetivo desestruturado e confuso à beira do desequilíbrio psicológico. Seu consciente é continuamente tomado por *complexos inconscientes* que determinam seus climas emocionais de baixa auto-estima e insatisfação crônica com a vida. Por não terem identidade psicológica segura, tecida na fieira das reencarnações, são facilmente manipuláveis e sem defesas de preservação das suas personalidades. São amplamente suscetíveis ao meio, indefesos e pusilânimes. Tiveram cassados os instrumentos de controle sobre os outros, através dos títulos sociais e habilidades da inteligência. Renascem com severos bloqueios e limitações que somente à custa de muito trabalho e educação poderão reaver, não para proveito pessoal, mas para ampliarem o seu raio de produtividade no campo do espírito. Em verdade, os médiuns, com pouquíssimas exceções, são almas que adiaram a auto-conquista e vivem sob a tirania de seu próprio ego.

— Então são loucos! - manifestou o ex-dirigente com espontaneidade.

— Potencialmente são. Paulo, porém, em sua sabedoria transcendental afirmou em sua segunda carta ao povo de Corinto, capítulo quatro, versículo sete: "*Temos, porém, este tesouro em vasos de barro, para que a excelência do poder seja de Deus, e não de nós.*" Os médiuns são como vasos de barro. Frágeis, espiritualmente franzinos. A mediunidade, entretanto, representa o tesouro emprestado pela Misericórdia Celeste em favor de suas recuperações. A força mediúnica é capaz de sanear e equilibrar a vida mental ante as agonias do inconsciente em erupção, cuspindo sua matéria enfermiça para os domínios da consciência. Com a mediunidade, são dotados de um espelho sagrado capaz de refletir a grandeza das almas que lhes nutrem e sustentam os anseios de melhora, através da edificação do ativo de bênçãos no exercício da caridade.

Os médiuns são Espíritos que não olham para si mesmos há milênios. A mediunidade é um espelho constantemente direcionado para a vida inconsciente, a fim de trazer ao consciente as imagens que costumam negligenciar. Os médiuns, portanto, são criaturas que tem as portas do inconsciente abertas continuamente, entrando e saindo desse mundo desconhecido com maior mobilidade. A faculdade mediúnica pode ser comparada a escafandro protetor para penetrar nesta parte da vida mental sem maiores prejuízos, conquanto não se libertem das agonias insubstituíveis que nascem da parcela sombria de suas personalidades.

— Seria a mediunidade uma espécie de medicação?

— Exatamente! Esse o conceito mais adequado para a faculdade mediúnica. Um tratamento para mentes adoecidas no tempo, que permite uma conexão mais livre com a sombria realidade das imperfeições a serem superadas, mas também com as luzes da essência espiritual.

— Não seria mais seguro que reencarnassem em outras condições provacionais e sem a faculdade mediúnica?

— Não, Marcondes. Sob o aspecto da concessão é uma expiação. Uma santa expiação! Quem a possui não se vê livre dela, por mais que deseje. É uma imposição ao livre-arbítrio de almas que perderam, temporariamente, a condição de gerir os seus destinos sem restrições. Aliás, o grande objetivo da reencarnação, para os portadores da sensibilidade mediúnica mais ostensiva, é exatamente consolidarem qualidades eternas que lhes ensejem condições mentais e afetivas de serem os escultores de seus próprios caminhos. Educando-se moralmente, os médiuns compreendem as finalidades dessa benção em suas vidas.

— Estaria falando de autonomia?

— Autonomia à luz do Evangelho.

— Como defini-la na perspectiva da mensagem cristã?

— Como a capacidade de gerenciar sua vida íntima com paz e equilíbrio. Autonomia não pode ser confundida com personalismo, individualismo.

— Pensava exatamente nisso, Dona Modesta. Os médiuns que conheci queriam a autonomia para fazerem o que desejavam. Queriam distância das opiniões que lhes contrariavam os interesses.

— Isso não é autonomia. É vaidade. O traço principal da autonomia como qualidade psicológica da maturidade é a habilidade de gerir os sentimentos para o bem em todas as ocasiões.

— Sinceramente não conheci médiuns com essa capacidade.

— De fato, são pouquíssimos os que atingem esse patamar. Em verdade, sequer é discutida nos ambientes da doutrina esta faceta dos objetivos essenciais da reencarnação dos médiuns.

— Uma indagação me salta na mente.

— Faça-a, Marcondes!

— Seria então por esse motivo subjetivo da alma: o desejo de se afirmarem perante si mesmos na auto-conquista, que os medianeiros teriam tanto anseio de tarefas maiores e comunitárias?

— Essa aspiração é inata nos médiuns. O remorso que lhes enfraqueceu as forças quando por aqui no mundo extrafísico, é como uma mola propulsora a impulsioná-los incansavelmente para frente na busca de si mesmos. Não se trata tanto de realizações doutrinárias comunitárias de vulto, todavia, o aprendizado que farão quando matriculados nessas fileiras de iniciação moral educativas. Essa a razão de cultivarem o idealismo que os compele a realizações sociais de largo porte no bem de todos. A força e a coragem que usaram para dilapidar multidões são redirecionadas, nesse momento sublime, para a auto-superação, a reeducação de seus pendores e o contato com seus impulsos mais inferiores.

— Acho muito difícil um médium conseguir isso sozinho. Não consigo entender autonomia para criaturas tão individualistas. Sem um dirigente mais rigoroso que lhes ensine a caminhar, não vejo horizontes positivos.

— Jamais o médium conseguirá tais lições preciosas sem o concurso alheio, Marcondes. Creio que você esteja confundindo autonomia com prepotência.

— Foi o que vi enquanto encarnado na Terra, Dona Modesta! Médiuns prepotentes, indisciplinados, interesseiros e vaidosos. Adoravam uma vitrine.

— Sei que existem muitos assim, meu amigo! Entretanto, isso não altera o objetivo divino da mediunidade. Mesmo para esses que se consomem na infância das atitudes descuidadas, está reservada a oportunidade da promoção espiritual, isto é, de tornarem-se os proprietários de sua própria felicidade e condutores de si mesmos. Se apresentarem suficiente maturidade, mesmo depois de muitos lances de superficialismo, lograrão alcançar o fim maior. Alguns requerem mais tempo.

— Quanto tempo, Dona Modesta? A propósito, existe algum tempo previsto pelos mentores na reencarnação de um médium, para considerá-lo como trabalhador maduro e capaz de lograr a autonomia?

— Isso é muito individual, Marcondes. Existem aqueles que renascem maduros. Outros precisarão de mais de uma vida física para atingir tal patamar. A experiência, todavia, tem nos mostrado, em linhas gerais, que aproximadamente duas décadas de serviço ativo e persistente no corpo físico tem possibilitado construir um alicerce de raro valor mental e moral, para realizações de amplo porte espiritual, entre aqueles que comprometeram-se a fazer da mediunidade um projeto de vida.

O diálogo continuou entre Dona Modesta e Marcondes. Mantive-me quieto e atento.

— Quer dizer que podemos considerar um médium maduro após vinte anos de tarefa?

— Depende.

— De quê?

— De seu aproveitamento neste tempo.

— Como considerar o bom aproveitamento?

— Estará presente nos tarefeiros que se entregaram às lições indispensáveis ao exercício da mediunidade com Jesus. Resumamos assim essas lições: obediência, disciplina, estudo perseverante, renúncia, desejo de servir e aprender, cultivo da oração, cumprimento do dever, abnegação pessoal, direção construtiva para as forças genésicas, edificação da harmonia no lar, desenvolvimento de habilidades mentais para superar pressões psíquicas, educação das faculdades sensitivas para fins nobres e serviço de amor ao próximo.

O ponto crucial do bom aproveitamento no exercício da mediunidade é avaliado pela sua consciência acerca do quanto necessita se aplicar nos roteiros do Evangelho. Quanto mais sensível a esse mister, mais chances de serviço edificante. Multidões de médiuns estão informadas a esse respeito. A questão, no entanto, é de sentir e não apenas de saber. A aprovação da consciência é o mais seguro laurel dos médiuns com Jesus.

— A senhora acaba de concordar com minha tese acerca dos médiuns: é simplesmente impossível viver dessa forma.

— Eu não disse viver dessa forma, Marcondes. Disse: se entregar a essas lições. Seria uma utopia querer que em duas décadas alguém se tornasse um campeão da virtude. Considerando o passado espoliador dos médiuns, se demonstrarem perseverança na busca dessas qualidades já estarão dando um salto com o qual a Misericórdia da Divina Providência, os brindará com vastos contingentes de forças renovadas para a caminhada.

— Só perseverar basta?

— Não! Mas é um bom começo! Quem persevera sem cansar demonstra interesse por aquilo que busca. Para almas que até a pouco tempo tinham como deleite o ato de destruir, é um bom começo.

— Os médiuns realmente não prestam, Dona Modesta!

— Eu não seria tão cruel, meu filho! Fui, quando no corpo físico, e continuo sendo médium aqui na vida espiritual. Compreendo as dificuldades de sair das trevas interiores em direção à luz que nos conclama a caminhar. Quando falo da perseverança como qualidade superior, sei bem o que significa caminhar avante carregando o peso de dores psicológicas que o homem comum desconhece, por não portar a sensibilidade ostensiva. Quem persevera alcança.

— Eu só conheci médiuns que pararam no tempo. Não tinham perseverança sequer para chegarem à tarefa semanal!

— Realmente e infelizmente essa tem sido a tônica da maioria. Mais um motivo, meu irmão, para acolhermos os médiuns com muito amor e carinho. Ajudá-los a caminhar em direção ao equilíbrio e depois...

— E depois vê-los cair por desejarem proeminência e vantagens – interrompeu Marcondes sem esperar a conclusão de Dona Modesta.

— Nenhum médium ficará ou deverá ficar sob tutela e orientação alheia por toda a vida. Passado o tempo necessário para alicerçar os quesitos básicos, deve experimentar os caminhos da autogerência na conquista da responsabilidade pessoal. Do contrário se frustrarão diante de seu próprio programa reencarnatório no reino da consciência.

— Com isso a senhora estaria dizendo que a tarefa dos dirigentes cessa depois de um tempo ao lado dos médiuns?

— Com isso quero dizer que os dirigentes sábios, com o tempo, se tornarão parceiros e amigos de caminhada e se abdicarão da função diretiva ou condutora, sem paternalismo. Caso isso não aconteça, quando os médiuns alcançarem a conquista de valores que lhes promovam à condição de administradores de suas próprias contas espirituais, certamente surgirão conflitos e desgastes. Médium algum à luz do Evangelho caminhará com êxito optando pela solidão. No entanto, isso não significa que tenha que ser submisso e dependente. Chegada a maturidade, a vida lhe convidará às provas do crescimento nos roteiros da autonomia e da liberdade com responsabilidade, aprendendo, simultaneamente, a parceria sem subserviência.

— E quanto ao grupo? Também perde suas funções?

— Marcondes, nem o dirigente e muito menos a equipe perdem funções. Elas são alteradas conforme a caminhada. Os médiuns conscientes não abrirão mão de cerrarem fileiras de trabalho com grupos amigos e solidários.

— Estranho!

— Que foi?

— A impressão que tenho enquanto conversamos é que damos muita importância aos médiuns. Como se o grupo e o dirigente tivessem que se amoldar à sua tarefa.

— Para você ver quem são os médiuns!

— São muito importantes para meu gosto!

— Cultive respeito, amigo! Eu diria: são muito necessitados para requisitarem tanto empenho e mudança. Contudo, esteja certo, quando há uma relação pacífica entre médiuns, dirigentes e grupos, todos crescem. Memorize, porém, uma questão indiscutível em seu aprendizado: os médiuns, mesmo os perturbados, são fermento em qualquer grupo cristão. Possuem tesouros em vasos de barro.

— Confesso minha incapacidade de aceitar esse enfoque. Todavia, em respeito ao que tenho aprendido em sua companhia, estarei aberto para rever meu ponto de vista.

— Na medida em que consagrar seu tempo nas visitações aos médiuns no corpo físico, em tarefas de amor desse Hospital, você verá o outro lado da vida dos médiuns. Perceberá a extensão do que ocorre em torno de sua frequência vibratória, e assistirá fenômenos que te ampliarão as noções estreitas, que trouxe da Terra acerca dos valores e necessidades desses companhciros.

— Dona Modesta, qual tratamento será dado àquelas pessoas que conheci no pavilhão dos médiuns?

— Trabalho.

— De que tipo?

— Mediúnico.

— Mediúnico?!

— Claro! Mesmo que tenham falido em suas experiências, detêm larga soma de domínio sobre as forças mentais. São muito úteis em nossas reuniões mediúnicas e outros afazeres espirituais.

— Em que lugar do Hospital se realizam essas reuniões?

— No subsolo, junto aos corredores de entrada e saída.

— Perturbados como se encontram, em que podem ser úteis?

— No tratamento de si mesmos, em princípio.

— Como?

— Libertam-se de suas fixações culposas através de manifestações similares à psicofonia. Quase sempre são expurgos do inconsciente com objetivo de alívio e saneamento da vida mental.

— São assistidos durante as sessões?

— Uma equipe especializada mantém-se atenta ao desenrolar dos trabalhos. Médicos e enfermeiros diligentes organizam uma enfermaria com macas e medicações sedativas. A possibilidade de surtos durante tais atividades é eminente.

— Não haveria outra alternativa de tratamento? Para que correr esse risco?

— Não é essa a mesma realidade dos médiuns no corpo, Marcondes? Não existe diferença, a não ser pelo amparo especializado. É justo que no plano físico haja cuidado com o assunto pelos motivos obvios. Em nosso caso, entretanto, psicóticos-médiuns são tratados na própria reunião de intercâmbio.

— Volto a indagar: que utilidade tem para esse Hospital, sendo que são enfermos em vias de "surtar"?

— Ao se tratarem, pouco a pouco, se candidatam a servir. A cada sessão apresentam melhoras significativas e começam a ter percepções mediúnicas reais de locais e situações que giram, principalmente, em torno das atividades do Hospital Esperança. Temos turmas separadas conforme o grau de recuperação.

— Reuniões como essas não causam medo nos médiuns?

— Alguns não querem retornar. Dependendo da gravidade do caso são encaminhados para algumas terapias de alívio e depois regressam mais firmes para o recomeço.

— É como eu pensava! A situação dos médiuns é vergonhosa.

— Marcondes, você deveria renascer como médium para experimentar as aflições da sensibilidade ampliada.

— Deus que me livre, Dona Modesta!

— A situação dos médiuns é delicada, entretanto Deus lhes cerca de recursos adicionais no intuito de se recuperarem. Com o tempo, tais companheiros em estágios de transtorno, passam a ser servidores ativos do bem em reuniões, cuja presença de medianeiros que foram bem sucedidos em suas reencarnações lhes infundem ânimo e coragem para o regresso ao corpo.

— Nessas reuniões ocorre outra natureza de trabalho além do tratamento pessoal?

— É completamente distinta a finalidade dessas atividades, conforme o grau de estabilidade íntima. São grupos diversos, separados por estágio de recuperação individual. Tais reuniões são usadas para localização de desencarnados na erraticidade, sondar localidades vigiadas nos abismos, estudar psicosferas desconhecidas, antecipar medidas preventivas quanto a ataques e assaltos ao Hospital ou alguma instituição no plano físico, manter contato com esferas elevadas, operar tratamentos complexos no campo da saúde, visitar dimensões paralelas, captação de dados históricos pela clarividência no tempo, ensejar manifestações psicofônicas do corpo mental, psicografar livros de missionários Condutores da Terra, manter contato com Espíritos que convivem com Jesus.

Capítulo 15

O Médium Antonino

Vê, pois, que a luz que em ti há não sejam trevas.
Lucas, 11:35

Mantive-me em silêncio ouvindo o diálogo entre Marcondes e Dona Modesta. Confesso que tive a nítida sensação de ter aprendido sobre mediunidade, naqueles quinze minutos, mais que em toda a minha recém-finda reencarnação. O trauma de Marcondes com os médiuns, contrastado pelas colocações sábias e compassivas da benfeitora, foi um curso intensivo.

Marcondes tinha razão. O pavilhão dos médiuns era um ambiente que irradiava uma estranha psicosfera. O carinho e as atitudes otimistas dos servidores e enfermeiros, no entanto, elevavam o estado mental de todos.

Os médiuns são criaturas escolhidas por Deus no carreiro da evolução para cumprirem a missão de tropeiros do destino. Almas que olharam em demasia para fora e agora, em regime expiatório, inalterável, têm cravado no campo mental a força mediúnica, que se assemelha a um espelho com o qual são obrigados a olharem para dentro de si mesmos, ininterruptamente.

Imperioso distinguir que os médiuns são almas aflitas. A mediunidade, todavia, é um tesouro depositado em vasos de barro. Uma concessão, uma medicação acentuadamente eficaz para a grave enfermidade do orgulho e do egoísmo.

Tal situação é uma prova incontestável do Amor Paternal que, ao contrário da lógica humana, quanto mais necessidade espiritual apresentam Seus filhos, mais dispensa favores pelo reerguimento e pela recuperação de suas almas.

De fato, a misericórdia é o brasão que distingue as almas nobres.

As respostas de Dona Modesta a Marcondes fizeram-me recordar um dos mais belos poemas de amor do Evangelho recitado e vivido por Paulo, quando em sua segunda carta aos coríntios, capítulo doze, versículo quinze, declamou: "*Eu de muito boa vontade gastarei, e me deixarei gastar pelas vossas almas, ainda que, amando-vos cada vez mais, seja menos amado.*"

Não foram poucas as vezes que me envergonhei perante a bondade dos amigos espirituais. Para quem vem da vida no corpo físico, acostumado a lei social de levar vantagem em tudo e sobre todos, conviver com a ordem social do Hospital Esperança significava, a todo instante, rever julgamentos e conceitos acerca das lutas humanas.

Instruí muitos médiuns na Terra. De longe podia supor a extensão de suas angústias e conflitos. Via nos questionamentos de Marcondes uma parcela considerável de mim mesmo. Só então percebi que a preocupação que nutria em relação a Antonino, era mais curiosidade de minha parte, que bondade para com ele. Ansiava saber como reagiria ante as perturbações do Grupo X.

A permanência na ala dos médiuns começava a surtir benefícios educativos. Mais por necessidade de consolidar valores que por virtude, dispus-me a conhecer em detalhes a vida íntima de Antonino no seu dia a dia, visando cooperar em seu aprendizado.

Tão logo Marcondes se retirou da sala de Dona Modesta, externei minha ânsia em saber qual a real situação do médium em meio ao momento de tormenta em seu grupo. Tive o grato privilégio de alguns minutos a sós com a benfeitora. Consultei-a:

— Como ficará Antonino ante tantas críticas e maledicências em torno de sua mediunidade? Dizem até que ele forjou a comunicação do Doutor Inácio para Calisto assumir a presidência do centro!

— É um momento de teste. Ser-lhe-á exigida perseverança e abnegação. Será convocado a avaliar suas reais intenções. Uma investigação que médium algum poderá abdicar caso deseje caminhar com o Cristo. Mas não só isso. Será também chamado a uma nova postura de vida. A formação de Antonino obedeceu aos trâmites inerentes aos trabalhadores da mediunidade à luz da Doutrina Espírita. Disciplina, obediência, assiduidade, reforma íntima. Como de costume, foi educado para a conduta passiva, quase subserviente. Submeteu-se a rigores de ordenação que poucos médiuns aceitam, considerando o temperamento, quase sempre, rebelde e ansioso dos medianeiros. Antonino não queimou etapas. Tornou-se maleável, desembaraçado no uso da força mental. Tais disciplinas renderam-lhe habilidade na gerência das forças mediúnicas. Será chamado, portanto, a outro gênero de experiências para seu crescimento como médium e ser humano.

Ele carregou durante toda semana as angústias do clima destruidor da insegurança. Telefonou várias vezes para Calisto que lhe pediu vigilância e confiança na espiritualidade. Recomendação muito oportuna, mas que não aplacou a instabilidade do médium que, da insegurança, abria caminhos para a tristeza, a dúvida e o medo do que poderia ocorrer na próxima reunião de intercâmbio mediúnico.

Antonino acreditava que tinha feito algo imperdoável. Culpava-se, ruminava um estado psicológico de remorso como se tivesse permitido a comunicação de Doutor Inácio, indevidamente. Procurava as razões de ter falhado. Convive com o episódio como se tivesse provocado uma enorme fenda nas relações do grupo por descuido com sua mediunidade.

— Qual a causa deste clima íntimo?

— Baixa auto-estima. Ele está se mirando no espelho da mediunidade, portanto, sente-se infeliz com sua condição espiritual. Desvaloriza-se. Esse o primeiro estágio psicológico de quem aceita a proposta de educação na escola bendita da mediunidade. Adotando coragem e determinação na auto-aferição, o médium experimenta a insatisfação crônica. São os momentos mais dolorosos do aprendizado. É exatamente nessa etapa que o risco do individualismo é mais acentuado como mecanismo de defesa automático, contra os estados emocionais de vergonha, culpa e remorso.

— A viagem ao inconsciente!

— Isso mesmo. É o reencontro com suas raízes de amargura pessoal. Embora não tenha recordações claras da origem, estabelece uma condição afetiva de penúria, frustração e vazio. Nessa condição mental, o médium não tem limites nítidos acerca da responsabilidade pessoal. Vive o extremo emotivo. Hora culpa-se por tudo, hora sente-se um herói. Só consegue avaliar os fatos com a mente aprisionada em sua perspectiva, cujo cerne é seu próprio ego.

— Se ele se apassivou para a psicofonia, porque dessa culpa?

— A questão nada tem haver com a mediunidade, mas com suas características psicológicas e morais.

— Por isso os médiuns necessitam tanto de bons dirigentes para acalmá-los.

— Certamente, José Mario. Acalmá-los e auxiliar na educação de suas tendências. Do contrário, não suportariam a extensão da responsabilidade. Bons dirigentes e bons grupos também. Contar com o apoio e solidariedade dos demais membros da equipe é de fundamental motivação para a caminhada.

— Calisto tem sido um bom dirigente para Antonino?

— Calisto tem feito o melhor que pode. A questão é que o médium Antonino está recebendo uma promoção de nossa parte pelos seus méritos inegáveis, ao longo dessas duas décadas de labor disciplinado. Promoção, todavia, à luz do Evangelho do Cristo não significa privilégio ou vantagens pessoais. Espera-lhe mais trabalho e novos testemunhos. Será convocado por essa razão a mudanças indispensáveis no curso de seu aprendizado. Entre elas, será convocado a uma nova postura de vida. Será chamado a ser mais ativo em todas as suas responsabilidades. Buscar mais autonomia na administração de seus dons mediúnicos. Isso lhe custará dores acerbas face ao hábito de se ver protegido e orientado por dirigentes acolhedores ao longo de sua caminhada.

— Esse é o caminho de todos os médiuns? Chega um instante que deve sair da passividade e ter maior autonomia?

— Deveria ser. Nem todos chamados, entretanto, se fazem dignos da escolha. Permita-me uma expressão bem humana: largar o "colo afetivo" e passar a ser dispensador incansável do amor, mesmo dele carecendo, é o desafio de autonomia que poucos têm a coragem de assumir.

— Isso implica em desconforto e decisões pessoais.

— E para os médiuns essa decisão é confundida com personalismo. Guardam extrema dificuldade em discernir autonomia e vaidade.

— Assim preferem a acomodação...

— Quase sempre optam pelo medo. Recusam as novas experiências com as quais haveriam de topar com a frustração, o excesso, a crítica, a necessidade de uma legítima honestidade emocional.

— O que Calisto, como dirigente, anseia para Antonino está em desacordo com esse momento?

— Calisto anseia o anonimato, a continuidade do protecionismo. Na condição de dirigente não vislumbrou o futuro dos médiuns que constroem, por si mesmos, o valor moral. Mas esse anonimato não pode vir de fora para dentro, antes deve constituir uma busca interna com vontade e decisão do próprio médium, uma operação no reino do coração. Do contrário pode ser um escudo frágil ante os ataques que lhe serão dirigidos nas futuras batalhas da mediunidade com alcances coletivos.

— Antonino será um médium conhecido?

— Terá pela frente a expiação da prova social. Será assediado por inúmeros testes à humildade e desprendimento nas vivências públicas com sua mediunidade.

— Essa concessão refere-se ao compromisso que a senhora mesma nos esclareceu, acerca de ser ele um integrante daquele grupo de Espíritos preparados por Doutor Bezerra de Menezes?

— Sim, ele integra o grupo da *geração solidária*. Sobre seus ombros assenta-se a esperança de um novo tempo junto à esfera comunitária do Consolador.

— O Grupo X entenderá isso, Dona Modesta?

— Se aceitarem a proposta feita por Inácio em nome de nossa equipe, estarão dando passos acertados nessa direção.

— E se não aceitarem?

— A prova ficará maior ainda para Antonino. A palavra que melhor ajusta esse momento do Grupo X é parceria. Se souberem se tornar parceiros de caminhada e aceitarem-nos como seus parceiros, poderemos alcançar metas gloriosas pelo Cristo.

— Nessa condição protecionista, Calisto causa algum prejuízo ao crescimento de Antonino?

— A entrega irrestrita do médium é essencial quando se trata da relação tarefeiro-dirigente durante a reunião. Com Antonino, em razão de seu psiquismo frágil, a situação é obsessiva. Criou-se uma simbiose.

— Uma obsessão?

— Sem dúvida! Que já se estende no tempo. Calisto é um Espírito velho na arte de conduzir. A compulsão para o controle lhe é antiga companheira moral. O hábito de comandar foi adquirido em inúmeras existências carnais. É um estrategista que sabe o que fazer para alcançar suas metas pessoais. Atualmente, procura utilizar sua bagagem para o bem da tarefa, em favor da causa. No entanto, ninguém consegue se desvencilhar totalmente dos sentimentos pertinentes aos hábitos estruturados em séculos de vivências. Sua compulsividade em pensar e sondar detalhes que coloquem em risco os ideais espirituais, leva-o, em muitas ocasiões, a exagerar suas suspeitas e precauções.

— Por sua vez Antonino é totalmente passivo devido, igualmente, aos hábitos que lhe são pertinentes! - expressei aguardando confirmação.

— Além disso, José Mario, Antonino encontrou em Calisto, aquilo que a psicologia denomina como *identificação*, um mecanismo defensivo da mente para não tomar contato com suas próprias limitações. Inconscientemente, ao longo dos anos, elegeu Calisto como uma referência que preenche os vazios de seu mundo íntimo.

— Então os chamados mecanismos de defesa existem mesmo?

— Foi uma das mais ricas contribuições do insigne Sigmund Freud, para que a humanidade avance em direção ao autoconhecimento.

— Quer dizer que Antonino criou uma forte *identificação* com Calisto?

— Calisto com sua personalidade marcante tornou-se o ideal daquilo que Antonino adoraria ser e que, no fundo de sua alma, sabe que deve alcançar. Nenhuma *identificação* é casual. Mesmos os mecanismos protetores são vivências que, certamente, conduzirão o Ser ao crescimento. O próprio nome diz: são defesas. Protegem a criatura de suas lutas interiores. O problema é que, quando se prolongam demais, tornam-se fugas lamentáveis, adoecendo e gerando transtornos de personalidade.

— Que ingrediente das relações humanas!

— Disse tudo, amigo querido! Disse tudo!... O círculo dos amigos de Antonino e Calisto no centro espírita já percebeu a extensão dessa realidade. Para muitos deles, Calisto faz de Antonino uma marionete. Para outros, Antonino é um bajulador de Calisto.

— Perdoe-me a indagação: estes amigos não estarão com razão?

— Julgam como se a dupla tivesse escolhido, deliberadamente, essa condição. É uma visão superficial de quem não investiga a presença de fatores que extrapolam as simples atitudes do dia-a-dia.

— Que fatores?

— As relações já preexistentes entre ambos.

— Em outras reencarnações?

— Já existe um laço afetivo consolidado, ocorre apenas uma continuidade. Naturalmente, graças aos propósitos novos de ambos, pouco a pouco, esse laço entre eles, vem convergindo para melhores aspirações. A vida, entretanto, chamará, brevemente, os dois, a outros caminhos indispensáveis para a legítima educação espiritual.

— Professor Cícero, oportunamente, nos esclareceu que esses laços do passado são apenas ferramentas de lapidação.

— É verdade. O passado não justifica, mas explica. Não podemos ignorá-lo se quisemos compreender a proporção dos sentimentos que alguém nutre por outra pessoa. Quando estamos retomando velhos aprendizados apenas damos continuidade a antigos sentimentos. Há casos que vão da antipatia ao ódio nas relações humanas, tão somente, porque alguém não é como gostaríamos que fosse. Em muitos casos, não se explica tais sentimentos desproporcionais aos acontecimentos em curso no presente senão à luz da reencarnação.

— Realmente, encontramos aqui um caso típico de obsessão de encarnados!

— Exatamente! Uma obsessão em vias de solução, depois de longas e exaustivas peregrinações expiatórias... O grupo carnal faz uma perspectiva tipicamente humana dessa convivência como se eles, simplesmente, tivessem escolhido serem como são ou agir desta forma.

— Mas seria mesmo justo dizer que o passado deles explica o presente? Não seria um tanto clemente essa análise, considerando que já estão muito esclarecidos espiritualmente?

— De fato, jamais deveremos buscar o passado para justificar as mazelas do presente. Quem toma consciência de suas lutas pregressas deve considerar que foram reveladas com objetivos enobrecedores e educacionais. Se o portador das revelações do pretérito não consegue enxergar nessas informações algo que lhe impulsione para frente, poderá estar sendo vitimado pela fantasia e pela obsessão. O passado não pode desculpar o presente. Estamos no presente para alterar e melhorar o passado. Porém, o fato de serem esclarecidos somente, não os capacita para vencerem seus sentimentos. É no coração que se alongam as raízes do passado para o presente. Antonino sente-se confortável nos ombros de Calisto. Calisto encontra em Antonino um médium a "tiracolo" para endossar suas movimentações na tarefa.

— Antonino com isso não corre o risco de ser menos médium e refletir as intenções de Calisto em sua produção mediúnica?

— Essa é uma ocorrência possível nesse tipo de convivência. Porém, Antonino traz como proteção a sua honestidade. Nem mesmo inconscientemente reflete os ideais de Calisto na mediunidade. Por outro lado, Calisto, igualmente, curva-se ante o espiritual, nutrindo incondicional respeito pela mediunidade de Antonino. Essas forças morais permitem ambos se verem livres da interferência determinante de seus temperamentos durante o transe. Ambos apassivam-se para que Deus coloque Seus objetivos sagrados. Nisso reside a virtude dos nossos irmãos. Ao saírem dessa condição, todavia, colocam as lentes de sua convivência sobre o fruto da mediunidade. É o problema da interpretação. Eles se apassivam durante a produção mediúnica e depois se apossam do fruto com interpretações que correspondem à simbiose de suas percepções em regime de fascinação, na qual o médium se encanta com aquilo que interpreta o dirigente.

— Como é complexo! – exclamei com total surpresa.

— O fenômeno mediúnico não ultrapassa os limites do que somos. Ela só se processa através de nossos valores e imperfeições. Não pode ser diferente. Do contrário, seria quebrar as Leis Naturais.

— E com essa interpretação alteram o sentido das comunicações?

— Nem sempre. O que mais acontece nessa situação é desfocarem a profundidade dos conteúdos espirituais. A dupla faz análises das comunicações, julgando-se aptos a serem os melhores intérpretes. Agora que o grupo se opõe-lhes com várias questões, sentem-se ameaçados. Calisto enxerga armadilhas das trevas em todos os questionamentos. Antonino, por sua vez, se sente ofendido julgando ter filtrado incorretamente os conteúdos, asilando dúvidas e insegurança.

— A história de nossos irmãos tem sido comum na seara?

— Existem muitas semelhantes. O que diferencia é a condição moral. Calisto e Antonino são Espíritos sinceros. Estão em busca legítima de melhora. Conseguiram varar mais de duas décadas nessa condição, a despeito dos muitos obstáculos sempre avaliados por ambos, como tática dos adversários do trabalho. Apesar da semelhança, a maioria das histórias não se prolonga tanto, e resultam em alterações com menos tempo, porque a grande maioria dos médiuns têm sido muito rebelde aos dirigentes e os dirigentes têm sido pouco compassivos em relação aos médiuns, interrompendo muitas tarefas que poderiam oferecer frutos maduros.

— Então, de alguma forma, a passividade omissiva de Antonino trouxe alguns benefícios.

— Deu-lhe tempo para amadurecer o bastante e não tombar na revolta, prova na qual expressiva parcela de médiuns não tem superado. São extremamente suscetíveis, melindrosos e magoáveis. Acham defeitos em todos e em tudo, não sendo capazes de avaliar sua condição. Não podemos desconsiderar também um fator essencial por parte de Calisto: ele realmente cultiva um sentimento autêntico de ajuda a Antonino como médium e pessoa humana. Infelizmente, nesse passo, existem muitos dirigentes carcomidos de inveja que adorariam, infantilmente, estarem no lugar dos médiuns. Esses tolhem as possibilidades alheias e servem de entraves às batalhas que os médiuns já têm de sobra.

— É o problema do espelho voltado para o subconsciente...

— Problema não. Solução. Com esse espelho se não quiserem se enxergar só há uma saída.

— Qual Dona Modesta? - perguntei com certa dose de receio do que ouviria.

— Renascerem "mentalmente cegos".

— Que riscos para o trabalho apresenta esse tipo de relação dirigente-médium?

— A criação de sistemas mediúnicos que podem levar à fascinação coletiva surge dessa forma. Primeiro uma dupla e depois todo o grupo. Se, ao médium, nesse novo instante do Grupo X está sendo solicitado determinação e independência espiritual, ao dirigente, ao contrário, será solicitado apassivamento e desapego em suas interpretações pessoais. Há uma troca de papéis por assim dizer. O médium será mais senhor de si, enquanto o dirigente deverá diminuir sua habilidade crítica, a fim de melhor entender a extensão do *chamado* a que todos se vêem convocados.

O período de maioridade das idéias espíritas é uma guinada histórica na cultura e na prática de nossa seara, que se prepara para o *período da regeneração social*, conforme fala do próprio codificador na *Revista Espírita* no mês de dezembro de 1863, com o título "*Período de Luta*". Um arejamento de mentalidades e iniciativas.

Quaisquer grupos ou pessoas tocados por esse momento deverão enriquecer de entusiasmo. O entusiasmo, porém, assusta o egoísmo humano. Uma pessoa entusiasmada desperta a inveja, chama a atenção. Os entusiasmados realizam, avançam. Isso incomoda muita gente que adoraria que tudo ficasse como está. Muitos adorariam nada mais ter que fazer na Obra do Cristo e ter o céu à sua espera.

A Obra apenas inicia. Temos centenas de anos de trabalho para que a regeneração da Terra seja uma realidade. Só mesmo o egoísmo que nos é típico poderia nos iludir com promessas de ventura após a morte, ante os passos que estamos ensaiando no bem. Somos apenas os operários que conseguimos um serviço, sendo que nem assinada foi a nossa "carteira de trabalho".

Os grupos ou servidores que se lançarem a essa nova ordem de idéias e procedimentos ante o *chamado* da maioridade, só terão uma visão mais nítida da grandeza do que estão participando após uma década de serviço ativo e continuado. Ainda assim, somente se estiverem travando uma parceria com nossa esfera em regime de permanência, pois, na falta dessa parceria, esse tempo pode estender-se indefinidamente. Tomando por base o Grupo X que apenas recebeu uma primeira convocação no ano corrente de 2001, e que o terceiro período do ciclo de maioridade iniciou-se somente agora na virada de milênio, façam o que fizerem, antes de 2010, apenas estarão assentando as bases para compreensão da proposta.

Apesar disso, Calisto julga saber tudo com sua visão futurista inspirada em algumas poucas mensagens mediúnicas de Antonino nos últimos meses. Ana, por sua vez, conserva-se impermeável aos enunciados de Inácio Ferreira pela psicofonia. Antonino, tomado pelo medo, recolhe-se na insegurança sobre a natureza de sua missão.

Para se evitar a formação de sistemas que podem prejudicar esse momento do Espiritismo, o ponto culminante que vitalizará todo o processo de qualquer grupo ou pessoa comprometida, resume-se em abandonar a velha discussão dos pontos de vista de doutrina e substituí-la pela discussão das relações.

O grupo que desejar inserir-se com mais fidelidade aos Propósitos Maiores desse tempo de renovação, trabalhará pela formação de pequenas células nas quais possa reunir seus trabalhadores mais atuantes para conversarem acerca de seus sentimentos, de suas mágoas, de suas virtudes. Ou se criam esses ambientes, ou a equipe ficará a mercê de velhos golpes e assaltos do nosso egoísmo. Haverá quem veja nessa medida uma atitude romântica ou uma perda de tempo. Tais pensamentos, no entanto, são mais comuns entre aqueles, cuja tarefa, em nossos grupos de autodescobrimento, aqui no Hospital Esperança, lhes causa uma enorme e real sensação de perda de tempo por não terem tido a coragem de se desnudar enquanto na vida física. São as formas costumeiras de reação do inconsciente, quando se fala em mexer em suas estruturas mais profundas e acomodadas.

Nunca ninguém conseguiu dizer a Calisto, com ética cristã, o quanto ele é arrogante. Nunca ninguém disse a Ana, com respeito e carinho, o quanto ela é vaidosa. Antonino nunca ouviu de ninguém, de forma educativa e estimulante, o quanto ele necessita assumir com mais responsabilidade os bens que a vida lhe confiou. Calisto atropela. Ana domina. Antonino omite. Calisto é destemido em tudo que faz desde a infância e hoje é um negociante sagaz. Ana sempre caprichosa prejudicou seu lar e continua extravagante no seu proceder. Antonino sempre fugiu de pensar por conta própria no seu dever, agravando sua existência com a morosidade. Calisto tem coragem e força. Ana tem bondade e responsabilidade. Antonino tem pureza e desprendimento.

Esses valores e essas imperfeições precisam ser discutidos. Todos necessitam ajuizarem com mais clareza as reações que causam uns nos outros.

Na falta disso, os velhos pontos de vista que antes eram só doutrinários, invadem os limites dos costumes e se transformam em juízos acerca do um pensa que o outro é. Falhamos lamentavelmente nesse passo, colocando em risco a tarefa iniciada, e provocando desvios desnecessários no caminho do aprendizado individual.

Discutir relações é falar de nós mesmos com proveito. Esse desafio talvez seja a alma desse momento novo. Sem confiança a concórdia não tem vez. Sem concórdia não há maioridade.

Capítulo 16

Construindo a Concórdia

E dizia Jesus: Pai, perdoa-lhes, porque não sabem o que fazem. E, repartindo as suas vestes, lançaram sortes.
Lucas, 23:34

Faltava apenas um dia para o encontro esperado na tarefa mediúnica do Grupo X.

Por iniciativa de Dona Modesta, fomos convidados para uma reunião preparatória na noite anterior. Juntos estavam Doutor Inácio, Professor Cícero e os dez auxiliares nos quais me incluía.

Dona Modesta deu o tom da conversa.

— Como todos sabem, amanhã será um momento decisivo no Grupo X. Temos informações de planos nefandos sendo articulados em ambas as esferas de vida. As perspectivas não são as melhores. Haveremos de trabalhar intensamente essa madrugada para operarmos medidas salvadoras. Apesar dos horizontes limitados, estou esperançosa e os reuni aqui para um momento de preparo psicológico e emocional. Fiquem a vontade para colocarem seus sentimentos. Aqui, nada mais faremos que um leve bate-papo acerca de seus próprios sentimentos. Quem quer começar?

— Ah! Sou eu mesma, Dona Modesta – respondeu de imediato a baiana Tereza com expressiva espontaneidade.

— Fale, Tereza.

— Dona Modesta, me perdoe o desabafo! É muito bom poder dizer algo antes de voltar ao contato com os irmãos lá na matéria. Estou um tanto decepcionada, sabia?

— Com o quê, minha filha?

— Ouvi a vida inteira falar em desunião quando nos recintos espíritas - expressou em seu típico sotaque -, e veja só o que me acontece aqui em pleno Hospital! Ainda ontem assisti a uma discussão acirrada a ponto de ver dedo apontado para o nariz. O que vai ser de nós, Dona Modesta? Se alguém me perguntasse o motivo da nossa incapacidade de sermos unidos, eu teria mil respostas na ponta da língua, no entanto, vou fazer uma confissão: tenho uma sensação de que nenhuma delas me satisfaz depois da morte. Por que não conseguimos a união? Por que está tão difícil esse entendimento entre nós, os espíritas?

— Eu a entendo perfeitamente, Tereza! Também atravessei esse momento de angústia em relação ao assunto. Quem me esclareceu foi Eurípedes com sua sabedoria incomparável. Costumamos falar de melindre e personalismo, entre outros motivos para os conflitos. Melindre e personalismo são apenas manifestações morais doentias que surgem na convivência, quando ela não se apresenta suficientemente fortalecida por ações imunizadoras e vitalizadoras. O que dizer de um canteiro não cuidado sob o calor escaldante do sol? Joio e trigo convivem na nossa intimidade e consequentemente nas nossas interações humanas.

— Aonde a senhora quer chegar?

— O motivo das desuniões não está somente naquilo que fazemos uns aos outros, nos atos de personalismo e ofensa, mas acima de tudo no que deixamos de fazer para que as relações ganhem riqueza moral e alicerces dignos. A escuridão prolifera porque falta luz suficiente. O remédio sagrado que há de iluminar nosso projeto de união e amor nas leiras do Espiritismo chama-se *afeto cristão*.

— A senhora vai me desculpar! Tenho que falar o que penso sobre esse tema!

— Seja franca, Tereza. Nosso momento é rica ocasião de honestidade emocional e sinceridade cristã.

— Fundei grupos e tarefas na capital do estado da Bahia. Salvador é uma célula abençoada do Espiritismo. O povo baiano é, naturalmente, efusivo, afetuoso. Nossos grupos eram alegres e generosos. Entretanto, mesmo com tanto afeto tivemos cisões lamentáveis, de doer o coração da gente. Quase deixei de acreditar no valor da gentileza e da bondade.

— Tereza, querida amiga, a grandeza de sua "alma baiana" é fabulosa e nos auxilia a desafogar sentimentos ocultos e ignorados. Que bom que você não perdeu a inocência das intenções - único caminho para a pureza espiritual. Nesse momento em que ecoa uma mensagem para o cultivo do afeto nas agremiações espíritas, como caminho salvador para os nossos sonhos de união, urge retificarmos alguns conceitos estereotipados do que seja afetividade.

Afeto nas relações não significa apenas momentos de alegria e gestos de cordialidade espontânea. O afeto cristão vai muito além, e vem preencher aquela lacuna dos relacionamentos para que eles se tornem sólidos, duradouros e educativos. De tal forma locupletam a convivência que os sobressaltos não causam prejuízos irreparáveis.

— E a senhora poderia me ajudar a entender a diferença entre afeto e afeto cristão?

— O afeto como expressão humana do gostar e querer bem pode realizar prodígios de amizade e trabalho em conjunto até o momento em que os interesses humanos são contemplados e compensados.

Todavia, os projetos de amor e humanização entregues à comunidade espírita tem como característica básica a renúncia de objetivos pessoais e a educação espiritual. Em Mateus, capítulo dezesseis, versículo vinte e quatro é dado o roteiro: "*Então disse Jesus aos seus discípulos: Se alguém quiser vir após mim, renuncie-se a si mesmo, tome sobre si a sua cruz, e siga-me;*" porém, nem todos chegam a tal condição de uma para outra hora. Diríamos mesmo que são raros os que atingem tal patamar.

É nesse passo que a maioria de nós se confunde. O afeto-cristão é a habilidade da alma de construir a concórdia: única virtude que faz das uniões um tesouro de educação e crescimento imperecível. Desafio nada fácil em tempos de transição do egoísmo para o amor incondicional.

Lembram o inspirado chamado de Eurípedes naquela noite quando foram trazidos para fora do corpo os integrantes do Grupo X?

Ele mostrou que concórdia é construção paulatina e demorada.

Concórdia e união não são possíveis sem um sentimento elementar. Qual será esse sentimento? - Dona Modesta dirigiu a pergunta ao grupo presente.

— Amizade - respondeu prontamente Tereza.

— Paciência - disse com bom humor uma outra participante que apontou o indicador para seu próprio peito.

Foram falados vários sentimentos, mas ninguém se referiu ao alicerce da boa convivência. Então Dona Modesta retomou a palavra.

— Tudo que disseram está correto considerando os cuidados para que mantenhamos vivo o contato agradável com nossos afetos. Entretanto, a base de qualquer relação, para que ela alcance estágios mais gratificantes, vença a barreira das imperfeições e nos eduque, chama-se confiança.

Confiar significa "fiar com..." Tecer junto o manto protetor da boa convivência.

A confiança é o sentimento que sustenta nossa crença nos valores uns dos outros. Quem confia se expõe porque sabe que não será desacreditado. E quem se expõe à luz da proposta espírita-cristã está suplicando amparo e orientação, apoio e perspectiva. Afeto cristão é afeto que educa. Confiança cristã é aquela que nos conduz a fazer das amizades verdadeiros elos de crescimento. Quando ela é rompida, os melhores amigos podem tornar-se inimigos. Sem ela, nossa visão é tisnada pelas próprias dificuldades interiores que carregamos, ou seja, vemos no outro a nossa *sombra* pessoal. A confiança é uma ponte que nos liga uns aos outros. Na sua ausência torna-se impossível essa concórdia.

O ato de confiar solicita também algumas atitudes de amor sem as quais poderemos ficar reféns de nossos pontos de vista relativamente ao nosso próximo, e que são corrosivos sutis da amizade. Eis algumas: acreditar nas boas intenções alheias, amabilidade, assertividade, discrição, empatia, tolerância ativa para os limites alheios e gratidão. A ausência dessas habilidades no relacionamento leva-o, ao longo de algum tempo, ao desgaste.

O conjunto dessas atitudes forma o piso inicial para que exerçamos a fraternidade legítima, sem a qual não conseguiremos os objetivos educativos do espírito nas relações humanas que são: catalisar interesses pessoais para a Obra do Cristo, construir a homogeneidade de ideais e decidir os rumos mais adequados para que o trabalho nos assegure os recursos em favor de nossa redenção.

Sem convivência com fraternidade não há alteridade, ou seja, não conseguimos apaziguar as diferenças em favor da Obra.

Para se saber o que está no coração alheio, suas razões, suas dores profundas e seus temores, haveremos de contar com o tempo. Por esse motivo, quaisquer projetos espirituais visando concórdia não dispensam a paciência e a caridade.

— Dona Modesta! - interferiu Tereza.

— Fale, minha filha.

— Juro que me sinto envergonhada diante de sua sabedoria.

— Não há motivos que justifiquem este sentimento!

— Mas me sinto! Mesmo assim gostaria de fazer mais uma pergunta.

— Faça-a nutrindo amor por si mesma. A vergonha pode ser um tóxico para nossa caminhada.

— Se tudo começa com a confiança, como adquiri-la ou, mais propriamente no meu caso, como resgatá-la? Senti-me traída por inúmeras vezes no meio espírita. Minha pureza de intenções parece não ter sido útil a mim mesma.

— A alma cuja nobreza de intenções norteia seus atos alcança como prêmio da vida, a força de atração na direção do que seja o melhor na sua caminhada. Confiança nesse caso significa vibração. Há uma atração natural de pessoas e situações que constituam as balizas de nosso processo evolutivo. Sabendo disso, cada criatura consciente de sua busca pessoal nos roteiros do crescimento espiritual, vai aprender a analisar com critério a natureza de seus sentimentos, ante essa ou aquela pessoa. De posse desse juízo fraterno com fins superiores, saberemos, espontânea e instintivamente, em qual relação vai fluir a confiança ou em qual deveremos desenvolvê-la.

Interrompendo o ciclo de idéias de Tereza, mas ainda dentro do mesmo assunto, João, outro integrante da equipe interveio:

— Dona Modesta, o processo de desconfiança no Grupo X teria sido detonado quando Ana resolveu questionar a mediunidade de Antonino?

— Situações graves como a do Grupo X são tecidas no tempo. São agastamentos paulatinos que corroem a amizade pela falta de honestidade emocional - um resultado inevitável da penúria em que nos encontramos acerca dos mecanismos íntimos da vida afetiva e moral. Se ela soubesse expor suas dúvidas sem estar contra ou se tivesse adotado a sinceridade amável, a assertividade, com fins de concórdia, certamente o rumo dos acontecimentos poderiam serem outros. Porém, seria injusto depositar sobre os ombros de Ana a responsabilidade isolada do momento tormentoso que atravessa o Grupo X.

— Daí decorrem as cisões?

— Quase sempre! Há um consenso em nossas equipes de serviço socorrista aqui no Hospital Esperança: as cisões na comunidade doutrinária, na maioria das vezes, decorrem da nossa incapacidade de saber como resolver os conflitos. Muitos gostariam de imprimir rumos diferentes às cisões, entretanto não conseguem. Raros os que, de fato, deliberadamente, preferem a distância, a inimizade. Mas o problema não são os rompimentos!

— Não?!

Capítulo 17

Estudando a Mágoa

Ide, porém, e aprendei o que significa: Misericórdia quero, e não sacrifício.
Porque eu não vim a chamar os justos, mas os pecadores, ao arrependimento.
Mateus, 9:13

Pior que a separação, é o efeito emocional na intimidade. A mágoa.

— Nunca consegui admitir como um espírita pode se magoar!

— Talvez você não saiba o que é a mágoa, meu filho...

— Claro que sei, Dona Modesta, mas jamais me deixei dominar por ela.

— Mas magoou-se, não é verdade?

— Sim.

— E como ficou depois das mágoas?

— Esforcei-me por esquecer e seguir adiante. Creio que perdoei.

— E o relacionamento com as pessoas que lhe magoaram?

— Deixaram de existir, passei a ser-lhes indiferente.

— Então não perdoou, meu amigo!

— Não? Por quê?

— A mágoa é um sentimento perfeitamente aceitável em se tratando de almas iluminadas com o conhecimento espírita.

Todavia, saber administrar os efeitos nocivos da ofensa em nossa vida, isto sim, constitui grave desafio ético cristão. É a arte de perdoar.

— A senhora quer dizer...

— Quero dizer que um dos efeitos mais nocivos da mágoa é a atitude de indiferença. A indiferença é uma tentativa improdutiva da alma de tentar anular ou negar sentimentos, de isolar o afeto que, em sua concepção, foi traído. Essa iniciativa seja consciente ou não, só tem como resultado o ebulir dos maus pendores. A tentativa de ser indiferente nos leva a fixar nos pontos falhos, nas más recordações e na constante sensação de desconforto perante os ofensores. É um esforço para impedir as vozes profundas da alma que solicitam a coragem de perdoar. Não conseguindo, redunda em males a nós mesmos.

— Mas... E se ainda assim preferirmos a indiferença? - indagou com vergonha o participante.

— Temporariamente, em alguns casos, torna-se até justificável a indiferença em relação ao ofensor, desde que não estejamos indiferentes à mutação de sentimentos que saltitam em nosso coração em relação a ele. Indiferença temporária ao ofensor para dar tempo de minimizar os efeitos da ofensa. No entanto, se for uma opção definitiva, uma escolha consciente e irreversível, estaremos caindo nas garras do orgulho e lutando contra a tendência natural da alma na busca de sua recuperação espiritual, cuja inclinação é para a aproximação, a afetividade.

— Realmente! Apesar de indiferente, jamais consegui ver meus ofensores por um prisma fraternal. Guardei apenas recordações infelizes de todos eles, caindo na descrença.

— A mágoa cristaliza nossa visão no lado menos feliz das pessoas que nos ofenderam. Sob efeito da ofensa, somos capazes de esquecer, automaticamente, o afeto e os momentos de alegria que tivemos com nossos ofensores. Esse talvez seja seu pior efeito.

— Perdão é somente esquecer a ofensa?

— Perdão é emoção e não memória. Não se trata de apagar memória, mas ressignificá-la.

— Como é perdoar com autenticidade?

— A prova mais autêntica de perdão no mundo íntimo é quando conseguimos resguardar o nosso foco mental nos aspectos positivos das pessoas que nos ofenderam. Evidentemente, estou me referindo às pessoas que tivemos a oportunidade de conhecer e fruir amizade, carinho e momentos gratificantes que, sob o manto negro da ofensa, passam à condição de adversários. Esquecemos tudo de bom que nos uniu àquela pessoa e fixamos a mente no deslize do ofensor.

— Isso não seria pedir demais de nós? Pensar na virtude de quem nos agrediu ou lesou?

— Depende.

— De que?

— Depende de conhecermos com profundidade quais são as razões que nos prendem à nossa mágoa e ao nosso ofensor. Quais os motivos profundos que nos atrelam à mágoa em relação a alguém. Quase sempre na raiz de nossas mágoas há interesses pessoais contrariados.

— Interesses pessoais?!

— Por que nos sentiríamos ofendidos se não houvesse algo de pessoal? A mágoa expressa um sentimento de injustiça. Jamais a sentimos dissociada da sensação de perda, lesão. Quando somos agredidos ou recebemos ameaças de agressão, entra em ação a emoção da raiva, para nos proteger. É o escudo contra o que pode nos machucar. É um sinal do coração para que o ofendido descubra pela dor algo importante para sua caminhada. E quando descobrir tomará o ofensor como grande instrutor de sua vida. A mágoa tem como elemento emocional básico a raiva que faz parte do sistema defensivo da alma.

Caminhamos entre o sincero desejo de ser útil e as velhas ciladas da sombra do interesse pessoal.

Na atualidade, ocorre um processo muito doloroso em nossa vida mental. Como buscamos a melhoria espiritual, estamos removendo as bases de um edifício de ilusões que nos serviram de alento e segurança nos milênios. O ruir desse edifício é ameaçador. Hoje estamos literalmente magoados com a Verdade, a Verdade sobre nós. Temos raiva de saber o que estamos descobrindo sobre nossa vida profunda. Estabelecemos um processo de autocobrança e autopunição face a essa realidade, tornando-nos facilmente melindráveis, magoáveis. A sofreguidão desse auto-encontro faz-nos irritáveis, frágeis psiquicamente para qualquer correção menos fraterna.

E ninguém, em são juízo, pode afiançar que sejamos almas abnegadas. O interesse próprio ainda é o motor de nossas ações mesmo no terreno da espiritualização. Raramente adentramos o campo moral da virtude. Nosso processo de aperfeiçoamento ainda rasteja nos domínios da desilusão. É o preço que pagamos para vencer a ignorância que teima em manter-nos cegos acerca da nossa realidade moral.

Todavia, nesse cenário, ninguém passará sem experimentar a dureza dos *chamados*. Muitos desses chamados virão de irmãos de caminhada e serão tomados como agressões geradoras do ressentimento. Conquanto não devamos incentivar o clima da franqueza mórbida que deveria ser substituída pela amabilidade, queiramos ou não, o ambiente da doutrina é um convite para as descobertas interiores e, muitas delas, serão realizadas sob chancela da ofensa.

— Meu Deus! Nunca pensei por esse ângulo! Creio que terei que fazer uma lista de meus ofensores e descobrir os meus pontos de aprendizado.

— O ofensor, seja ele intencional ou não, vai passar pela nossa vida e se vai; a mágoa, por sua vez, será transportada conosco até o instante que descobrirmos seu significado divino, o que ela tem para nos ensinar. No entanto, se não percebermos o quanto ela nos faz mal, poderemos não só perder o fruto do que ela pode nos ensinar e, além disso, ao cultivá-la em redoma na vida emocional, adular um projeto de carcinoma fulminante.

— Não sei se vou filosofar, Dona Modesta – instigou o tarefeiro –, mas parece que realmente até a mágoa faz parte de Deus!

— E o que não faz parte de Deus, meu filho? Analisando esse tema, concebemos com mais clareza o quanto nossa comunidade espírita terá que aprofundar conceitos acerca da educação moral de seus adeptos. Com melhores noções sobre velhos temas da moral e da atitude, O Evangelho do Cristo ganhará uma nova roupagem com termos modernos, porém, nós, continuaremos como velhos religiosos apegados ao saber canônico dos livros espíritas, sem mudanças legítimas na conduta de cada dia por desconhecermos a elasticidade dos próprios ensinos de Jesus.

Não existem sentimentos na vida íntima que não tenham significado educativo para nossa caminhada. Determinar o que se pode ou não sentir é uma sequela do religiosismo estéril, deseducativo. Eis o motivo pelo qual as casas espíritas deveriam se lançar com urgência aos projetos de alfabetização emocional, no intuito de melhor organizar as idéias acerca do mundo íntimo. A carência de noções sobre a realidade interior, especialmente sobre os sentimentos, responde por inúmeras atitudes desconectadas da verdadeira intenção de melhorar. A reforma íntima será a resultante da habilidade em lidar com o desconhecido universo da realidade profunda do inconsciente, no qual jazem mecanismos perfeitos de evolução que necessitamos esquadrinhar. A educação religiosa que recebemos consolidou crenças nefastas a esse respeito.

A proposta espírita de melhoria das atitudes é um desafio ético de criar relações mais enobrecedoras. Sem entender nossa vida afetiva, rodaremos em círculos de dor com reações aprendidas tais como a culpa, a rivalidade silenciosa, a vergonha, o remorso e a própria raiva reprimida que se converte em estado melindroso, depois em mágoa e rancor, e, mais adiante, no ódio.

Perdoar é compreender. Quem perdoa entendeu as razões da mágoa. Para perdoar não teremos que entender necessariamente a conduta do ofensor, mas a razão de nos sentirmos ofendidos. Claro que estamos falando de mágoas e perdas nas relações e não dos casos graves de maldade e traição nos quais existem agressões severas, envolvendo inclusive bens materiais e a vida corporal. Nesse estágio penetramos os domínios da violência e as sequelas vão além da mágoa.

A mágoa é um desgosto cujo objetivo é nos ensinar algo que não estamos querendo ver de outro modo. Assim como a raiva que tem finalidades importantes no crescimento, a mágoa tem lições profundas quando desejamos olhar para nós. Aliás, a mágoa, quase sempre, é a raiva congelada, isto é, sentimos raiva em algum momento e não utilizamos esse sentimento com equilíbrio. Posteriormente, essa raiva cria uma mutação e transforma em ressentimento.

Todo interesse pessoal contrariado na vida cria uma revolta interior proporcional ao grau de evolução individual. Para uns o desemprego significa chance de novas experiências, para outros será uma expiação sem fim. Em verdade, uma das características que mais definem a Terra como planeta de provas e expiações é exatamente a privação da liberdade. A vida a todo instante nos contraria em favor de nosso crescimento. Somos cassados a todo instante de alguma forma. A transição na humanidade pode ser reconhecida, basicamente, por uma constante oposição aos nossos interesses egoísticos. Filosofando, a vida nos magoa a todo instante!

Talvez por essa razão os irmãos de doutrina asseveram que a doença mais grave do meio espírita é o melindre, isto é, a mágoa automática. Não querendo ver sua Verdade pessoal e também por faltar habilidade para tratar feridas alheias, terminamos por abrir chagas além daquelas já conhecidas.

A cultura religiosa dos séculos nos educou para entendermos o perdão para com o ofensor, como uma forma de limpar a nódoa da mágoa para com ele, levando-nos a pensar da seguinte forma: *já não chega a ofensa ainda terei que gostar de quem me ofendeu!*

O perdão, no entanto, antes de tudo, significa reconhecer conosco mesmo o que estamos perdendo, em que estamos sendo contrariados e porque nos sentimos lesados. Essa auto-aferição é fundamental para nossa paz. No fundo, perdoar significa cuidar de nós mesmos e reconhecer a natureza da contrariedade que experimentamos. Sem isso, continuaremos ignorantes sobre nossas perdas e quais são os interesses pessoais que a vida nos solicita que façamos uma revisão.

— A senhora me perdoe tantas perguntas, mas ainda tenho mais duas - falou João com franqueza e demonstrando enorme ansiedade com o tema. Quanto mais sou esclarecido pela senhora, mais parece que surgem idéias sobre o tema em minha mente.

— Fique a vontade, meu filho! Esse é o objetivo do nosso encontro.

— Como a senhora sabe, nossa equipe aqui presente está matriculada nos cursos oferecidos pelo Hospital sobre a vida no submundo astral, visando nosso preparo nas tarefas socorristas junto à Terra. Estamos iniciando o estudo sobre os processos de magia e ação tecnológica das organizações trevosas. Já ouvi falar em aparelhos desenhados para instalar a mágoa. Pode nos dizer algo a respeito?

— Por agora não! Prefiro que no tempo oportuno e nos cursos apropriados tenham melhor entendimento. Vocês conhecerão os aparelhos, estudarão sua funcionalidade junto à fisiologia dos corpos espirituais e do corpo físico, e ainda farão cursos técnicos como desmontá-los. Por agora quero que saibam que não existe aparelho mais poderoso do que a mente lúcida. É a magia que vem de dentro da alma quando aprendemos a manipular nossa vida pessoal em favor do bem e da libertação consciencial. A mágoa pode ser instigada. Nenhum implante, no entanto, é capaz de impedir uma decisão da alma nos refolhos da vida profunda. Há força de oposição e não anulação da liberdade. Contra o perdão nenhum aparelho foi ou será criado, pois, excetuando os casos de fascinação cristalizada a caminho da subjugação, ninguém está impedido de decidir pelo bem.

Vocês conhecem bem a história do grupo referido por Inácio durante a comunicação dada ao Grupo X. Sabem como se apaixonaram pelos aspectos externos da manipulação de energias. Embora não deixe de ser um avanço em direção aos experimentos da mediunidade terapêutica e da relação espontânea de parceria, necessitamos esclarecer aos nossos companheiros sobre o alicerce de nossa proposta: alívio e educação. Eles, por amor ao desafio de servir, estão realizando prodígios e consolidando experiências importantes na arte de socorrer. Carecem agora, desenvolverem uma proposta de automedicação para seus assistidos, a fim de não incorrerem no velho sistema assistencialista que anestesia a dor, mas não orienta o antibiótico íntimo para debelar as infecções morais. Além do que, carecem de se automedicarem na amenização das próprias dores às quais, muitas vezes, são analisadas como efeitos da tarefa, algo que nem sempre é verdadeiro.

Só poderão lograr essa meta se começarem a investir na mudança de si mesmos, a alquimia interior. Descobrindo os antibióticos pessoais na sua própria luta íntima, terão indicativas de valor para o semelhante. A maior "magia" da vida é a libertação de nossa própria consciência. Como alcançá-la? Que recursos usar contra nossos ímpetos destrutivos? Que forças mentais acionar contra os impulsos da vaidade e da inveja? Como articular energias interiores contra a compulsão da maldade envernizada? Como conter os movimentos mentais que fazem da língua um chicote? Como alcançar o corpo mental pessoal para transmutar as energias enfermiças sem serenidade mental? Quantos pulsos energéticos direcionar para afrouxar nossa capacidade de afeto pelos diferentes? Que frequência mental usar para aplacar nossa compulsão para ser o maior? Enfim como usar a força das Leis Naturais ou Divinas para renovar a nós mesmos?

Os adversários têm modos inteligentes de multiplicar a mágoa. Nenhum deles é capaz de arranhar a força do perdão legítimo. Uma mente lúcida acerca de si mesmo, consciente de seus próprios sentimentos, é o aparelho mais perfeito criado por Deus para implantação do bem na Sua obra. A questão é: como desenvolver a lucidez em mentes adoecidas como nós?

Acredito de coração: melhor que investigar a tecnologia da maldade será incentivar nos meios doutrinários cursos permanentes sobre a mágoa e o perdão, que são matérias morais nucleares no programa de reeducação à luz do Evangelho do Cristo, nesse tempo de maioridade.

A mágoa é larga porta mental aberta para a inquietude e a tristeza, que pode se degenerar em ansiedade e depressão. Na primeira o doente ofende-se com a fantasia que faz de supostos rivais. Na segunda agasta-se com os fatos passados sem conseguir se livrar das lembranças enfermiças. O perdão é deixar ir. Soltar. Compreender.

— Estou satisfeito! Sua visão me conforta, Dona Modesta - falou o tarefeiro sem mais rodeios. Farei, portanto, minha última pergunta. Perdoar é voltar a estar junto do mesmo modo?

— Quem compreende a lição da mágoa já tem o que lhe basta. Liberta-se do peso. Voltar a viver junto ou não será uma decisão para depois do perdão. Muitos tentam perdoar reatando laços e negando o ressentimento. O ideal será livrar-se do ressentimento e depois decidir essa questão, desde que haja em nós o compromisso de jamais desistir de amar. Voltar a estar junto, quando a mágoa nos separa de alguém, é o ideal na proposta do amor. Esteja certo, porém, meu filho, que jamais do mesmo modo. Até porque ofensor e ofendido tem algo entre eles também para reparar em favor do bem de ambos. Assim como existe o ofensor não intencional, indiscutivelmente existe o magoado não intencional, aquele que se sentindo ferido por alguma razão, seja justa ou não, está ofendido, agredido. A mágoa é sempre uma lição para quem busca a sabedoria; dela o ofendido descobrirá mais sobre si; dela o ofensor aprenderá mais sobre as impressões que pode estar criando no íntimo dos que o cercam. Ambos, muito aprenderão sobre o amor. Conquanto seu caráter doloroso, a mágoa pode se tornar uma excelente lição de vida. E o perdão, conquanto difícil de aplicar, é a atitude de sabedoria que mais evidencia o desejo intenso de amar.

A reunião terminou em clima de reflexão e oração. Dona Modesta despediu-se às pressas por causa dos seus volumosos compromissos. Nós fomos entregues às nossas próprias meditações. Cada qual retornou aos seus afazeres.

Estávamos extasiados com os conceitos claros e ricos de simplicidade da benfeitora. Refiz todas as minhas crenças sobre o perdão e somente então vim a entender com mais clareza a fala do Mestre narrada em Lucas, capítulo vinte e três, versículo trinta e quatro: "*E dizia Jesus: Pai, perdoa-lhes, porque não sabem o que fazem. E, repartindo as suas vestes, lançaram sortes.*"

Jesus, Dotado de incomparável compreensão e lucidez acerca das atitudes humanas, não Se sentiu ofendido. Perdão é compreensão. Essa frase dita por Dona Modesta não abandonava minha cabeça. Aquele encontro foi de raro valor à minha condição espiritual. Descobri mágoas profundas na minha intimidade que supunha ter esquecido. Na verdade, foram negadas. Transformaram-se em feridas ocultas. Fiz-me de forte a vida inteira para dar conta das dores que a vida me entregou. Supunha-me forte e capaz diante dos desafios. De fato, os encarei com certa coragem e zelo. Agora, desencarnado, tomando contato mais realista comigo mesmo, senti-me frágil, desorientado acerca de minhas emoções e, inegavelmente, entristecido comigo. Jesus não negou Sua dor na cruz. Ele era pura consciência e lucidez. Chorou. Eu, por minha vez, passei sempre adiante trabalhando e procurando ser útil, entretanto, tomei o caminho da indiferença, soterrei minha raiva. É muito desgastante pensar na mágoa. Algumas delas não entendemos tão rapidamente quanto gostaríamos. Cansamos rápido de examinar suas razões, quando não entendemos sua existência em nosso íntimo. Na maioria das vezes, esse foi o meu caso, nem mesmo ocupamo-nos de pensar. Ela nos convém em muitas situações. Agora, porém, imbuído de intenções mais nobres, consumia-me em entender minhas ofensas ocultas e soterradas. Tive que fazer tratamentos especializados para radiografar suas nuances e descobrir suas mensagens sutis para minha educação.

A conversa não terminou naquele momento. Depois das respostas sobre a mágoa e o perdão, Dona Modesta, em outras ocasiões, fez enfoques substanciais para nosso entendimento transferindo o tema para o Grupo X, preparando-nos o melhor estado mental para auxílio aos nossos irmãos.

Calisto negava suas mágoas e usava a arrogância para se defender, instalando a frieza afetiva como efeito. Ana era portadora de suscetibilidade extremada por ter renitência em reconhecer suas ilusões, produzindo assim uma base para o desequilíbrio psíquico. Antonino asilava muito interesse pessoal que ainda não havia descoberto em relação à sua faculdade mediúnica, sua insegurança decorria da ofensa que sentia em ser questionado em suas intenções. Uma única medicação se fazia oportuna para todos: muita misericórdia e compaixão, paciência e oração.

Ficava cada vez mais claro o significado da fala oportuna de Nosso Mestre narrada em Mateus, capítulo nove, versículo treze: "*Ide, porém, e aprendei o que significa: Misericórdia quero, e não sacrifício. Porque eu não vim a chamar os justos, mas os pecadores, ao arrependimento.*"

Capítulo 18

Depressão de Ana

E ela disse: Ninguém, Senhor.
E disse-lhe Jesus: Nem eu também te condeno; vai-te, e não peques mais.
João, 8:11

Passada uma semana da lamentável ocorrência na reunião mediúnica do Grupo X, chegara o dia do novo encontro na tarefa da mediunidade. A expectativa era geral, inclusive em nosso plano.

Na manhã daquele dia, fomos convocados às pressas bem cedo, ao lar de Ana. Ela acordou indisposta com dores pelo corpo. Atribuía tudo a interferências espirituais. Lembrou-se de Calisto com um sentimento de antipatia. Deduziu que os adversários queriam mantê-la calada para que ela não tomasse as rédeas da reunião. Recordou a comunicação do suposto Doutor Inácio, conforme ela mesma costuma afirmar.

Tentamos auxiliá-la, mas em vão. Mantinha-se impenetrável mentalmente. Mais tarde, o marido chegou complicando ainda mais o clima.

Apesar dos pensamentos correntes, Ana experimentava uma dor moral. Várias vezes recolheu-se ao quarto em choro convulsivo. As dores no peito aumentavam com o passar das horas. Julgava-se sobrecarrega com as decisões que haveria de tomar. Não conseguia desligar-se do assunto.

Chegou a pensar em ligar para alguém. Logo era tomada pela idéia: "conversar para quê?" "sou uma dirigente espírita; tenho que dar conta da minha missão".

Intrigado, indaguei:

— Que acontece com Ana, Dona Modesta? Não há interferências espirituais!

— Ela está debaixo de uma ardilosa indução hipnótica. Essa relação exploradora, no entanto, é administrada por inteligências "brilhantes". O que eles desejam é que ela acredite exatamente no que pensou, isto é, que os Espíritos querem calá-la. Com isso, conhecendo-lhe sua têmpera, reagiria com mais ênfase e aumentaria sua determinação durante a reunião à noite, causando mais perturbação. Esse episódio mental, entretanto, é um efeito decorrente da sua condição psicológica.

— Efeito?

— Ana oferece um campo psíquico com o qual acolhe essa hipnose.

— Que campo?

— Depressão.

— Depressão?

— É um quadro psíquico que necessita ser examinado com mais atenção pelos trabalhadores da doutrina. Ana está atormentada por si mesma. Não fosse a benção do serviço espírita não teríamos como agir no controle das ações espirituais em torno de seus passos, todavia, incursionar pelo seu mundo íntimo torna-se algo quase impossível.

— Então é possível a depressão sem interferências espirituais?

— Sim. Em alguns casos. Depressão é doença da alma, José Mario.

— Não é uma doença mental?

— É a resultante de uma trajetória de vida eivada de condutas em desacerto com as Leis da Vida. É o lado sombrio das frustrações que não soubemos ou quisemos superar. Frustração é a privação de uma necessidade ou desejo. Mormente nas faixas de evolução em que nos encontramos, é impossível viver sem elas. Muitas almas, todavia, não as aceitam. São rebeldes por terem feridos os seus objetivos e interesses.

O rebelde é alguém que deseja controlar a vida ao invés de vivê-la. Quer moldá-la para que seus objetivos individuais sejam atendidos. É um controlador que não se adequou aos estatutos da realidade e quer alterá-los, a que preço for. A depressão é exatamente a doença que vai lhe imputar a sanção corretiva, retirando de suas mãos a capacidade de gerir os talentos da existência, conforme seus caprichos ou visões pessoais. Não se trata de castigo que venha de fora, mas de um efeito construído na vida mental ao longo de uma caminhada milenar. É um cansaço espiritual, um limite estatuído pelas Leis Naturais na reeducação dos filhos pródigos, que optaram pela obstinada atitude de esbanjar a herança confiada pela Paternidade Divina.

A rebeldia é o estado mental doentio que detona um colapso na vida emocional através de mutações destrutivas em que se expressa, tais como: a intransigência, a irritabilidade, a teimosia, o perfeccionismo, a rigidez, a revolta, quando em temperamentos austeros. Ou ainda a indolência, a queixa, o melindre, a mágoa, a indiferença e a solidão, quando em temperamentos apáticos.

Instala-se sob seus reflexos um clima de irracionalidade capaz de patrocinar reações intempestivas e desequilibradas, raiando para a arrogância ou a indiferença. Em tese, rebeldia é a forma que a alma encontra para fugir de sua própria realidade.

— A senhora classificaria a situação de Ana como rebeldia?

— Ana é um coração bem intencionado como a maioria dos trabalhadores espíritas. Disposta à melhora e ao crescimento. Isso não lhe retira, assim como a nenhum de nós, o peso das velhas mazelas morais que estamos longe de vencer.

Na depressão a criatura que colhe o resultado de milênios de personalismo exacerbado através do qual exerceu, egoisticamente, o poder de fazer da vida o que lhe convinha. Uma criatura acostumada a ter seus caprichos atendidos, sem consideração aos limites da convivência honesta e sadia.

O centro mental de gravidade do "espírito rebelde" é a culpa que ele aprendeu a manejar e sufocar pelo desenvolvimento da ilusão e da traição consciencial. A depressão é exatamente o desbordar dessas culpas que não cabem mais nos depósitos da subconsciência. Necessita ser expurgada num processo de limpeza. Surge então o remorso que, nada mais, é a pressão do subconsciente para expelir esse pus energético.

Essa matéria mental da insanidade é constituída por vibrações de fortes teores, sendo capaz de adoecer ambientes e coletividades. A constituição molecular de seu campo psíquico tem enorme disponibilidade de criar mecanismos catalisadores, junto aos neurotransmissores cerebrais, como a noradrenalina e serotonina, sendo também um fulcro parasita de endorfina, criando mutações que anulam sua ação benéfica no organismo.

Ana age como o ser humano que ainda tem dificuldade em se adaptar aos estatutos da Lei Divina que propõem maleabilidade na aceitação dos fatos da vida. Sem julgamentos, mas fazendo uma análise com fins de amparo, ela, a despeito de sua laboriosa atuação nos campos espirituais, é uma revoltada com a existência.

— O caso de Ana sugere a utilização de um tratamento especializado com remédios?

— Somente uma "radiografia" da vida afetiva profunda da criatura lhe ensejará, ou a quem estiver disposto a cooperar com o deprimido, uma análise das raízes de sua enfermidade. As medicações psiquiátricas devem ser tomadas à conta de recursos de apoio valoroso na amenização de crises e manutenção do humor em níveis razoavelmente satisfatórios para uma vida social. Todavia, somente uma incursão nas matrizes da rebeldia e suas máscaras, seguida de ações renovadas, constituirão medicação curativa e libertadora. A pessoa que está com remorso apresenta, quase sempre, forte tendência ao desculpismo, torna-se muito questionadora e sempre prefere sua visão pessoal, do que a ajuda oferecida por quem lhe deseje auxiliar.

Ana não gosta do corpo, rejeita o marido, sente-se culpada por muitos deslizes no primeiro casamento, deixou morrer os seus sonhos e agora, além de tudo, tem pela frente, no Grupo X, as provas na convivência desgastante. Vive uma vida íntima entrecortada por muitos conflitos, inúmeras frustrações e escassos momentos de alegria real.

A atitude rebelde é uma forma defensiva do ego contra a "inferioridade inata", isto é, aquela que alma já traz ao renascer, depois de milênios no egoísmo. Uma forma de negar o *self* que conclama o ser a viver na humildade e na responsabilidade. Responder pelas ações criminosas do Espírito habituado a esconderijos psíquicos, significa ter que contrariar seus interesses, mudar concepções, ser honesto para aceitar sua vulnerabilidade, assumir para si sua falibilidade, elaborar suas culpas e, sobretudo, admitir seu sentimento de frustração perante a existência.

— É possível que a reunião de hoje à noite no Grupo X esteja piorando seu quadro?

— Para certos Espíritos enfermos reencarnados, o ato de acordar do sono físico já é por demais trabalhoso e opressivo. As Leis Naturais devolvem-nos, individualmente, os frutos de nossas semeaduras. É da Lei: teremos sempre muita dificuldade para aceitar aquilo que constitui o campo de nossos compromissos íntimos e intransferíveis, adquiridos pelo abuso. Depressão é a resposta enfermiça da mente face os abusos do coração, subtraindo do enfermo o seu elã afetivo com o mundo, a fim de que aprenda a olhar para si mesmo e por si mesmo. Depois de longa peregrinação na ação irrefletida e negligente para com os apelos da consciência, a alma é aprisionada na sua própria intimidade com a sanção de encontrar-se com sua realidade profunda, e promover sua melhora.

Para o intelectual astuto do pretérito, o fato de não ter estudado no presente será obstáculo suficiente para tornar a vida infeliz.

Para a abortista criminosa não punida pela justiça, o fato de não engravidar é uma pena dura o bastante para desistir de viver.

Para o político dominador, agora em posição de subordinação, ser apenas mais um membro no contexto social é desafio severo e fonte de inconformação.

Para o sovina e o esbanjador de outrora, será muito dolorosa a perda ou escassez de qualquer monta.

Para o desonesto e o traidor do pretérito, será muito incômodo presenciar ou sofrer em si os atos de infidelidade ou desconfiança.

Para o adúltero e o sexólatra das vidas sucessivas, será uma expiação o ciúme e a incompletude no uso das forças genésicas.

Cada um reagirá aos fatos e relacionamentos, conforme a natureza de suas faltas. Para alguns, o fato de ser desclassificado em um concurso público, indica que deverá estudar mais, enquanto, para outros, será fator de tristeza e desistência.

A depressão surgirá, dessa forma, para uns em pequena desavença no lar e para outros através de falências de grandes grupos industriais. Não é o tamanho externo da prova que determina o surgimento da enfermidade, mas o compromisso consciencial da alma nela inserida. Para alguns é tão subliminar a motivação causal que dará a impressão de ter surgido do nada. Entretanto, é preciso asseverar que toda depressão tem um gatilho emocional.

Este gatilho de natureza moral da depressão é a inconformação. Um simples objeto da casa deslocado sem consentimento, cria um campo de revolta qual fosse uma leve fagulha descarregada sobre enorme barril de pólvora.

— E qual a solução para a depressão, Dona Modesta?

— Ainda que imbuídos das mais nobres intenções, somos levados a aceitar que os fatos da vida serão como devem ser. Fazer o melhor ao nosso alcance para que o bem se instale é a medida da vida, criando os limites em favor de nossas necessidades de crescimento. A aceitação consiste em entender os recados ocultos nas ocorrências de cada instante, e resignar-se frente àquilo que não podemos mudar por agora. Isso não deve nos impedir de tentar novos caminhos, entretanto, sempre resignados, sem rebeldia.

A mensagem de amor de Jesus é o receituário mais completo para as lutas da depressão. O processo da culpa que transborda na mente enferma solicita o concurso do autoperdão, da fé, do trabalho, da autenticidade, da oração, da honestidade emocional e da caridade. Todavia, tal receituário bendito prevê que essas indicativas para aquisição da saúde, só terão efetivo valor quando aplicadas conscientemente no exercício das atitudes.

E Allan Kardec, lançando o olhar sobre as lutas provacionais, indagou aos Luminares da Vida Maior na questão número mil de *O Livro dos Espíritos*: "*Já desde esta vida poderemos ir resgatando as nossas faltas?*"

Na resposta, os Sábios Instrutores, confirmam a possibilidade do resgate das faltas e ressaltam a importância da atitude corretiva no seguinte enfoque: "*Só por meio do bem se repara o mal e a reparação nenhum mérito apresenta, se não atinge o homem nem no seu orgulho, nem nos seus interesses materiais.*"

— Perdoe-me e oriente-me se estiver sendo desrespeitoso; Ana estaria em processo de reparação na condição de presidente de centro espírita?

— Perguntar para aprender não nos faz desrespeitosos em relação à vida alheia, José Mario. Sua pergunta é oportuna e sábia. A resposta do Espírito Verdade à Kardec fala de reparação. Os meios espíritas deveriam colocar esse aspecto em regime de prioridade para ser estudado nas agremiações doutrinárias. A pergunta básica seria: será que estou reparando minha condição espiritual? A palavra reparar, entre vários conceitos, significa dar melhor funcionamento ao que estragou. Recuperar, aprimorar. O objetivo da reparação é atingir o orgulho e os interesses materiais.

Ana, assim como muitos dirigentes espíritas, esqueceu seu valor real. Como já lhe contamos ocasionalmente, ela veio para o centro doutrinário sob o guante da dor. Com o tempo melhorou e se imaginou maior do que realmente é. O orgulho tem essa propriedade. Engana-nos a respeito de nossos valores e imperfeições.

Ana se iludiu e se supõe com uma missão. Acredita que o fato de ter sido traída e sofrido tanto com as decepções amorosas do primeiro casamento, tornou-se um exemplo de vida. Até mesmo as lutas de agora com o segundo marido são analisadas como teste de resistência e grandeza. Acredita que os inimigos da tarefa a querem fazer desistir impedindo o marido de arrumar um emprego ou mesmo levando-o a deleitar infantilmente com o Espiritismo. Seu orgulho tolda-lhe a visão para sua parcela de responsabilidade em tudo que vem acontecendo.

— Tolda-lhe a visão de que modo?

— Impede-lhe de perceber que quando os amigos do centro espírita reprimiram o marido, agiram de forma acertada. Ela apoiou o esposo e ele nunca mais se interessou pelos ideais nobres. Ela foi co-responsável pela acomodação do marido ao ficar do lado dele.

No primeiro casamento teve um companheiro de raras qualidades, entretanto, ela trazia todas as manhas e posturas vividas no lar paterno, que tornou-se um ônus ao casamento. Repugnava o sexo e ainda adorava gastar sem contenção financeira. Tinha cuidados corporais exagerados e exigia férias duas vezes por ano. Não queria filhos e teve os primeiros sintomas de depressão já neste tempo. O marido não resistiu... Para agravar, como você já está informado, ela sucumbiu, antes mesmo do marido, em lamentável tentação.

Na atualidade, enxerga nos filhos uma prova de contrariedades. Ama-os, entretanto, esmaece um pouco seu afeto por não terem seguido os passos da mãe no Espiritismo. Durante a infância dos meninos, no entanto, refestelou-se em passeios e diversão. Não havia tempo para a educação espiritual. Sequer um encontro de orações e estudo no lar foi realizado.

O último sonho que Ana cultivou já faz alguns anos: ser esteticista. Todavia, o atual marido, bonachão, cortou-lhe o ideal e ela permitiu.

Assim ocorre com grande maioria de nós. Queremos tudo da vida oferecendo paupérrimas moedas de responsabilidade e lucidez, para depois reclamar de tudo e de todos, sem reconhecer nossa parcela de escolhas para que tudo chegasse aonde chegou.

Isso tudo, amigo querido, é efeito do orgulho que nos consome em ilusões a respeito de nós próprios. A depressão é a doença que nos faz voltar para dentro de nós mesmos e começar a trajetória de perceber na intimidade pessoal as causas de nossas aflições e desajustes.

— Dona Modesta, quais as manifestações mais comuns da depressão naqueles que comungam os ideais de melhoria espiritual?

— A forma mais expressiva é o estado íntimo de insatisfação crônica que assume diversas máscaras, tais como, irritabilidade, perfeccionismo, confusão nos pensamentos, angústia com dores no peito, prisão intestinal, aceleração dos batimentos cardíacos. Esse conjunto de sintomas, por si só, motivam quadros psicológicos variados da tristeza profunda à euforia destrutiva. O efeito mais cruel, porém, é no campo emocional, porque se instala uma apatia que leva a criatura a não querer viver. Um quadro sofrível de total indiferença afetiva que provoca a "morte interior", alimentando a descrença, o desânimo e a inconsequência.

— Então, trabalhar no nascedouro é evitar mais dor?

— Trabalhar pelo controle íntimo é a tarefa reeducativa a que está intimado o deprimido. Para isso, haverá de aprender a ceder, ser apenas mais um, não querer impor, aprender a deixar a vida fluir como ela é, perdoando-se quando não alcançar seus desejos, orando para asserenar a mente, e permitir a entrada dos raios de luz do Eu Divino sobre o maremoto da *sombra* agitada e rebelde.

— A depressão então é um convite à educação espiritual?

— Sem dúvida. Os deprimidos não podem se acomodar nos tratamentos medicamentosos e psicológicos, se anseiam se libertar. A cura definitiva está na atitude, na renovação dos sentimentos através da criação de novos hábitos, na conduta de viver sentindo a vida como ela é, não a idealizando através da produção sistemática de formas pessoais de pensar e desejar.

Por fim, o deprimido é uma alma convocada ao perdão, perdoar a si, a Deus e ao próximo. Limpar as mágoas resultantes das neuróticas exigências e procurar plenitude no ato de viver o presente, esquecendo o que passou e sem ânsia pelo que virá.

— E como ficará Ana com um desafio desses que a espera hoje?

— Ana será socorrida. Espere e verá.

— A senhora está providenciando alguma medida?

— Nossa equipe descobriu um caminho promissor. Aguarde.

Passaram cinco minutos da fala de Dona Modesta e o telefone tilintou. Embora Ana desistisse de procurar por alguém, parece que alguém, espontaneamente, viria ao encontro dela. Uma vizinha de bairro queria matar as saudades.

— Alô! - respondeu Ana.

— Ana, aqui é Rebeca. Tudo bem?

— Rebeca, que bom que ligou! Há quanto tempo!

— Amiga, acredita que hoje acordei com você em minha cabeça? A insistência do pensamento foi tanta que não aguentei. Está mesmo tudo bem?!

— Não, Rebeca, não está! Aliás, foi muito bom ter ligado. Preciso mesmo falar com alguém.

As duas conversaram longamente trazendo alívio a Ana. Ao fim do diálogo, Rebeca, inspiradamente, fez um convite.

— Na minha opinião você precisa de um bom descarrego, minha filha!

— Acha mesmo!

— As técnicas de vocês "espíritas de mesa branca" não limpam algumas mandingas (feitiço) bravas. Há quanto tempo venho te convidando para ir lá na nossa casa de umbanda. Se você quiser, hoje à tarde tem atendimento e posso te arrumar uma ficha. Vamos falar com Vovó Conga. Que tal?

— Você acha mesmo que pode me ajudar a sair dessa situação?

— O que tem a perder, Ana?

— Você mantém segredo? Não conta para ninguém lá no centro?

— Conte comigo. Duas da tarde passo para te pegar.

Assim foi feito. Pontualmente, as quatorze e trinta horas, Ana entrava na Tenda Umbandista Vovó Conga. Meia hora depois, estava a falar com a preta velha incorporada na médium Celina, uma senhora de meia idade. Ao entrar, acompanhada por Rebeca, foi saldada pela entidade espiritual.

— *Que lorvado seja nossu sinhô Jesu Cristo minha fia!*

— Responda assim Ana: para sempre seja louvado - solicitou Rebeca.

— Para sempre seja louvado!

— *A fia tá mau né?*

— Não estou bem não, Vovó Conga!

— *Nega veia sabe. Vosmecê tem fio em casa com mandinga. Vovó tem mironga pra conta ocê minha fia.*

— Mironga quer dizer segredo Ana - traduziu Rebeca.

— Que segredo, Vovó?

— *Tem quiumba (Espíritos atrasados) que prendi seu marido.*

— Macumba, Vovó?

— *Das brava fia. Tá tendo demanda de entidades do lado de cá e o fio tá ficando zureta.*

— Quem fez isso?

— *O patrão.*

— Patrão?

— *O marido de vosmecê num tocou demanda na justiça contra o patrão?*

— Foi verdade. Ele foi despedido e a empresa não pagou muitos direitos.

— *Pois o patrão é macumbeiro. Homem de pemba (que usa o giz para riscar pontos no chão). O feitiçu é pro fio num arrumar trabaio.*

— E ele não arruma mesmo. Aonde chega dá tudo errado. Já está desistindo de procurar - respondeu Ana completamente envolvida e surpresa. O patrão devia ele e ainda faz maldade?

— *Fia, ninguém quer perder nada na Terra. Tá tudo apegado.*

— Acho que o meu marido é muito mole também. Não quer trabalhar.

— *Num é moli não fia. O curaçao humanio é ingual uma fossa sabia fia? Vosmecê sabe o que é fossa?*

— Sei, Vovó Conga.

— *No tempo de nega escrava, jogavam os preto na fossa. Fazia mardade com nois. Feria o lombo e jogava nas fossa pra modi morrer, né. Dava fecção e morria. Que vosmecê acha que tem que fazê com o fio que tá na fossa? Como ajudá o fio saí de lá?*

— Tirando ele de lá de algum jeito.

— *Como fia?*

— Jogando uma corda talvez...

— *É isso mermo que o fio precisa. Uma ajudazinha de fora pra modi da conta do que tá dentro dele.*

— O Evangelho faz isso.

— *Não fia. O evangeio faz mais que isso. O evangeio fecha a fossa e faz canteiro abonitado pra prantá semente boa. Pro fio dá conta de usá o evangeio e tampá a fossa, precisa sai de lá primeiro. No buraco o fio não da conta de faze nada.*

— A senhora pode ajudar?

— *Nega tem trabaio pra fazer. Só que tem uma coisa fia...*

— O que é, Vovó?

— *Se vosmecê não arruma a casa espírita, as quiumba mandada junta com os eguns (Espíritos desencarnados) de lá de seu centro e faz muita mardade.*

— A senhora fala os inimigos do Grupo X?

— *Isso fia. Esses só com evangeio na conduta.*

— A senhora sabe o que acontece lá?

— *Tem aqui uma alma boa de lá e que ama muito vosmecê contando tudo pra nega.*

— Eu estou muito triste com tudo minha velha – Ana não conteve o choro. A preta velha manteve-se em silêncio absoluto por algum tempo.

— *Vosmecê tá com corpo aberto* (sem defesas). *Tem mandiga assentada.*

— Mandinga assentada?

— São aparelhos, Ana, que os Espíritos colocam para nos prejudicar – informou Rebeca.

— Aparelhos? Então existem mesmo? Por que nossos médiuns não vêem essas coisas?

— *Fia* – intercedeu a entidade espiritual – *cada cavalo (médium) faz seu trabaio.*

— E o que esse aparelho faz?

— *Tristeza fia. Doença de tristeza.*

— Depressão?

— *Isso fia. Mas a alma tá dizendo uma coisa para vosmecê.*

— Que é?

— *Que vosmecê tá com queijo e faca na mão. Pode quere ou não quere aceita o convite das boas alma. Se aceita vai longe. Se não aceitá a situação piora.*

— Aceita o que, Vovó? Pergunta para ele.

— *Ele diz que é aceitá o convite pra trabaio novo fia. Essa alma é trabaiadô de Barsanulfo. Sô Euripes. Ele fez convite mas a fia saiu da reunião e foi embora.*

— A senhora sabe o nome dele?

— *Dotori Inácio.*

— Meu Deus! Até aqui o senhor veio atrás de mim! – exclamou Ana surpresa e convencida da presença citada.

— *Ele tá rindo fia.*

— Por quê?

— *O dotori diz que pode ajudar o marido da fia. É só a fia abri o coração lá no centro e deixa as alma trabaiá. Que a fia precisa aprendê coisa nova e que tem doutrina na camatuê (cabeça) e precisa trazê pro coração.*

— Vou pensar no assunto! – exclamou Ana com voz entrecortada de emoção.

— *Fia, Vovô conga vai dizê uma coisa pra vosmecê ir em paz. Nega veia que fala sozinha com a Fia* – então a pedido da preta-velha, Rebeca se retirou.

— Diga minha velha – falou Ana com carinho estendendo suas mãos à preta-velha.

— *Esse dotori é dos bão. Ele pode tirá apareio da fia e ainda curar seu marido. Ele diz que sabe tudo de vosmecê. Diz que sabi segredo da fia.*

— Segredo?

— *Segredo do coração. A fia nun tem segredo?*

— Não estou entendendo – disfarçou Ana.

— *O dotori vai falá mais claro que é pra nun fica dúvida. Ele diz que a fia ama quem não pode e que ele pode ajuda a fia nisso se quizé.*

Ana enrubesceu de pronto. Pensava consigo mesmo: não será uma farsa, meu Deus? De qualquer forma, a proposta de Doutor Inácio lhe interessou e ela não conseguiu conter. Um fio de esperança nasceu ao ouvir que poderia ser ajudada no assunto. Tomada de espanto, indagou:

— Será que o Doutor pode me dizer como vai ajudar?

— *O dotori diz que vai limpa o coração da fia e dar sossego. Pra isso a fia tem que deixa ele trabaia no centro e ajuda as pessoa. Se a fia abri a camantuê (cabeça) e deixa as almas trabaia para curar a dor do homem dirigente e a dor do povo que sofre, então a fia vai fazê religião de amor, de bem. Quem vai ganha mais é a própria fia, diz o dotori.*

— Posso fazer uma perguntinha a ele?

— *Podi sim fia.*

— Como o senhor vê essa minha situação?

— *O dotori fala que vosmecê é muito sofrida na vida. Num pudia ter outro caminho. Isso num que dizê que a fia deve trupicar em pedra que pode ser retirada do caminho. E que louvado seja nosso sinhô Jesu risto muzamfia.*

— Louvado seja!

Ana saiu pensativa. Agradeceu a Rebeca que ficaria na Tenda para continuar sua tarefa e retornou sozinha ao lar. Foi pensando em tudo. Na presença de Doutor Inácio. No que significaria este momento. O passe dado por Vovó Conga aliviou seu coração, mas sua cabeça estava confusa com tanta informação. Ainda em lágrimas, confabulava consigo mesmo a caminho do lar:

— Será que estou sendo chamada a novos aprendizados? Contudo, como ficaria a doutrina? De que convite falava Doutor Inácio? Terá sido algo dito ao grupo após minha saída da reunião? Por que não me informaram nada? E essa tal mandiga? Será que acredito nisso? Que nada! Acho meu marido um molenga mesmo... Será que Rebeca não contou nada pra médium? Não, não pode ser! Ela não tem como saber o que acontece. Ai que vontade de parar com tudo isso, meu Deus! Ser uma pessoa comum, não ter que ficar pensando em coisa do além e pensar nas daqui mesmo. Que vontade de sumir! Será que estou obsidiada? Doente? Ou os dois? Será que não devo acreditar nesse tal Doutor Inácio sobre a situação do Grupo X? Será que esse tal Doutor Inácio é um Espírito da umbanda? Tô muito cansada de tudo Deus! Muito cansada... Mas como duvidar diante do segredo que ninguém sabia: meu amor por Antonino. Meu Deus, que dor na alma! Alivia-me Senhor!

Por muito pouco, o preconceito, esse apego emocional às nossas crenças, não subtraiu a melhora da presidenta.

Ana caminhava e chorava. Vivia os dramas íntimos da dúvida, um doloroso convite ao amadurecimento do discernimento. Apesar da confusão mental, sentia muito alívio da angústia. Isso lhe dava melhor estado de ânimo quanto à tarefa. De regresso ao lar, buscou descansar e refazer suas energias.

Com o tempo, nas minhas atividades, vim saber mais sobre a Tenda Umbandista. Era um núcleo avançado de caridade e doação vinculado ao Hospital Esperança. Vovó Conga, uma discípula fiel de Isabel de Aragão, a rainha santa de Portugal, era o pseudônimo de Maria da Cruz Xavier,[1] servidora devotada de nosso diretor Eurípedes Barsanulfo.

1. Maria da Cruz Xavier nasceu em 1892 e foi dedicada colaboradora de Eurípedes Barsanulfo.

Capítulo 19

Riscos de Sitiamento

E, por se multiplicar a iniquidade,
o amor de muitos esfriará.
Mateus, 24:12

Durante toda tarde e o iniciar da noite as atenções foram voltadas em regime integral para o Grupo X.

Até às últimas horas antes da reunião, nossa equipe não regateou esforços para socorrer os irmãos em luta no campo espiritual. Mesmo participando das equipes emergenciais, surpreendia-me com a capacidade dinâmica dos nossos orientadores em encontrar opções para favorecer os amigos reencarnados.

A passagem de Ana pela Tenda Umbandista fez brotar um clima de esperança entre todos nós. Doutor Inácio fez questão de acompanhá-la até sua residência com incomparável desvelo.

Uma pequena sala na psicosfera do Grupo X nos abrigava para as medidas em curso.

— Dona Modesta – puxei a conversa –, o ambiente não está quieto demais, tomando por base os ataques permanentes dos últimos dias?

— Está aparentemente quieto. É uma estratégia. Os antagonistas do Grupo X sabem que aqui nos encontramos a esperá-los. Estão sendo monitorados também. Os cérebros da perversidade criaram meios inteligentes de sondar as ações do bem, mas não conseguiram superar o poder do próprio bem que conta com o apoio da justiça e misericórdia divinas. Eles só alcançam-no até certo limite. Essa a vantagem de quem busca ascender-se na evolução. Qualquer de nós está sujeito ao mal até o ponto em que o trazemos na própria intimidade. Nem mais, nem menos. A justiça da Lei Natural tem seus estatutos imutáveis na qual assegura, conforme o livro Apocalipse, capítulo dois, versículo vinte e três: "*E darei a cada um de vós segundo as vossas obras.*"

— A senhora teve notícias de Calisto e Antonino?

— Os membros da equipe que os amparam nos disseram que Calisto está irredutível e Antonino apreensivo, com reflexos físicos de enxaqueca e espasmos intestinais.

— Qual opinião que a senhora tem sobre o que ocorrerá na reunião?

— Tudo é possível, José Mario. Em situações como esta de clima tenso, nada é previsível. Os companheiros estão tomados por intensa perturbação emocional. O melhor êxito dos últimos dias foi obtido com Ana, agora à tarde como você presenciou. Calisto está pronto para declarar uma afronta a qualquer atitude de Ana. Vai exigir desculpas por ter abandonado a reunião, propondo medidas para a futura presidência. Antonino sente-se amargurado com tudo e tão inseguro de si que imagina, em suas fantasias de baixa auto-estima, até mesmo ser afastado da reunião mediúnica por mistificação e obsessão. Eu diria que as cabeças não estão onde deveriam...

— Haverá uma divisão no grupo?

— É possível, José Mario. É possível!

— E, se houver, como ficará a continuidade do projeto proposto ao grupo?

— José Mario, você aprenderá com o tempo, nas equipes socorristas, que existem dois tipos de companheiros na casa espírita. Aqueles que discutem pontos de vista exclusivamente por interesse pessoal, do qual não pretendem se afastar tão cedo, e aqueles que discutem pontos de vista pressionados a ampliarem sua percepção e experiência espiritual, através da força educativa das circunstâncias. No primeiro caso, os projetos são exterminados sem qualquer possibilidade de continuidade, resultam de lastimável personalismo e flutuam ao sabor de mágoas e decepções. No segundo, ainda que haja a presença das rupturas, o trabalho terá sempre prioridade nos ideais de nossos irmãos. As relações, nesse caso, podem falir, mas os ideais vão permanecer. Não desistirão porque amam o ideal. Restará a ele aprender a lição áurea: amar uns aos outros.

— O que é mais importante: os ideais ou as relações?

— As relações, nesse período de maioridade, têm prevalência em nossos desafios de trabalho e projetos de ação. Como assevera o Evangelho de João, capítulo treze, versículo trinta e cinco: "*Nisto todos conhecerão que sois meus discípulos, se vos amardes uns aos outros*".

— Qual seria a postura ideal para Ana e Calisto nessa noite?

— Desprendimento pelo bem da Obra. Seria ideal que Ana se desculpasse, Calisto enxergasse seus excessos e Antonino fosse mais maduro. A convicção irredutível de Calisto e o severo senso de responsabilidade de Ana são exageros prejudiciais ao relacionamento. Amam os ideais e não percebem como agridem a sensibilidade alheia. O ideal solicita tenacidade, mas as relações devem ser regadas de misericórdia e flexibilidade. O mundo íntimo do ser humano está repugnando esses excessos, e a forma de defesa automática a essa agressão é muito sutil e desastrosa. É o esfriamento. O sentimento de iniquidade é dano para a convivência. Como assevera o evangelista Mateus, capítulo vinte e quatro, versículo doze: "*E, por se multiplicar a iniquidade, o amor de muitos esfriará.*" O sentimento de justiça é um dos pilares da evolução humana. O Cristo veio nos convidar para o amor, entretanto, a caminhada para amar requer a solidificação da justiça no coração. Esse sentimento é o fiel escudeiro da consciência e se expressa como esmerada responsabilidade nas ações, entretanto, em muitos lances, caminha para a rigidez e a descaridade.

— Eles têm chances de se entenderem?

— Pelo que já presenciei em outras situações, as chances são mínimas. Nenhum deles, porém, está com a escolha comprometida por qualquer tipo de impedimento intransponível. Podem optar pelo bem. Nenhuma obsessão complexa. Nenhuma doença mental. Nada lhes impede, caso assim o desejem, de resolverem pacífica e harmoniosamente suas pendências.

— Eles querem essa opção?

— É o que mais desejam.

— Por que então as chances são mínimas?

— Porque o amor é uma arte, José Mario. Quando se alcança o nível de vivências do Grupo X fica muito clara nossa incipiência em matéria de amor. Nossos irmãos são gigantes da coragem e da perseverança. Lutam honestamente contra suas sombras interiores. Guardam as melhores intenções, mas, assim como nós outros, são crianças no amar. Mesmo com tanta percepção, recolhem-se à concha fria do egoísmo.

Para nós que apenas começamos a caminhada de redenção espiritual, por mais devoção que entreguemos à luta educativa, nada mais faremos durante uma reencarnação do que dilatar nossa compreensão sobre a extensão de nossas necessidades espirituais. É o despir de ilusões. Somente então, de posse da inquestionável intenção de vencer a nós mesmos, pediremos o retorno com mais dilatada lucidez, para iniciar um longo caminho na conquista das virtudes e na solidificação de hábitos elevados. Primeiro a libertação da consciência. Depois o serviço de edificação paulatina de valores.

Nesse trajeto, as atitudes essenciais para se libertar do devaneio sobre nossa importância pessoal são o cumprimento do dever e o comprometimento com as tarefas de espiritualização. Cumprir o dever é acima de tudo não fugir de nossas provas pessoais, e comprometimento é expressar o júbilo de trabalhar, aprender e servir.

Hoje o amor que supomos viver é uma tenra semente que nos inclina o coração para experiências primárias. Se não somos capazes de pedir desculpas, de nos diminuirmos perante uma Obra que não nos pertence, que amor esperar nas atitudes?

Pensamos que amamos. Nosso amor está mais na cabeça, no discernimento, do que nos sentimentos.

Sem amor legítimo não há espaço para entendimento e união.

Por esta razão, nossa postura diante da luta de nossos companheiros é a do respeito incondicional. No lugar deles faríamos da mesma forma, inspirados em ilusória nobreza moral e no zelo com as atividades doutrinárias.

Se houver uma cisão, nossos amigos vão experimentar a dor da separação e da saudade. E aqueles mais corajosos vão permitir-se o arrependimento e a vergonha. Tudo isso será crescimento e maturidade no futuro, quando forem honestos o bastante com suas próprias consciências e puderem olhar para trás, sem nenhuma mágoa e impulso de revide, e dizer: *perdoe-me, eu não sabia o que fazia!*

Somos almas falidas no amor, José Mario. Jesus nos Tutelou na condição de doentes, porque não conseguimos e não sabemos, por enquanto, o que seja amor sem interesse pessoal. Isso levou o Espírito Verdade a afirmar na questão 893 de *O Livro dos Espíritos*: "*Toda virtude tem seu mérito próprio, porque todas indicam progresso na senda do bem. Há virtudes sempre que há resistência voluntária ao arrastamento dos maus pendores. A sublimidade da virtude, porém, está no sacrifício do interesse pessoal, pelo bem do próximo, sem pensamento oculto. A mais meritória é a que assenta na mais desinteressada caridade.*"

A fala inspirada da benfeitora deixou-me calado. Em silêncio interior. Não havia o que dizer e tinha muito a meditar.

Eram dezenove horas e mais trinta minutos quando chegou irmão Ferreira dizendo:

— *A patroinha viu como estão as coisa aí de fora? Num tá fácil não. Vigia num vai faltar!* - pronunciou em bom sotaque nordestino.

— Estamos cientes, Ferreira. Faça sua parte. Pode voltar ao seu posto. Qualquer novidade nos comunique. Mantenha um raio de dois quarteirões ao redor do centro em permanente atenção. Tem alguma percepção de vibriões?

— *Ainda não patroinha. Mas tem binóculo pra todo lado.*

— Mesmo a casa vazia necessita toda essa vigilância, Dona Modesta? - interpelei curioso enquanto aguardávamos a chegada dos irmãos encarnados.

— Aqui será tomada a decisão final de nossos companheiros. Já que estão com o lar e a vida pessoal sob custódia, temos, igualmente, que preservar o ambiente do centro.

— Que são binóculos?

— Descobrimos a intenção dos adversários em implantar um vibrião no centro. Estão vigiando a casa a distância já que não conseguem furar o bloqueio. Os binóculos são aparelhos áudiovisuais que monitoram o movimento em torno do ambiente espiritual do centro.

— Parece coisa de guerra!

— Não há palavra melhor para definir, José Mario. De fato, estamos em uma guerra que boa parcela dos irmãos de ideal na carne sequer imagina acontecer nos bastidores da psicosfera dos centros espíritas, quando as portas da vigilância são escancaradas pelas atitudes menos felizes. Se o ataque é contínuo em função das tarefas do bem, imagine quando desguarnecem a conduta...

— Os vibriões... - puxei o assunto.

— São Espíritos a caminho da ovoidização que ainda não perderam de todo a consciência. Assim como ocorre com os ovóides que são usados como implantes da maldade, temos o mesmo sistema social nas regiões inferiores com os vibriões. Caçadores hábeis os descobrem em situações lamentáveis em habitats enfermiços e os aprisionam para futuras explorações.

— Com que objetivo querem implantá-lo no Grupo X?

— Os vibriões, por respirarem em um clima psíquico monoideísta de angústia e tristeza, exalam uma aura vibratória de potência destrutiva em raio de trezentos metros aproximadamente. Nos locais que os abrigam, interferem em todo o ecossistema psíquico dos ambientes próximos com contaminações de diversos teores. Os principais efeitos são no campo afetivo dos encarnados.

— E quais são os efeitos?

— As irradiações enfermiças dos vibriões estimulam o desânimo, a culpa, o desalento e a inquietude que constituem piso emocional para erupção de depressões intermitentes e do falecimento da motivação. O clima espiritual cai em deplorável marasmo. Os raciocínios embaraçam sob sua ação. Forma-se uma aura doentia de apatia e descrença nos ideais superiores. Sob indução de suas emanações mentais, instala-se um ambiente de desconfiança e fixação nas imperfeições uns dos outros.

Eles são colocados em gaiolas eletrônicas que controlam temperatura e luz para que os vibriões não caminhem para a ovoidização. O alojamento dos vibriões dentro desses receptáculos inviabiliza de nossa parte ações de remoção sem participação dos encarnados no processo. São alocados na parte etérica da casa espírita quase ao nível da matéria em função da frequência de longo alcance com baixíssimo teor de forças, decorrente da conjunção das energias dos encarnados e de operações similares a materialização com acentuada capacidade de condensação energética.

A aura de frieza emotiva sob indução hipnótica dos vibriões arrefece o afeto e tem a propriedade de alterar a frequência dos pensamentos, criando fixações monoideístas.

Através da insistência em encontrar o momento ideal, os adversários do trabalho encontram um instante em que conseguem transpor a cortina vibratória que separa os mundos, instalando o vibrião em estado semimaterializado na parte física da agremiação doutrinária, porque assim criam limites à nossa ação. É uma defesa contra o desalojamento do próprio vibrião. Somente médiuns trabalhando em regime de vampirismo assistido poderiam eliminar essa ocorrência. Além disso, qualquer iniciativa de desalojamento com aparelhos detonaria o automatismo da ovoidização no vibrião, ou seja, estaríamos cooperando com a queda definitiva dessa alma nos desfiladeiros da maldade.

Frequentemente são instalados dentro das salas mediúnicas com monitoramento por câmeras e vigília contínua. Alojados em gaiolas especiais com temperatura elevada e sem luz de espécie alguma. Tais recursos impedem ou limitam o rastreamento por parte dos médiuns. A vibração pestilencial dos vibriões prejudica a absorção de recursos assépticos e esterilizadores e, depois de um longo período, começa a formar camadas viscosas similares ao lodo na parede do centro, organizando um *habitat* para flora e fauna de pequeno porte. Quanto mais esse *habitat* sedimenta, mais domínio os adversários alcançam, a tal ponto de poderem mudar as gaiolas com fácil mobilidade, adicionando novas ciladas.

— Meu Deus! E...

— Não vai fazer a tradicional pergunta, vai?

— Ia fazer mesmo, Dona Modesta! Por um momento raciocinei como se estivesse no corpo e desejei saber como fica o amparo dos desencarnados nessa situação.

— É um impulso natural até para nós que aqui nos achamos! Entretanto, você, melhor que ninguém sabe das medidas que vem sendo tomadas em favor de todos. É necessário retificar conceitos a respeito do amparo dispensado aos centros espíritas. Mesmo constituindo um campo do bem expressivo, não está imune da maldade calculada. É uma das instituições humanas mais visadas pelos planos organizados das falanges da maldade, considerando os princípios reveladores que apregoa ao mundo, especialmente a mediunidade que anseiam calar.

— Interessante que, sendo sincero e falando por mim, quando encarnado julgava que o ataque existia em decorrência da importância de nossas iniciativas como espíritas, e não em função dos princípios da doutrina. Realmente a doutrina é mais importante do que nós.

— Mais importante do que nós, é a causa! Se advogarmos em favor dos princípios sem aplicá-los a nós próprios, perfazemos a mesma caminhada religiosista de outros tempos. Amamos a religião e desprezamos seu alvo que é a nossa mudança pessoal através do amor exemplificado. Em alguns casos, José Mario, há uma intercessão entre doutrina e ações humanas, quando conseguimos materializar na prática os princípios que nos norteiam. Os princípios reveladores da doutrina, sem vivências morais que comprovem sua eficácia, se transformam em nova roupagem para as idéias filosóficas já conhecidas.

— No caso do Grupo X, que temos aqui? O ataque decorre da discordância com a proposta de Eurípedes que está encontrando abrigo entre nossos irmãos na carne?

— A casa vem sofrendo pressões porque tem representado um posto avançado de serviço há muitos anos. A luz naturalmente atraiu a treva. A perseverança de nossos irmãos, aliada ao desejo sincero de melhora, consolidou um aval de muita confiança em nosso plano. Isso incomodou organizações avessas à comunidade espírita, especialmente nos últimos meses, quando foram convocados a se promoverem à maioridade, o chamado para o período da atitude na mensagem de Eurípedes psicografada por Antonino. Isso não deve nos levar a equívocos de interpretação. A luz atraiu a treva, porém, a permanência da treva no intuito de extinguir sua luminosidade, é efeito da sintonia entre as ilusões dos encarnados e as intenções maliciosas dos que lhes querem na ruína moral. É da ordem universal que quem realiza no bem coopere na eliminação da maldade.

— Nesse contexto, qual nosso papel na condição de cooperadores do bem na proteção aos nossos irmãos no plano físico?

— Podemos interferir no pensamento humano, sugerir idéias, inspirar iniciativas de defesa e educação, mas a capacidade de decidir é algo pessoal, individual, e se opera no reino do coração no qual nosso acesso é limitado. Tratam-se de operações mentais por enquanto inabordáveis, mesmo para nós que nos achamos fora da matéria. Assim como as organizações da maldade não podem agir livremente onde haja esforço de crescimento, os operários do bem não podem substituir o sagrado direito da preferência pessoal mesmo entre aqueles que mais amamos. Judas, Pedro, Saulo e muitos cristãos dos primeiros tempos foram alertados. Jesus conhecia as intenções deles, entretanto, deixou-os entregues às experiências. Judas traiu, Pedro negou, Saulo perseguiu. Todos, a seu tempo, iluminaram-se nos roteiros do Cristo.

Quem trabalha pela luz está sempre em contato inevitável com a treva. Quanto mais claridade nos passos da espiritualização, mais somos convocados a servir àqueles que ainda não despertaram suas consciências ao clarão da bondade e da esperança. O Grupo X, assim como qualquer casa erguida em nome do Cristo na Terra, é um celeiro de trabalho e educação no qual se reúnem almas que descobriram a extensão de suas necessidades espirituais. Ainda assim, paira uma negra nuvem de ilusão que incendeia o orgulho de muitos corações distraídos, fazendo-os acreditar nas cantilenas da mentira.

Calisto é um servidor incansável, Ana uma campeã da perseverança, Antonino um paciente construtor de valores. Nem eles, nem os demais servidores do Grupo X livraram-se ainda dessa hipnose da arrogância envernizada e de difícil diagnóstico. Nada fácil é a tarefa da autodescoberta. Por essa razão, nosso dever como cooperadores do bem em favor do amparo aos nossos companheiros resume-se a relembrar-lhes sempre, em quaisquer circunstâncias, dois pontos essenciais na arte da edificação espiritual. O primeiro ponto é sempre falar de amor. Enquanto pronunciamos o mantra amor, despertamos a atração natural de nossa alma para o destino de todos nós e implementamos sua necessidade em nossa vivência. E o segundo ponto será relembrar-lhes continuamente os seus valores, a parte nobre de suas conquistas. Sem isso, sob o peso maciço das suas dores, não encontraram forças para caminhar, pois na condição de almas doentes estão cansados e oprimidos por largos complexos conscienciais. Um educador de almas será sempre um carteiro da esperança e do consolo, entregando incansavelmente as missivas de paz pelo bem de todos, incondicionalmente.

— A casa então corre risco de ser sitiada mesmo com nossas ações de socorro?

— Os grupos espíritas, quando em momentos de equilíbrio e trabalho, são alvos das mais sérias interferências em sua marcha de crescimento. Que se dirá quando em instantes como do Grupo X, que abriram a guarda em suas relações, abolindo a fraternidade e permitindo incendiar-se pela ganância dos pontos de vistas? Não confundamos grupos que discordam pelo bem da obra com grupos que discordam porque se cristalizaram em interesses particulares.

— Quando na Terra achava bem mais fácil definir interesse pessoal de interesse pelo bem da obra. Agora, diante das lutas que acompanho passo a passo, ouvindo os mais recônditos sentimentos e idéias de nossos irmãos, sinto-me impotente para definir essa questão. Parece muito fina a linha que divide um e outro!

— Tem razão, José Mario. É uma questão muito profunda e pessoal. No caso que acompanhamos, nossos três personagens cristalizaram conceitos que acreditam ser o melhor pelo bem da casa, entretanto, veja aonde chegamos!

— Seria a falta de diálogo, Dona Modesta?

— Nossos irmãos dialogam, mas em monólogo. Não querem ouvir um ao outro. São tão convictos que a convicção se transformou em...

— Arrogância! - cortei a fala de Dona Modesta.

— A arrogância em acreditar em demasia em si mesmo. Calisto não tem nenhuma dúvida sobre o que necessita a casa. Ana sente-se ameaçada em suas idéias e Antonino apóia-se em interpretações pessoais sobre a ação dos Espíritos. Todos com farto material para orientar-se e conduzir-se com êxito nas atividades, no entanto, sem capacidade para ajustarem suas contribuições pessoais pelo bem coletivo. Não renunciam um milímetro no que acreditam.

Espíritos sagazes já descobriram suas opiniões e as incentivam ardemente. São muito inteligentes os adversários e trabalham sempre com as fixações mentais dos encarnados, ou seja, com aqueles conceitos mais enraizados sobre os quais seus autores depositam enorme quota de crença e sentimento.

— Hoje estamos aqui, ainda controlando as imediações do centro, amanhã...

— Amanhã - foi a vez de Dona Modesta me cortar - podemos estar com acesso mais limitado dependendo das decisões que aqui serão tomadas essa noite. Não será demais afirmar que na reunião de nossos irmãos encarnados teremos uma eleição, que definirá novas posições para o bem e também para o mal.

Capítulo 20

Clamor por União

Depois deitou água numa bacia, e começou a lavar os pés aos discípulos, e a enxugar-lhos com a toalha com que estava cingido.
João, 13:5

Nossos irmãos foram chegando um após o outro. Havia um silêncio incômodo no ambiente. Em nosso plano nada se alterou. A vigilância era contínua por parte dos servidores do Hospital Esperança sob comando de irmão Ferreira.

Os olhares trocados entre eles eram dignos de piedade. Olhares de receio e aversão.

Lamentei o que vi e senti, conquanto não permitisse o desrespeito e a falta da compaixão de minha parte para com nossos companheiros. Alguns deles, inclusive, meus conhecidos quando na vida física.

Às oito horas fizeram a oração e Ana inspirada pela assistência de Doutor Inácio que não mais a desamparou desde a tarde, falou inesperadamente alterando o modo de conduzir a reunião mediúnica que se tornaria um campo de debates naquela noite:

— Antes de começarmos nossa tarefa – falou sensibilizada – gostaria de pedir a Antonino que se tiver alguma percepção dos amigos espirituais para contribuir com a tarefa da noite, que os deixe falar agora, pois quero propor que posteriormente à palavra deles, conversemos essa noite com toda sinceridade sobre nossos conflitos na busca de soluções.

— Sim, Ana! Tem uma alma querida querendo nos trazer a palavra! – falou instantaneamente o médium.

As luzes foram reduzidas e com rara facilidade Dona Modesta assenhoreou o campo mental de Antonino e disse:

— Meus filhos, que haja paz e esperança entre nós. Eu, Maria Modesto Cravo, servidora do Cristo e amante do bem, os abençôo. Não lhes quero tomar tempo. Peço-lhes um voto de confiança para romper com nossas ações tradicionais pelo menos por hoje. Alguém pode me trazer um jarro de água e uma toalha?

Ana levantou-se incontinente e tomou a providência colocando-os à disposição de Dona Modesta. Quando ia retornar à sua cadeira, a benfeitora, através do médium, levantou-se do lugar à mesa e manifestou:

— Venha cá, minha filha, abrace-me! Sinta a espontaneidade de meu coração no seu. Esqueça a forma física do médium e procure sentir a mim que dele me utilizo para te sentir.

— Dona Modesta! – Ana entregou-se em pranto incontido ao abraço maternal. E sussurrando disse: – Socorra-nos, Dona Modesta! Ampare-nos em nossa fragilidade! – não contendo as emoções de desespero e impotência, passou a falar em nome de todos – Sabemos muito e não estamos conseguindo sentir. Eu te rogo por nós querida benfeitora: apóia nossa incredulidade! Onde erramos Dona Modesta? Perdoe nossos descuidos! Como penetrar no reino de nossos corações? Somos iluminados com o saber espírita que não apazigua nossa alma. Conhecemos, todavia não nos libertamos. O cérebro está repleto de cultura espiritual e o coração mendiga sossego e alegria. Uma disputa silenciosa se opera entre nós sem que tenhamos intenção deliberada de competir. Amamos a Jesus, porém, encontramo-nos descrentes uns dos outros. Uma rivalidade não desejada toma conta de nós. Devemos responsabilizar os inimigos desencarnados? Sinceramente não me conforta essa explicação! Mesmo ansiando o melhor, nossos sentimentos superiores parecem se esvair como se fossem atirados a uma impiedosa fornalha que os consome vorazmente. Que acontece conosco amiga de nossas almas? Descrentes como estamos não conseguimos paz para conviver. Será possível um caminho de solução ou teremos sempre que experimentar o desconforto das desavenças? Estou cansada, Dona Modesta, estou cansada. Cansada de viver... Perdoe-me!

— Pegue uma cadeira, Ana, e sente-se aqui na minha frente.

— Perdoe-me o choro e a queixa quando o momento é de trabalho e aferição.

— O choro sincero é apelo da alma nobre, minha filha. Sente-se.

— Meus filhos - falou a benfeitora com o jarro e a toalha na mão - "*Jesus, sabendo que o Pai tinha depositado nas suas mãos todas as coisas, e que havia saído de Deus e ia para Deus, levantou-se da ceia, tirou as vestes, e, tomando uma toalha, cingiu-se. Depois deitou água numa bacia, e começou a lavar os pés aos discípulos, e a enxugar-lhos com a toalha com que estava cingido.*", conforme narra a passagem do Lava Pés, contida no Evangelho de João, capítulo treze, versículos um a treze.

Para surpresa de todos, inclusive a minha, Dona Modesta ajoelhou-se à frente de Ana, retirou-lhe as sandálias e começou a lavar-lhe os pés, enxugando-os em seguida.

A sensibilidade explodiu no ambiente. Eu mesmo fiquei sem palavras, paralisado por fora e por dentro. Ana chorava como criança e, mesmo Calisto, deixava escorrer um filete de lágrimas.

Assim, foi chamando um a um do grupo para assentar à sua frente, e lavando-lhes os pés, recitava com amor a passagem evangélica.

Quando terminou, levantou-se, ficou de pé e disse:

— *Peço-lhes alguns minutos antes de lançarem ao debate dessa noite. Mais algumas palavras e vou me retirar para que decidam seus caminhos.*

Vivemos um momento crucial na Terra. Um embate decisivo de forças. A força do Cristo que nos puxa para os cimos e a resistência das trevas que nos atraem para baixo. Um autêntico duelo de titãs se trava nos bastidores da humanidade terrena. Não fosse a extensão da Misericórdia Celeste, e o planeta estaria totalmente dominado pelo mal.

A união de forças fraternais nesse momento implica na formação de trincheiras ativas do bem. O dístico que inspirou o codificador nunca foi tão apropriado como roteiro moral de segurança, equilíbrio e libertação: trabalho, solidariedade e tolerância.[1] *Eis a ordem de Mais Alto que expressa a atitude da misericórdia aplicada.*

Na contramão da ação benevolente de dar as mãos e nos fraternizar, está o império da maldade insuflando a descrença. Sem fé e confiança, o homem se estiola. Sem ideal e sem amor, a humanidade perece à míngua. Descrença é a força para baixo que exaure e consome a disposição de marchar e elevar-se. A ausência de fé legítima no bem produz a escassez e a penúria em assuntos da alma, mantendo-nos cativos nas celas da preguiça, da tristeza e do vazio existencial.

---

1. *Obras Póstumas* – Biografia de Allan Kardec - Editora FEB.

Um de seus efeitos mais perniciosos é fixar-nos no lado sombrio da vida e do próximo.

Na convivência, a descrença patrocina o esfriamento afetivo e favorece a indisposição para a proximidade e a cordialidade. É o sentimento que esfacela a confiança, bombardeia os pensamentos com a cobrança e incendeia a crítica maledicente.

Quando focamos nossa mente nas mazelas alheias, despertamos em nós próprios os monstros da inveja, da disputa e da indiferença que alicerçam o piso emocional da rivalidade silenciosa.

A melhor palavra que define a ação misericordiosa de uns para com os outros é a indulgência.

O indulgente vê o mal de outrem e se resguarda na ação complacente de destacar-lhe seus valores e conquistas. Esse impulso de generosidade e altruísmo é a apólice de proteção mais inspiradora para relações sadias e educativas regadas por afeto cristão.

A união depende desse ato promissor de perceber sem denegrir. É a arte de nos perdoarmos uns aos outros pelo que ainda somos no carreiro da evolução.

Os grupos doutrinários que não aplicam indulgência matam a esperança do pacifismo nas relações e constroem ninhos acolhedores para a discórdia.

União não significa caminharmos sempre juntos, mas poder contar sempre uns com os outros; não significa que tenhamos que aceitar as idéias alheias, porém, respeitar o direito que outrem tem de cultivá-las, sem asilar perturbação ou antipatia; e o mais importante: união não significa viver sentimentos que ainda não somos capazes, todavia, não permitirmos qualquer obstáculo para que o arrependimento ou a saudade não destruam ou reprimam o amor que, inegavelmente, nutrimos por alguém.

Estamos procurando corações dispostos a enaltecer a boa parte de quem quer que seja. A tarefa genuína do educador de almas é tirar de dentro dela a beleza reluzente, os lírios de esperança adormecidos em cada um de nós. O clamor das esferas superiores é estender as mãos uns aos outros incondicionalmente.

Sem amizade, será a derrocada do diálogo.

Sem diálogo, resta-nos a solidão dos pensamentos nos quais emaranhamos em fantasias que alimentam a loucura da discórdia e da separação com motivos aparentemente justos a nosso favor.

Só quem se distancia do amor aplicado, reserva-se o insano direito de diagnosticar culpados pela perturbação e dissolução nos ambientes da doutrina. O somatório de nossas lutas morais é a única explicação aceitável para a borrasca que atinge a convivência.

Se não nos toleramos, não floresce a fraternidade, e sem ela, somos inevitavelmente atraídos para baixo, ao encontro das sombras que agasalhamos. Sem fraternidade, não haverá espaço para a atitude de alteridade em nosso íntimo.

Misericórdia é a diretriz que traduz amor incondicional. Se o Cristo nos aceita, estendendo benesses a todo instante em nossa caminhada, por que haveremos nós, operários imperfeitos de Sua Obra, de depreciar o valor de outrem que coopera fazendo o melhor que pode?

A destruição dos grupos espíritas caminha nesse passo: julgamento/ rotulação/ crítica/ maledicência/ mágoa/ inimizade/ indiferença/ conflitos imaginários/ obsessão/ cisão perturbadora.

Tudo começa no pensamento quando nos concedemos observar o argueiro no próximo sem enxergar a trave em nós próprios.

Desoprimamos o coração do peso da mágoa que provém, quase sempre, de julgamentos intolerantes que fazemos da ação alheia.

Conquanto caiba-nos o direito de discernir a conduta de outrem e dela discordar, compete-nos o dever de zelar pela manutenção dos melhores sentimentos cristãos para a pessoa em si. Que discordemos da conduta, mas continuemos a amá-lo. Divergência de opinião sem desistência do amor.

Na ordem cristã impera: julgamento/ compaixão/ assertividade/ oração/ acolhimento fraterno/ amabilidade/ amizade/ concórdia.

Agindo assim espalharemos o clima do otimismo e da crença uns nos outros criando ambientes revigorantes para nossa fragilidade e inconstância afetiva.

Lembre-se: quem quiser sentir Jesus mais perto de si nesses dias tormentosos da Terra, tenha sempre uma palavra de estímulo nos lábios e um gesto de amabilidade na atitude. Saiba retirar o diamante escondido no lodo. Desapegue das certezas acerca dos julgamentos e renove o campo mental para estar sempre a dizer mesmo sem palavras: estou aqui meu amigo, conte comigo!

Em um belo poema de luz, Paulo em sua segunda carta ao povo de Corinto, capítulo doze, versículo quinze, recitou: 'Eu de muito boa vontade gastarei, e me deixarei gastar pelas vossas almas, ainda que, amando-vos cada vez mais, seja menos amado.'

Amemos sem cansar. Incondicionalmente.

Da servidora do Cristo e amante do bem,

Maria Modesto Cravo

Ficha Técnica

TÍTULO
Quem Sabe Pode Muito. Quem Ama Pode Mais
AUTORIA
Espírito José Mario
Psicografado por Wanderley Soares de Oliveira
EDIÇÃO
1.ª
REIMPRESSÃO
4.ª
EDITORA
Dufaux (Belo Horizonte/MG)
ISBN
978-85-63365-10-1
CAPA
Wanderley Oliveira
REVISÃO
Jaqueline P. Santos
PROJETO GRÁFICO
Ary Dourado
DIAGRAMAÇÃO
Mônica Abreu
NÚMERO DE PÁGINAS
345
TAMANHO
Miolo 16 x23 cm
Capa 16 x 23 cm com orelhas de 9 cm
TIPOLOGIA
Texto principal em Minion Pro 13/16
Títulos em DIN 1451 Mittelschrift [8, 12]/15, 24/30, 48/45
MANCHA
110 x 183 mm, 32 linhas (sem títulos correntes e fólios)
MARGENS
28 : 22 : 22 : 25 mm (interna : superior : externa : inferior)
COMPOSIÇÃO
Adobe InDesign CS6 em plataforma MAC OS X
PAPEL
Miolo em Off-set 75 g/m²
Capa em Suzano Supremo 250 g/m²
CORES
Miolo em 1 x 1 cor preto escala
Capa em 4 x 0 cores CMYK
GRÁFICA
Meta Impressões e Soluções Digitais Ltda
ACABAMENTO
Brochura, páginas coladas com hotmelt
Capa com orelhas, laminação BOPP fosca e verniz UV com reserva
TIRAGEM
Sob demanda
PRODUÇÃO
A partir de março / 2018

Nossas Publicações

EDITORA DUFAUX

WWW.EDITORADUFAUX.COM.BR

LIVROS DE BOLSO: REFLEXÕES DIÁRIAS

PARA SENTIR DEUS

Nos momentos atuais da humanidade sentimos extrema necessidade da presença de Deus. Ermance Dufaux resgata para cada um múltiplas formas de contato com Ele, de como senti-Lo em nossas vidas, nas circunstâncias que nos cercam e nos semelhantes que dividem conosco a jornada reencarnatória. Ver, ouvir e sentir Deus em tudo e em todos.

Wanderley Oliveira | Ermance Dufaux
Mensagens | 11 x 15.5 cm
133 páginas

ebook

LIÇÕES PARA O AUTOAMOR

Mensagens de estímulo na conquista do perdão, da aceitação e do amor a si mesmo. Um convite à maravilhosa jornada do autoconhecimento que nos conduzirá a tomar posse de nossa herança divina.

Wanderley Oliveira | Ermance Dufaux
Mensagens | 11 x 15,5 cm
128 páginas

ebook

RECEITAS PARA A ALMA

Mensagens de conforto e esperança, com pequenos lembretes sobre a aplicação do Evangelho para o dia a dia. Um conjunto de propostas que se constituem em verdadeiros remédios para nossas almas.

Wanderley Oliveira | Ermance Dufaux
Mensagens | 11 x 15,5 cm
146 Páginas

ebook

TRILOGIA: DESAFIOS DA CONVIVÊNCIA

QUEM SABE PODE MUITO. QUEM AMA PODE MAIS

A lição central desta obra é mostrar que o conhecimento nem sempre é suficiente para garantir a presença do amor nas relações. "Estar informado é a primeira etapa. Ser transformado é a etapa da maioridade." - Eurípedes Barsanulfo.

Wanderley Oliveira | José Mário
Romance Mediúnico | 14 x 21 cm
312 páginas

ebook

QUEM PERDOA LIBERTA

Continuação do livro "QUEM SABE PODE MUITO. QUEM AMA PODE MAIS" dando sequência à trilogia "Desafios da Conveniência no Centro Espírita".

Wanderley Oliveira | José Mário
Romance Mediúnico | 14 x 21 cm
320 páginas

ebook

SERVIDORES DA LUZ NA TRANSIÇÃO PLANETÁRIA

Nesta obra recebemos o convite para nos integrar nas fileiras dos Servidores da Luz, atuando de forma consciente diante dos desafios da transição planetária. Brilhante fechamento da trilogia.

Wanderley Oliveira | José Mário
Romance Mediúnico | Tamanho: 14 x 21 cm
298 páginas

ebook

SÉRIE: HARMONIA INTERIOR

LAÇOS DE AFETO

Uma abordagem sobre a importância do afeto em nossos relacionamentos para o crescimento espiritual. São textos retirados do dia a dia de nossas experiências. Um estímulo ao aprendizado mais proveitoso e harmonioso na convivência humana.

Wanderley Oliveira | Ermance Dufaux
Autoconhecimento | 14 x 21 cm
266 páginas

ebook ESPANHOL

MEREÇA SER FELIZ

Um estudo psicológico sobre o orgulho e sua influência em nossa caminhada espiritual. Ermance Dufaux considera essa doença moral como um dos mais fortes obstáculos à nossa felicidade, porque nos leva à ilusão.

Wanderley Oliveira | Ermance Dufaux
Autoconhecimento | 16 x 23 cm
296 páginas

ebook ESPANHOL

REFORMA ÍNTIMA SEM MARTÍRIO

As ações em favor do aperfeiçoamento espiritual dependem de uma relação pacífica com nossas imperfeições. Como gerenciar a vida íntima sem adicionar o sofrimento e sem entrar em conflito consigo mesmo?

Wanderley Oliveira | Ermance Dufaux
Autoconhecimento | 16 x 23 cm
288 páginas

ESPANHOL | INGLÊS

ESCUTANDO SENTIMENTOS

Ermance afirma que temos dado passos importantes no amor ao próximo, mas nem sempre sabemos como cuidar de nós, tratando-nos com culpas, medos e outros sentimentos que não colaboram para nossa felicidade.

Wanderley Oliveira | Ermance Dufaux
Autoconhecimento | 16 x 23 cm
256 páginas

ESPANHOL

PRAZER DE VIVER

Neste livro, Ermance Dufaux, com seus ensinos, nos auxilia a pensar caminhos para alcançar nossas metas existenciais, a fim de que as nossas reencarnações sejam melhor vividas e aproveitadas.

Wanderley Oliveira | Ermance Dufaux
Autoconhecimento | 16 x 23 CM
248 páginas

DIFERENÇAS NÃO SÃO DEFEITOS

Ninguém será exatamente como gostaríamos que fosse. Quando aprendemos a conviver bem com os diferentes e suas diferenças, a vida fica bem mais leve. Aprenda esse grande SEGREDO e conquiste sua liberdade pessoal.

Wanderley Oliveira | Ermance Dufaux
Autoconhecimento | 16 x 22,5 cm
248 páginas

EMOÇÕES QUE CURAM

Um convite para aceitarmos as emoções como forma terapêutica de viver, sintonizando o pensamento com a realidade e com o desenvolvimento da autoaceitação.

Wanderley Oliveira | Ermance Dufaux
Autoconhecimento | 16 x 23 cm
272 páginas

ebook

AUTOCONHECIMENTO

FALA, PRETO VELHO

Um roteiro de autoproteção energética através do autoamor. Os textos aqui desenvolvidos permitem construir nossa proteção interior por meio de condutas amorosas e posturas mentais positivas, para criação de um ambiente energético protetor ao redor de nossas vidas.

Wanderley Oliveira | Pai João de Angola
16 x 23 cm
291 páginas

ebook

7 CAMINHOS PARA O AUTOAMOR

O tema central dessa obra é o autoamor que, na concepção dos educadores espirituais, tem na autoestima o campo elementar para seu desenvolvimento. O autoamor é algo inato, herança divina, enquanto a autoestima é o serviço laborioso e paciente de resgatar essa força interior, ao longo do caminho de volta à casa do Pai.

Wanderley Oliveira | Pai João de Angola
16x23 cm
272 páginas

ebook

QUAL A MEDIDA DO SEU AMOR?

Propõe revermos nossa forma de amar, pois estamos mais próximos de uma visão particularista do que de uma vivência autêntica desse sentimento. Superar limites, cultivar relações saudáveis e vencer barreiras emocionais são alguns dos exercícios na construção desse novo olhar.

Wanderley Oliveira | Ermance Dufaux
16 x 23 cm
208 páginas

ebook

JESUS: A INSPIRAÇÂO DAS RELAÇÕES LUMINOSAS

Após o sucesso de "Emoções que curam", o espírito Ermance Dufaux retorna com um novo livro baseado nos ensinamentos do Cristo, destacando que o autoamor é a garantia mais sólida para a construção de relacionamentos luminosos.

Wanderley Oliveira | Ermance Dufaux
16 x 23 cm
Páginas 304

APAIXONE-SE POR VOCÊ

Você já ouviu alguém dizer para outra pessoa: "minha vida é você"? Enquanto o eixo de sua sustentação psicológica for outra pessoa, a sua vida estará sempre ameaçada, pois o medo da perda vai rondar seus passos a cada minuto.

Wanderley Oliveira
Mensagens | 16 x 23 cm
Páginas: 152

DEPRESSÃO E AUTOCONHECIMENTO

A proposta de tratamento complementar da depressão aqui abordada tem como foco a educação para lidar com nossa dor, que muito antes de ser mental, é moral.

Wanderley Oliveira
16 x 23 cm
235 páginas

DESCOMPLIQUE, SEJA LEVE

Um livro de mensagens para apoiar sua caminhada na aquisição de uma vida mais suave e rica de alegrias na convivência.

Wanderley Oliveira
16 x 23 cm
Páginas 238

A VERDADE ALÉM DAS APARÊNCIAS: O UNIVERO INTERIOR

Liberte-se da ansiedade e da angústia, direcionando o seu espírito para o único tempo que realmente importa: o presente. Nele você pode construir um novo olhar, amplo e consciente, que levará você a enxergar a verdade além das aparências.

Samuel Gomes
14 x 21 cm
272 páginas

ebook

A REDENÇÃO DE UM EXILADO

A obra traz informações sobre a formação da civilização, nos primórdios da Terra, que contou com a ajuda do exílio de milhões de espíritos mandados para cá para conquistar sua recuperação moral e auxiliar no desenvolvimento das raças e da civilização. É uma narrativa do Apóstolo Lucas, que foi um desses enviados, e que venceu suas dificuldades íntimas para seguir no trabalho orientado pelo Cristo.

Samuel Gomes | Lucas
16 x 23 cm
368 Páginas

ebook

REGENERAÇÃO: EM HARMONIA COM O PAI

Nos dias em que a Terra passa por transformações fundamentais, ampliando suas condições na direção de se tornar um mundo regenerado. A Terra do amanhã nos agradecerá o empenho e a dedicação que tivermos nesse trabalho redentor em prol das criaturas humanas.

Samuel Gomes | Diversos Espíritos
Mensagens | 14 x 21 cm
223 páginas

ebook

TRILOGIA: REGENERAÇÃO

FUTURO ESPIRITUAL DA TERRA

As necessidades, as estruturas perispirituais e neuropsíquicas, o trabalho, o tempo, as características sociais e os próprios recursos de natureza material se tornarão bem mais sutis.O futuro já está em construção e André Luiz, através da psicografia de Samuel Gomes, conta como será o Futuro Espiritual da Terra.

Samuel Gomes | André Luiz
16 x 23 cm
344 páginas

ebook

XEQUE-MATE NAS SOMBRAS - A VITÓRIA DA LUZ

André Luiz traz notícias das atividades que as colônias espirituais, ao redor da Terra, estão realizando para resgatar os espíritos que se encontram perdidos nas trevas e conduzi-los a passar por um filtro de valores, seja para receberem recursos visando a melhorar suas qualidades morais – se tiverem condições de continuar no orbe – seja para encaminhá-los ao degredo planetário.

Samuel Gomes | André Luiz
16 x 23 cm
212 páginas

ebook

LANÇAMENTO : MAIO 2018

ESTUDO DOUTRINÁRIO

ATITUDE DE AMOR

Opúsculo contendo a palestra "Atitude de Amor" de Bezerra de Menezes, o debate com Eurípedes Barsanulfo sobre o período da maioridade do Espiritismo e as orientações sobre o "movimento atitude de amor". Por uma efetiva renovação pela educação moral.

Wanderley Oliveira | Ermance Dufaux e Cícero Pereira
14 x 21 cm
94 páginas

ebook

SEARA BENDITA

Um convite à reflexão sobre a urgência de novas posturas e conceitos. As mudanças a adotar em favor da construção de um movimento social capaz de cooperar com eficácia na espiritualização da humanidade.

Wanderley Oliveira e Maria José Costa | Diversos Espíritos
14 x 21 cm
284 páginas

Gratuito em nosso site, somente em:
ebook

NOTÍCIAS DO CHICO

"Nesta obra, Chico Xavier afirma com seu otimismo natural que a Terra caminha para uma regeneração de acordo com os projetos de Jesus, a caracterizar-se pela tolerância humana recíproca e que precisamos fazer a nossa parte no concerto projetado pelo Orientador Maior, principalmente porque ainda não assumimos responsabilidades mais expressivas na sustentação das propostas elevadas que dizem respeito ao futuro do nosso planeta."

Samuel Gomes | Chico Xavier
16 x 23 cm
181 páginas

ROMANCE MEDIÚNICO

OS DRAGÕES

Um relato leve e comovente sobre nossos vínculos com os grupos de espíritos que integram as organizações do mal no submundo astral.

Wanderley Oliveira | Maria Modesto Cravo
16 x 23cm
522 Páginas

LÍRIOS DA ESPERANÇA

Ermance Dufaux alerta os espíritas e lidadores do bem de um modo geral, para as responsabilidades urgentes da renovação interior e da prática do amor neste momento de transição evolutiva, através de novos modelos de relação, como orientam os benfeitores espirituais.

Wanderley Oliveira | Ermance Dufaux
16 x 23 cm
508 páginas

AMOR ALÉM DE TUDO

Regras para seguir e rótulos para sustentar. Até quando viveremos sob o peso dessas ilusões? Nessa obra reveladora, Dr. Inácio Ferreira nos convida a conhecer a verdade acima das aparências. Um novo caminho para aqueles que buscam respeito às diferenças e o AMOR ALÉM DE TUDO.

Wanderley Oliveira | Inácio Ferreira
16 x 23 cm
252 páginas

ABRAÇO DE PAI JOÃO

Pai João de Angola retorna com conceitos simples e práticos, sobre os problemas gerados pela carência afetiva. Um romance com casos repletos de lutas, desafios e superações. Esperança para que permaneçamos no processo de resgate das potências divinas de nosso espírito.

Wanderley Oliveira | Pai João de Angola
16 x 23 cm
224 páginas

UM ENCONTRO COM PAI JOÃO

A obra também fala do valor de uma terapia, da necessidade do autoconhecimento, dos tipos de casamentos programados antes do reencarne, dos processos obsessivos de variados graus e do amparo de Deus para nossas vidas por meio dos amigos espirituais e seus trabalhadores encarnados. Narra também em detalhes a dinâmica das atividades socorristas do centro espírita.

Wanderley Oliveira | Pai João de Angola
16 x 23 cm
220 páginas

GUARDIÕES DO CARMA: A VIDA DOS EXUS NA TERRA

Pai João de Angola quebra com o preconceito criado em torno dos exus e mostra que a missão deles na Terra vai além do que conhecemos. Na verdade, eles atuam como guardiões do carma, nos ajudando nos principais aspectos de nossas vidas.

Wanderley Oliveira | Pai João de Angola
16 x 23 cm
288 páginas

1/3 DA VIDA

A atividade norturna fora da matéria representa um terço da vida no corpo físico, e é considerada por nós como o período mais rico em espiritualidade, oportunidade e esperança.

Wanderley Oliveira | Ermance Dufaux
Ano: 2016
Formato: 16x23
Páginas: 279

O LADO OCULTO DA TRANSIÇÃO PLANETÁRIA

O espírito Maria Modesto Cravo aborda os bastidores da transição planetária com casos conectados ao astral da Terra.

Wanderley Oliveira | Maria Modesto Cravo
16 x 23 cm
288 páginas

PERDÃO: A CHAVE PARA A LIBERDADE

Neste romance revelador, conhecemos Onofre, um pai que enfrenta a perda de seu único filho com apenas oito anos de idade. Diante do luto e diversas frustrações, um processo desafiador de autoconhecimento o convida a enxergar a vida com um novo olhar. Será essa a chave para a sua libertação?

Adriana Machado | Ezequiel
14 x 21 cm
288 páginas

NEM TUDO É CARMA, MAS TUDO É ESCOLHA

Somos todos agentes ativos das experiências que vivenciamos e não há injustiças ou acasos em cada um dos aprendizados.

Adriana Machado | Ezequiel
16x23 cm
536 páginas